金融科技对
金融稳定的影响

Fintech's Impact on Financial Stability

希拉里·J.艾伦（Hilary J. Allen）◎著

赵大伟　黄　琦◎译

DRIVERLESS
FINANCE

中国金融出版社

责任编辑：王雪珂
责任校对：李俊英
责任印制：丁淮宾

图书在版编目（CIP）数据

金融科技对金融稳定的影响/（美）希拉里·J. 艾伦著；赵大伟，黄琦译.—北京：中国金融出版社，2024.2
ISBN 978－7－5220－2271－0

Ⅰ.①金…　Ⅱ.①希…②赵…③黄…　Ⅲ.①金融—科学技术—影响—金融监管—研究　Ⅳ.①F830.2

中国国家版本馆 CIP 数据核字（2023）第 256308 号

金融科技对金融稳定的影响
JINRONG KEJI DUI JINRONG WENDING DE YINGXIANG
出版
发行　　**中国金融出版社**

社址　　北京市丰台区益泽路 2 号
市场开发部　（010）66024766，63805472，63439533（传真）
网 上 书 店　www.cfph.cn
　　　　　　（010）66024766，63372837（传真）
读者服务部　（010）66070833，62568380
邮编　　100071
经销　　新华书店
印刷　　保利达印务有限公司
尺寸　　169 毫米×239 毫米
印张　　14.25
字数　　215 千
版次　　2024 年 2 月第 1 版
印次　　2024 年 2 月第 1 次印刷
定价　　62.00 元
ISBN 978－7－5220－2271－0
如出现印装错误本社负责调换　联系电话（010）63263947

序　言

——《关于 2030 年美国经济金融危机成因的报告》①

根据美国国会（US Congress）要求，基于对 2030 年阻碍全球经济发展的金融危机的预测和分析，提出以下观点：

加密资产市场的增长将会是金融危机爆发的关键诱因。

十几年前，加密资产（Cryptoasset）还是一种非主流资产，其主要受众是赛博朋克群体（Cypherpunks）和使用智能手机应用程序进行交易的年轻人。然而，2020 年左右，大型银行和其他老牌金融机构开始涉足这一领域，他们虽然持谨慎态度，但仍对这些由程序员"凭空"创造出来的资产很感兴趣。在投资初期，上述机构投资者通过签订衍生品合约从投资加密资产中获益。随着时间的推移，他们逐渐放弃了这种投资方式，开始直接投资加密资产，甚至开始自行研发加密资产。

尽管存在各种各样的问题，但这一发展趋势并不令人惊讶。在没有金融监管约束的情况下，社会公众对加密资产可能存在无限的兴趣。在网络上，各大社区、论坛都在讨论不同类型代币的优点，关于加密资产投资的新对冲基金也如雨后春笋般地涌现出来，销售这些投资品的代理商开发出新的应用软件，使其客户能够很容易地获得贷款来购买越来越多的加密资产。同时，加密资产逐渐开始向金融体系渗透，从作为获得投资加密资产所需贷款的抵押品开始，逐步被认可能够为其他类型的贷款提供担保。最终，大型银行开始接受加密资产作为相互贷款的抵押品。这种情况一旦发生，加密资产就将根深蒂固地植入主流金融体系之中。

---

① 该报告是美国金融危机调查委员会（Financial Crisis Inquiry Commission，FINCIC）的主要观点。

部分社会公众对加密资产打造的"金融新世界"感到兴奋不已，盲目乐观地认为既然金融资产不必与实体经济中的任何资产捆绑在一起，那么，金融似乎就可以不再受商业衰退周期的影响，金融萧条将成为过去。诸如"这一次是不同的"的观点经常出现在很多社交网站上，对冲基金投资者的社交网站更新帖中、银行与金融监管机构的沟通中、游说者对国会议员的游说中也经常出现类似的论调。但实际上，历史总是惊人的相似，"这一次"与"以往"并没有什么不同。加密资产市场已经出现泡沫，这与17世纪30年代的"郁金香泡沫"、20世纪90年代的"互联网泡沫"，以及21世纪资产证券化引发的金融危机极其类似。加密资产市场暗藏的风险与危机需要引起足够的重视。

未来金融危机的导火索将是人工智能交易代理。

在此提出一个设想：2029年，HAL银行是总部设在美国的六大银行之一，总资产近5万亿美元。HAL银行及其子公司在美国和其他国家从事各种金融活动①，其子公司BotWay是主营金融科技业务的金融机构。2030年2月，BotWay成功开发出自主运作代理功能，该功能可从加密资产市场收集数据，并使用这些数据训练代理人在加密资产市场上开展自主交易。经过几周的获利后，自主运作代理人开始做空HAL银行开发的名为CyberDebt的债券类加密资产。代理人代表BotWay购买信用违约互换（Credit Default Swap，CDS）来完成这一操作，如果HAL银行在其债券类加密资产CyberDebt上违约，BotWay将进行赔付。BotWay的员工都不明白为什么自主运作的代理人会采用这种交易策略，但BotWay购买的信用违约互换的数量让发行人感到紧张，为防止HAL银行违约，发行人开始对信用违约互换收取越来越高的费用。

无论在任何情况下，信用违约互换保护成本的增加对HAL银行来说都是一个消极信号——HAL银行的贷款人、投资者和贸易伙伴可能会将其解读为风险即将到来的预兆。更糟糕的是，虽然债券类加密资产CyberDebt在设计之初是无担保、无抵押的投资品，但是HAL银行从一开始就承诺投资者，在保护成本过高时将自动为每个CyberDebt的持有人提供抵押品。此时，信用违约互换保护成本过高，HAL银行的数十亿美元被锁定。

---

① 金融活动包括金融科技业务。

当所有指标都开始发出预警时，HAL 银行的内部风险管理系统尝试处理这一异常情况。内部风险管理系统通常依靠机器学习算法来确定银行应该如何管理其投资组合。然而不幸的是，这些算法是用加密资产成为金融市场重要投资产品之前的市场数据训练出来的，且受过忽略异常数据的训练，因此，HAL 银行的内部风险管理系统很容易被异常情况弄得一团糟。尤其危险的是，风险管理算法与自动交易执行算法相关联，风险管理算法在异常情况下，最终可能会对自动交易执行算法发出资产出售的命令。

随着 HAL 银行没有明确理由且规律地开始出售加密资产、股票、债券和外汇等资产，各种金融资产的价格将跌至谷底、各类金融机构的各种算法开始陷入混乱。高频交易算法中尚未包含处理这种情况的代码，因此只能选择终止交易。基于机器学习的算法没有经过应对这种极端不利情况的训练，而且算法作出的投资决策是不可预测且高度相似的，这种相互关联的行为将放大金融市场的恐慌情绪。同时，由于金融市场存在不确定性，银行间贷款开始冻结，HAL 银行无法从其他银行获得任何短期资金。如果最终没有获得救助，HAL 银行[①]将陷入破产程序。

由于 BetterWealth 等智能投顾公司的发展和普及，金融危机造成的损害程度将呈指数级增长。

美国有很多智能投顾公司，但 BetterWealth 是比较有吸引力且占据较大市场份额的一家公司。该公司由一位单亲母亲创立，她想向社会大众普及投资理念和知识。BetterWealth 最初在硅谷很难获得风险投资，但后来 GCVC 公司[②]对其进行了资助。随后，BetterWealth 公司凭借着较低的费用、流畅的界面等优势占领了散户投资市场的很大一部分份额。

BetterWealth 公司用来管理投资组合的机器学习算法是用过去 5 年的数据训练出来的，这些算法不知道该如何解释 HAL 银行引发的市场波动，因此，大多数算法只是建议散户投资者抛售其投资进行变现。BetterWealth 公司的许多客户都选择了开通"智能再平衡"功能，来自动调整投资组合配置，这意味着客户抛售资产几乎是在瞬间同时发生的，而同时抛售这么多相同资产的影

---

① 连同 HAL 银行的子公司和债权人。
② GCVC 是美国第一批由女性领导的风险投资公司之一。

响是压倒性的——交易市场将触发熔断机制。

金融危机对支付系统造成的损害将使整个经济体系遭受最严重的损害。

在公众媒体开始猜测 HAL 银行是否会破产时，许多 HAL 银行的客户关闭了存款账户，并将资金转移到其 MOMCorp 电子钱包。① 随后，对银行偿付能力的担忧开始蔓延，其他银行的许多客户也关闭了存款账户，导致超过 60 家银行出现挤兑。作为世界上最大的电子商务平台，MOMCorp 每天处理数百万笔交易，但当客户将所有资金转移到 MOMCorp 电子钱包并开始使用电子钱包支付房租、水电费和其他一切费用时，MOMCorp 将无法处理每天数万亿笔交易。这时，MOMCorp 的系统在海量交易的重压下开始崩溃，随后社会公众也开始对电子钱包感到恐慌。

通常情况下，MOMCorp 会将部分客户资金用于长期投资，因为预期客户不可能同时清空电子钱包中的所有资金，因此，将部分资金用于投资是安全的。然而，现在电子钱包将面临挤兑。看到电子钱包中的资金以惊人的速度流失，MOMCorp 的贷款人拒绝为其提供更多资金，同时那些对 MOMCorp 多年不盈利依然感到满意的股东突然改变了态度，开始抛售股票。如果 MOMCorp 被迫申请破产，那么，电子钱包里的资金可能会被破产程序锁定很多年，这将是灾难性的。鉴于此，美国财政部（U. S. Department of the Treasury）同意对 MOMCorp 进行紧急注资，美国联邦储备系统（Federal Reserve，以下简称美联储）开始购买 MOMCorp 的债务，以维持其业务正常运转。不幸的是，MOM-Corp 不可能将其支付业务与其核心电子商务平台剥离，也不可能将其国内和国外经营活动分开。鉴于此，MOMCorp 整个庞大的商业帝国不得不接受纾困，其救助成本远高于之前的所有救助。

在此期间，美联储采取措施将大量现金运送到全国各地，从而让社会公众可以获得实物现金。在恐慌中，许多人开始使用其投资的加密资产作为购买商品和服务的替代支付方式，随着美联储对货币供应控制减弱，美元价格将变得更加不稳定，社会公众购买一盒牛奶所付出的成本将变得不确定，然而加密资

---

① 大多数人没有意识到这些电子钱包在法律上不被视为存款，因此不受存款保险制度（Deposit Insurance）的保护。

产价格的波动性将更大。另外一个问题是每个卖家都有其偏好的加密资产①，因此，社会公众只能从接受其所拥有的加密资产的卖家那里购买商品。有些人甚至开始用非常低效的以物易物的方式购买商品，以至于其不得不开始计算一个 iPad 能够买多少个鸡蛋。

美国政府和美联储对金融危机准备不足，因此难以控制其后果。

大多数持有加密资产的人都预计美联储会出手买入加密资产，以维持经济金融体系的正常运转。毕竟，美国在 2008 年金融危机期间采取了相同的策略，当时美联储为了救市买入大量的货币市场共同基金、商业票据、证券回购协议和公司债券。不过，这一次金融市场上的加密资产太多了。因为任何人都可以凭空创造加密资产，而美联储根本无法弄清楚巨量的加密资产中哪些具有内在价值。越来越多的人想在金融危机中创造更多的加密资产以骗取救助资金，这将导致美联储的救市计划失效。

虽然加密资产与实体经济脱钩，但加密资产一旦出现问题，实体经济也无法独善其身。银行之间一直依赖相互贷款，但现在为这些贷款提供担保的加密资产已经贬值②，其余有偿付能力的银行不能相互借钱，也几乎不再开展贷款业务。依靠金融科技贷款机构提供的贷款来支付业务费用的小公司受到的打击尤其严重，加密资产崩溃导致与其相关联的金融科技业务都受到影响。因此，没有金融机构愿意再为贷款提供资金，当小公司发现无法延长贷款期限时，可能会选择裁员并拖欠贷款。

不仅限于小公司，全社会的失业率都会上升。金融行业本身受到了重创，律师、会计师、餐馆老板、司机以及所有依赖加密资产的人都会受到重创。硅谷也将遭受重创，许多金融科技独角兽几乎在一夜之间变得一文不值。此时，被 BetterWealth 等智能投顾公司宣传的高额投资回报率所吸引进入金融市场的中小投资者将失去一切。

随着支付系统基础设施的崩溃，情况将变得更糟糕，然而美联储并没有做好保护支付系统的准备。当支付系统出现问题时，因未明确谁有干预支付系统

---

①　自加密资产交易所在金融危机期间崩溃后，社会公众想要持有的"比特币"（Bitcoin）转换成"狗狗币"（Dogecoin）再转换为"以太币"（Ether）几乎是不可能的。

②　加密资产价值低于代码所赋予其的价值。

的决定权，美联储将无法采取措施限制 MOMCorp 等超载支付平台上的交易数量。在开发小额支付系统方面，美联储也落后于世界其他国家的中央银行。简而言之，美联储无法提供应急的小额支付方式。

由于没有制定任何应对技术平台失败的计划，因此政府对 MOMCorp 的救助只能采取非常时期的基础性应急措施。如果政府事先对 MOMCorp 有更多的了解，并考虑到其失败可能带来的后果，则可能会采取更有针对性的救助措施。事实证明，MOMCorp 的商业体量太大了，政府不可能在不威胁美联储、财政部和美元信誉的情况下来向其提供救助。因此，对 MOMCorp 的救助必须采取紧缩措施，以减少政府在其他领域的支出。但是，这将造成更严重的社会问题——越来越多的人将无家可归，生活所迫导致的犯罪、自杀问题也将越来越普遍。

金融机构和金融科技公司内部治理和风险管理的失误将是造成金融危机的关键因素。

虽然金融危机在很多方面源于技术上的失败，但技术失败的一个主要原因是其本身就是一场以小博大、不考虑风险的资本游戏。尤其是在风险管理模型的机器学习方面，银行和智能投顾公司降低了异常事件的重要性，在确保资本和保证金最小化、短期内利润最大化的前提下来设计算法和训练数据。因此，当异常事件发生时，这些算法模型表现得如此糟糕也就不足为奇了。为追求短期利润最大化而大量投资加密资产，会导致对可靠技术基础设施的投资不足，投资加密资产无法为实体经济注入资本，但却为投机提供了肥沃的土壤，因此，加密资产不能被推广。

金融机构盲目忽视与加密资产、交易平台和支付系统相关的风险，而由此所产生的公司治理局限性将导致风险不断加剧。许多金融机构的董事会和高级管理人员缺乏必要的专业技术知识，难以监督公司的运营状况，甚至无法有效评估第三方技术供应商的产品，但却盲目信任复杂技术和算法模型输出的结果，认为模型输出结果是非常值得信赖的。

金融监管的失误是金融危机爆发的关键因素。

相关研究已经发现了一些导致金融危机恶化的金融监管失误。2008 年金融危机后通过的《多德—弗兰克华尔街改革和消费者保护法》（以下简称《多德—弗兰克法案》，*Dodd – Frank Wall Street Reform and Consumer Protection Act*）旨在保护美国的金融稳定，虽然这项法案确实发挥了一定的作用，但还存在一些明显的缺陷，如影子银行①仍然是一个需要重点关注的问题。起初，社会公众就对《多德—弗兰克法案》用于清算破产非银行金融机构程序的可行性充满担忧，然后在 2018 年，随着美国金融稳定监督委员会（Financial Stability Oversight Council，FSOC）不再行使监管非银行金融机构的权力，仅凭《多德—弗兰克法案》难以妥善解决影子银行问题，这意味着威胁金融系统安全的风险可能在金融科技公司中形成，而金融科技公司却游离于金融稳定监管之外。

2010—2020 年生效的金融法律和法规没有考虑或充分应对金融科技的崛起。对操作风险的监管仍非常宽松，无法及时发现使用复杂技术开展金融业务带来的问题；对新型人工智能风险管理模型的监管也不够深入。金融监管机构在很大程度上将风险管理和对技术基础设施的监管责任下放给了金融科技公司，但这些金融科技公司实际上并不具备防范风险的能力。

加密资产的特殊性给金融监管带来了挑战。美国证券交易委员会（Securities and Exchange Commission，SEC）和商品期货交易委员会（Commodity Futures Trading Commission，CFTC）一直在努力寻找监管加密资产的方法；巴塞尔银行监管委员会（Basel Committee on Banking Supervision，BCBS）在制定资本和流动性监管规则时也面临着挑战。然而，由于金融监管机构只专注于厘清加密资产的复杂性及其对加密资产管辖权的限制，却忽略了系统性金融监管的必要性。对加密资产进行系统性监管或跨部门协调金融风险监管措施，能够让金融监管机构及时、准确地发现金融系统中存在的风险。

整体来看，金融监管机构在分布式账本（Distributed Ledger）、智能合约（Smart Contract）和机器学习（Machine Learning）等领域尚未形成足够的专业人才储备，这将制约金融监管机构发现和应对新系统性金融风险的能力。值得注意的是，美国金融监管机构在制定金融科技监管政策方面落后于世界其他国家的中央银行，这就导致其难以有效应对新技术带来的风险问题。

---

① 这里的影子银行是指提供金融服务的非银行金融机构。

未来金融危机是可以避免的。

如前所述，BotWay 最初对 HAL 银行 CyberDebt 产品的承诺担保引发了这场金融危机，但即使不是由 BotWay 来引发这场金融危机，其他金融机构也可能会引发危机，到 2030 年 2 月，整个金融体系将变得岌岌可危。然而，这场金融危机并不是不可避免的。如果对所有的智能投顾设置资产管理上限，如果通过制定法律法规要求在投资组合算法选择和交易执行之间设置人工干预手段，那么，算法产生的负面影响就会更小、传播速度就会更慢。如果颁布了法律和法规来限制加密资产数量的增长，或者对系统重要性金融机构投资加密资产的数量进行限制，那么，实体经济就不会因虚拟资产泡沫破裂而崩溃。如果不让大型科技公司成为主要的支付服务供应商，那么，救助 MOMCorp 就没有必要采取诱发社会问题的紧缩政策。

目　　录

引言 ·· 1

金融科技简介 ·· 2

对金融科技的批判 ·· 3

"金融科技"与"金融稳定"的概念界定 ······················· 5

"金融稳定"的定义 ·· 5

"金融科技"的定义 ·· 7

关于研究对象的说明 ··· 11

本书内容简介 ··· 12

第一部分　为什么要实施预防性监管

第一章　实施预防性监管的理由 ··································· 17

交易的不确定性 ··· 17

什么都不做的代价 ·· 18

预防性监管包括哪些内容？ ·· 23

其他领域的预防性监管措施 ·· 24

预防性监管的成本 ·· 27

创新并不总是"好"的 ··· 28

假如信用违约互换是加密资产 ····································· 31

预防性监管是以过程为导向的监管方式 ························ 35

把握好时间窗口的重要性 ··· 37

小结 ··· 38

第二部分　金融科技对金融稳定的影响

第二章　金融科技与风险管理 ……………………… 41

　什么是风险管理？ ……………………………………… 41

　机器学习出现之前的风险建模 ………………………… 43

　机器学习与风险管理 …………………………………… 44

　编程错误和数据问题 …………………………………… 48

　"神秘"的模型和自动化偏差 ………………………… 51

　加强协调和相关性 ……………………………………… 54

　智能投顾 ………………………………………………… 58

　贝莱德集团的阿拉丁资管系统 ………………………… 61

　机器学习与保险 ………………………………………… 63

　小结 ……………………………………………………… 65

第三章　金融科技与资本中介 ……………………… 67

　资本中介的基础 ………………………………………… 67

　银行与银行挤兑 ………………………………………… 69

　影子银行 ………………………………………………… 70

　金融市场与金融稳定 …………………………………… 74

　网络借贷平台 …………………………………………… 76

　高频交易 ………………………………………………… 80

　加密资产 ………………………………………………… 84

　挤兑、甩卖和加密资产 ………………………………… 90

　自我执行的问题 ………………………………………… 92

　脸书的加密货币 Diem ………………………………… 95

　加密资产和货币政策 …………………………………… 97

　小结 ……………………………………………………… 98

第四章　金融科技与支付 ······················· 99

　　支付体系是如何运转的? ····················· 99

　　支付系统是如何失效的? ····················· 101

　　支付监管 ································ 104

　　复杂系统中的操作风险 ····················· 106

　　移动支付 ································ 110

　　分布式账本与支付 ························· 113

　　支付的替代方案 ·························· 116

　　其他金融基础设施 ························· 119

　　关于支付服务供应商的说明 ··················· 122

　　小结 ·································· 124

第三部分　金融科技监管与金融稳定

第五章　金融科技和金融稳定监管现状 ············· 127

　　什么是监管? ····························· 127

　　为什么创新难以监管? ····················· 129

　　为什么监管金融创新尤为困难? ················· 131

　　监管机构对创新的支持 ····················· 133

　　监管沙盒 ································ 135

　　以"创新者为中心"的监管策略是否合适? ··········· 138

　　金融稳定监管概述 ························· 140

　　金融科技是如何破坏金融稳定监管的? ············· 143

　　合规科技对金融行业的重要性 ················· 147

　　监管科技带来的挑战 ······················ 151

　　小结 ·································· 154

第六章　金融科技的预防性监管 ················· 155

　　信息的必要性 ··························· 156

监管实践与文化 ································· 158

金融监管权限——法律授权 ····················· 161

新技术的预防性监管策略 ······················· 164

风险管理算法的预防性监管 ····················· 166

针对机器学习的监管科技干预 ··················· 168

操作风险的预防性监管 ························· 171

许可证制度的管辖范围 ························· 174

许可审查流程 ·································· 176

针对智能投资的许可证制度 ····················· 178

针对加密资产的许可证制度 ····················· 179

小结 ··· 182

第七章　与金融科技发展相关的其他议题 ··········· 183

公共部门的创新 ································ 184

创新、专业知识和"允许失败" ················· 186

金融在社会中扮演的角色 ······················· 190

国际边界和网络边界 ··························· 192

美国的金融稳定监管 ··························· 195

竞争与科技金融 ································ 197

竞争与小型金融科技公司 ······················· 201

数据与隐私 ···································· 203

网络安全 ······································ 206

小结 ··· 208

结论 ·· 209

引　言

科幻小说给社会公众讲述了很多关于电脑失控引发一系列灾难的故事，同样，金融体系崩溃也将引发令人恐惧的灾难性后果。如果用一个简单的计算机程序就能凭空创造出无数的金融资产；如果这些资产的交易决策完全由计算机程序决定，且用于交易的支付系统也实现了自动化；如果管理加密资产的软件中存在漏洞，可能会触发软件自主决策大规模抛售加密资产，引发资产价格失控，并导致自动交易支付系统出现超负荷故障。此时，整个金融系统将被无序性和不确定性充斥，那些依赖金融系统进行支付和借款的人将步履维艰。

在 2008 年爆发的国际金融危机中，金融监管机构、中央银行和其他政府部门采取了紧急救市措施，缓解了金融危机对全球经济造成的破坏性影响。然而，如果金融自动化在未来成为现实，当人类意识到金融系统处于崩溃边缘时，可能已经无法阻止计算机程序所带来的灾难。电脑哈尔可能会说："对不起，戴夫，我恐怕做不到。"[1] 本书认为，这样的场景并不仅仅存在于科幻小说里，它预示着金融体系的未来，未来金融危机可能会造成更严重的破坏性影响。经济学家研究发现："任何可能出错的东西，只要涉及计算机，错误就可能会发生得更快、产生更大的影响。"[2] 事实上，由自动化造成的悲剧时有发生，例如，在 5 个月的时间里，两架波音 737 MAX 飞机发生了悲惨的坠机事故，造成近 350 人死亡。美国国会对这两起事故的调查报告中指出："这两起事故的原因之一是对'在特定条件下自动压低飞机机头的程序'存在错误的

---

[1]　2001：*A Space Odyssey*（Metro - Goldwyn - Mayer 1968）.

[2]　Andrei A. Kirilenko & Andrew W. Lo，*Moore's Law versus Murphy's Law*：*Algorithmic Trading and Its Discontents*，27 J. Econ. Perspectives 51，52（2013）.

理解，同时对'飞行员能够应对任何潜在的故障'存在错误的预期。"① 同理，如果不及时关注自动化程度不断提高的金融体系，那么，类似的悲剧可能重演——金融危机可能是致命的，即使不是致命的，也会造成大范围的严重灾难。

金融科技简介

不幸的是，大多数人都没有意识到金融体系正在发生什么，这并不奇怪。金融非常复杂，以至于社会公众不愿意去弄清楚金融是什么以及金融是如何运转的，因此，金融行业容易逃避社会公众的监督。然而，当前新技术的复杂性正在逐步替代传统金融的复杂性，使金融科技创新更加难以理解。从历史经验来看，金融监管机构和社会公众往往会等到出现严重问题后才想弄清楚金融创新是如何运作的，但这样可能会带来严重的后果。因此，本书旨在让社会公众了解金融科技创新及其对金融稳定的潜在影响，以避免灾难的发生。

金融科技创新使金融决策越来越自动化，其使用的一些技术与汽车自动驾驶技术惊人地相似。当提到无人驾驶汽车的危险时，就有必要考虑无辜的社会公众是否会被失控的技术波及。在金融危机中，如果金融科技创新损害了经济发展，社会公众将深受其害。虽然金融科技发展对于增强金融服务可获得性、提高金融服务效率、降低金融交易成本大有裨益，但是也给整个金融体系带来了新的金融稳定风险。

面对金融科技的崛起，需要考虑大量不确定性。社会公众已经认识到金融危机可能会造成重大且广泛的危害，本书将介绍由金融科技创新所带来的新型风险。然而，本书无法确定这些风险发生的可能性有多大，也无法明确未来金融科技是否还能催生其他风险。此外，虽然发达经济体在过去一个世纪中很少发生金融危机②，但必须意识到，伴随着金融科技的崛起，金融危机可能会频

---

① 实际上，飞行员并不知道飞机上存在"在特定条件下自动压低飞机机头的程序"，Majority Staff of Comm. on Transp. & Infrastructure，*Final Committee Report*：*The Design*，*Development & Certification of the Boeing 737 Max 13*（Sept. 2020）.

② Carmen M. Reinhart & Kenneth S. Rogoff，*This Time Is Different*：*Eight Centuries of Financial Folly*（2009）.

繁出现。由于无法预测金融危机何时会到来，也无法预测金融科技创新在金融危机期间的具体表现形式和影响程度，因此，金融监管机构对金融科技创新所持的态度决定了其会采取什么样的措施来应对金融科技创新。

罗伊·阿玛拉（Roy Amara）认为："人们普遍会高估一项技术的短期影响，而低估其长期影响。"① 金融科技的优势显而易见，因为技术通常用于解决人类难以应对的事情，比如处理海量数据。然而，技术擅长的领域与人类擅长的领域恰恰相反，人类做起来比较容易的事情，比如识别一张脸或者摘水果，依靠技术来实现反而比较困难。这是因为通常情况下人们会低估这些"简单"事情的难度，低估技术的不足，直到意想不到的严重错误出现时，这一态度才会转变。

虽然，目前关于金融科技的态度主要是积极的，尤其对于以往难以获得主流金融服务的群体而言，金融科技创新确实能够提高金融服务的可获得性、降低金融交易成本。但从长远来看，技术创新可能会带来负面影响，那么，就有必要对金融创新的发展保持怀疑的态度，在初始阶段就应将金融创新纳入金融监管目标，引导技术简化并避免过度创新，避免存在潜在危险的技术影响金融体系稳定。本书认可金融科技创新的优势，但也会重点分析金融科技创新对金融稳定的影响，从而帮助社会公众正确地看待金融科技的利弊。

对金融科技的批判

对金融科技的批判通常集中于以下方面：金融科技侵犯金融消费者权益、侵犯金融消费者隐私或技术对就业造成负面影响。近年来，美国众议院金融服务委员会（US House Financial Services Committee）为研究解决以下问题举行了听证会："如何减少人工智能在金融服务中消费者歧视"②"人工智能对资本市

---

① *Oxford Essential Quotations*（Susan Ratcliffe ed.，4th ed. 2016）.
② *Equitable Algorithms*：*Examining Ways to Reduce AI Bias in Financial Services*：*Hearing Before the Task Force on A. I. of the Comm. on Fin. Serv.*，116th Cong.（2020）.

场和金融服务行业就业的影响"①"大数据技术在金融服务中的作用"②"评估云供应商如何存储、保护和维护金融数据"③ 以及 "评估使用替代数据能否提高信贷的可获得性"④等。

令人担忧的问题是，技术并不是中立的，是可以被人类编程的，依托新技术的信贷审批系统会根据技术筛选出的数据形成决策规则，会有意无意地歧视某些类型的消费者。用于作出信贷审批决策的新技术可能会使消费者歧视固化，因为技术设定倾向于锦上添花，而非雪中送炭。

社会公众对金融科技提供金融服务所涉及的信息安全存在担忧。金融科技处理了大量的数据信息，如果将这些数据用于打击金融犯罪，为社会公众提供更有针对性的金融服务，提高金融的普惠性，这是值得赞许的。然而，金融交易数据非常敏感，负责维护数据的公司、政府部门或黑客可能利用金融交易数据侵害金融消费者权益，从而引发数据安全问题。

技术对就业产生替代效应的问题也值得关注。这个问题并不局限于金融科技，它适用于所有技术。在金融领域，金融规划师、贷款评估员等职业可能非常容易被技术所取代。

然而，很少有人关注金融科技创新对金融稳定的潜在威胁。本书认为，金融科技创新对金融消费者权益、数据安全或就业的影响虽然值得关注，但相较而言，金融科技创新对金融稳定的影响应该是必须首先考虑的重要问题。虽然金融危机并非时刻存在，但其破坏性很强。当涉及复杂技术时，金融危机往往发展得更快、更频繁，甚至更难应对，因此，有必要深入探讨金融科技对金融稳定的威胁。

① *Robots on Wall Street：The Impact of AI on Capital Markets and Jobs in the Financial Services Industry：Hearing Before the Task Force on A. I. of the Comm. on Fin. Serv.*，116th Cong.（2019）．

② *Banking on Your Data：The Role of Big Data in Financial Services：Hearing Before the Task Force on Fin. Tech. of the Comm. on Fin. Serv.*，116th Cong.（2019）．

③ *AI and the Evolution of Cloud Computing：Evaluating How Financial Data Is Stored，Protected，and Maintained by Cloud Providers：Hearing Before the Task Force on A. I. of the Comm. on Fin. Serv.*，116th Cong.（2019）．

④ *Examining the Use of Alternative Data in Underwriting and Credit Scoring to Expand Access to Credit：Hearing Before the Task Force on Fin. Tech. of the Comm. on Fin. Serv.*，116th Cong.（2019）．

"金融科技"与"金融稳定"的概念界定

在探讨金融科技对金融稳定的影响之前，首先要了解什么是"金融科技"与"金融稳定"。金融监管机构和政策制定者经常提到"金融稳定"，但很少有人对其进行明确定义。"金融科技"是一个不断变化的术语，对于其定义没有完全形成共识。本书将对"金融科技"与"金融稳定"的概念进行界定，其定义未来可能随着时间的推移而演变。

"金融稳定"的定义

自 2008 年金融危机以来，"金融稳定"一词在立法和政策文件中出现的次数越来越多。美国出台了保护金融稳定的《多德—弗兰克法案》，这是应对金融危机的主要立法举措，但在这份近 1000 页的法案中，"金融稳定"一词并没有被明确定义。据悉，在该法案数千页的实施细则中，也没有关于"金融稳定"的定义。

这种情况并非仅在美国出现。以英国为例，英格兰银行（Bank of England，BE）的职责之一是维护和增强英国金融体系稳定①，但相关立法中并没有对"金融稳定"作明确定义。金融稳定委员会（Financial Stability Board，FSB）是一个旨在促进国际金融稳定的机构，但其章程中也没有对"金融稳定"作明确定义。国际货币基金组织（International Monetary Fund，IMF）通过的《国际货币基金协定》（*Agreement of the International Monetary Fund*）第四条规定："国际货币制度的目标之一是持续地发展维护金融和经济稳定所必需的条件"②，但其中也没有明确"金融稳定"的概念。诸如此类的情况还有很多。

---

① *Financial Services Act*，2012，§2A（UK）．
② *Articles of Agreement of the International Monetary Fund art.* 5，Dec. 27 1945，1 U. N. T. S. 39.

有研究认为是否明确定义金融稳定对金融监管工作而言无关紧要①，这样的观点显然是错误的。如果没有明确的定义，那么维护金融稳定的法律可能会缺少公信力。此外，如果没有对金融稳定的概念形成共识，就很难制定连续性的政策来维护金融稳定。例如，如果金融监管机构认为，只要目前没有金融危机，金融体系就有足够的稳定性。那么，金融监管机构可能就不会努力使金融系统在未来的冲击中更加稳健。如果金融行业将"金融稳定监管"误解为旨在消除金融体系中的所有风险，那么，其大概率会反对金融稳定监管，因为金融行业会认为这样的监管会破坏金融发展，尤其是在经济形势较好的情况下。

2008 年国际金融危机爆发前，金融稳定监管政策存在一些问题。虽然政策制定者认为金融稳定监管很重要，但却只关注于金融机构，而忽视了同样至关重要的金融市场。在政策上容忍个别银行为自救以低价出售资产，以至于给整个资产市场带来了冲击，并加剧了金融系统的脆弱性。② 事实上，需要纳入金融稳定监管的机构类型尚未完全确定，对金融市场的监管也不明确。例如，对冲基金是否存在风险？应该接受金融稳定监管吗？另外，由于金融科技公司的出现进一步模糊了金融稳定监管的边界，导致"哪些机构应该接受金融稳定监管？而哪些机构不需要接受金融稳定监管？"等问题尚未达成共识。

社会公众认为银行、非银行金融机构和金融市场的稳定是金融稳定的重要组成部分，但过于关注金融机构和金融市场，可能会使社会公众忽视为什么金融稳定才是金融监管的首要目标。如果金融体系崩溃不会威胁实体经济及社会公众，那么，金融监管的目标将变得比较简单。然而，实体经济依赖于金融体系进行风险管理、资本积累和资本配置。推动经济增长的各种交易活动也需要由金融体系提供支付服务。鉴于此，金融体系出现问题将对整个经济体系产生重大影响。因此，金融稳定监管应该明确其最终目标是保护整个经济体系，而非保障金融行业的盈利能力。

因此，本书明确将金融稳定定义为以促进经济可持续增长为最终目标的金

---

① Bank for International Settlement, *Central Bank Governance and Financial Stability* 31（2011）.

② Anil K. Kashyap et al, *For a discussion of the systemic dimension of fire sales*, The Macroprudential Toolkit, 59 IMF Econ. Rev. 145（2011）.

融体系的状态，金融稳定监管则通过维护金融机构和金融市场稳健发展来实现这一目标，即便是在出现意外冲击的情况下，也能确保金融体系可以持续为社会公众提供风险管理、投资、借贷、支付等金融服务。

对金融稳定进行这样的界定具有重要意义。首先，能够让社会公众都认识到即使是在经济繁荣时期，也需要对金融稳定进行监管。客观而言，金融稳定监管并不是为了降低金融系统中的所有风险，应该提高对不会损害经济增长的风险的容忍度。其次，即便一些人认为金融危机是经济周期的一部分，是不可避免的，但本书认为金融危机并非不可避免。虽然没有一个金融监管制度能够完全避免金融危机的发生，但可以肯定的是金融监管失败将导致更为严重的金融危机。因此，优化金融监管可以减小金融危机发生的可能性并降低其危害程度。

此外，定义金融稳定的另一个重要意义是明确金融稳定监管的边界。如果金融稳定监管机构对整个金融体系拥有监管权，而不仅仅是对某些金融机构或某些金融市场进行监管，那么，金融稳定监管将是最有效的。然而，金融体系是全球性的，尽管存在一些金融监管的国际协调机制，但金融监管权力通常被限制在一个国家（或地区）之内。金融监管机构不仅面临金融监管权力的地理边界，也需要面临功能边界，这导致单一金融监管机构无法监管金融体系中的所有金融机构和金融市场。但即便是这样，能够降低金融危机危害程度的金融监管依然具有重要的意义。

"金融科技"的定义

当探讨金融科技时，一些人聚焦于商业模式范畴，一些人聚焦于机构范畴，还有一些人则聚焦于技术范畴。金融科技的商业模式有一个共同点，即普遍采用的是过去十年左右开发的技术，主要包括 P2P 网络贷款（Marketplace Lending）、众筹（Crowdfunding）、移动支付服务（Mobile Payment Services）、智能咨询服务（Robo - Advisory Services）以及加密资产等。一些人认为金融科技的服务对象是金融消费者，但另一些人认为金融科技还包括对冲基金等高频交易模式。下面将详细阐述金融科技的不同模式。

P2P 网络贷款平台接受在线申请贷款，通常使用非传统的数据来源评估这些申请，比如来源于社交媒体的信息等，然后将贷款需求方与愿意为其提供资金的投资者相匹配。出于监管原因，P2P 网络贷款首先由银行发放，然后出售给投资者[1]，投资者是最终债权人。P2P 网络贷款平台承担贷款和还款管理服务。目前，P2P 网络贷款模式采用的是无担保无抵押贷款，小公司的贷款额度通常在 5 万美元以下，个人贷款额度一般在 1 万美元左右。[2]

众筹指的是一种利用网络或智能手机平台，向一大群人筹集小额资金的商业模式。众筹可以用于捐赠，也可以用于筹集资金以换取非金钱资源。P2P 网络贷款也可以被认为是众筹的一种，但在金融科技背景下，众筹通常被认为是股权众筹。股权众筹平台允许投资者购买初创公司或其他处于早期阶段的小公司的股票，向这些公司提供了风险投资和天使投资之外的融资选择。股权众筹的投资者认同其包容性，认为众筹为投资者提供了更多的投资机会。但众筹也衍生出投资者保护等问题，全球范围内多个国家的证券业监管机构都采取了相应的监管措施，尽可能地在保护投资者的同时鼓励资本投资。从目前实际情况来看，股权众筹平台对金融稳定的威胁较小。

在过去的十年中，出现了各种各样的移动支付业务模式。许多公司通过为客户提供数字钱包的方式来提高支付效率，这种钱包可以从客户的银行账户或信用卡中提取资金，将其存入数字钱包，在收到客户支付指令后，从电子钱包余额中支付款项给其他消费者和公司。Venmo 和支付宝等都是这类移动支付服务的典型供应商。支付宝和其他一些移动支付服务供应商要求客户扫描二维码，将支付信息发送与数字钱包相关联的借记卡和信用卡。其他供应商也有不同的支付方式，例如，ApplePay 提供了一种更直接的支付方式，可以从客户的银行账户或信用卡直接支付。

智能咨询公司为金融消费者提供与银行存款账户、保险和投资组合等金融产品相关的金融服务建议。最先进的智能咨询业务模式涉及智能投顾服务，该

---

① 一般是大型机构投资者。

② Deloitte, *Marketplace Lending 2.0: Bringing on the Next Stage In Lending* 7 (2017).

服务的成本远低于人类理财规划师的收费。该业务模式使用计算机算法自动评估客户的财务状况和风险承受能力，并向客户提供如何进行投资组合和资产配置的建议。一些宣传过分突出智能投顾的优点，甚至宣称智能投顾比人类理财规划师更有能力，在利益冲突方面更为中立。然而，这种宣传有点不切实际，往往无法兑现承诺。[①]

加密资产的概念是由比特币的创造者提出的[②]，之后出现了许多模仿比特币的加密资产。加密货币可以用来购买商品和服务，而代币通常用于投资。与代币相关的权利体现在智能合同中，智能合同是与代币一起托管在分布式账本上的计算机程序。所有加密资产，包括加密货币和代币都依赖于分布式账本技术。为了促进加密资产交易，涌现出许多新的中介机构，包括加密资产交易所等。

美国股票交易大都采用高频交易的方式进行。在其他资产市场高频交易同样较为常见，如政府债券交易、外汇交易等。[③] 高频交易的主要特点是在一秒内完成大量的交易，而人类无法以这么快的速度执行交易，因此，高频交易中的订单是由计算机算法下达的，虽然每笔交易的利润可能看起来微不足道，但却能够以量取胜。尽管一些人不认可高频交易就是金融科技，因为其与金融消费者无关，但本书认为金融科技在广义上应该包含高频交易。

由此可见，金融科技的商业模式呈多样性，这表明"金融科技"（FinTech）一词通常是一个总称。然而，"金融科技"（FinTechs）也经常用于描述在这些商业模式下开展相关业务的公司。金融科技公司通常为规模相对较小的初创公司，尽管其中一些公司在过去十年中发展迅速且变得家喻户晓，但其不像银行那样受到金融监管。需要强调的是，"金融科技"一词通常不用于描述真正的金融科技巨头，如亚马逊（Amazon）、脸书（Facebook）、谷歌

---

① Benjamin P. Edwards, *The Rise of Automated Investment Advice*: *Can Robo - Advisers Rescue the Retail Market?*, 93 Chi. - Kent L. Rev. 97, 103 (2018).

② Craig K. Elwell et al., Cong. Rsch. Serv., R43339, *Bitcoin*: *Questions*, *Answers and Analysis of Legal Issues* 1 (2015).

③ Rena S. Miller & Gary Shorter, Cong. Rsch. Serv., R44443, *High Frequency Trading*: *Overview of Recent Developments*, 1 (2016).

（Google）、苹果（Apple）等。鉴于这些金融科技巨头的业务规模和范围非常大，其金融活动对金融稳定的潜在影响已经引起了高度的关注。

目前，社会公众可能更关注金融科技和金融科技公司，但这可能会忽视银行和其他传统金融机构也正在使用金融科技提供金融服务。[①] 例如，部分资产管理巨头已经在使用机器学习技术配置投资者的资金。[②] 摩根大通（J. P. Morgan）推出了自己的数字货币摩根币"JPMCoin"，以改善支付服务。[③] 与金融科技巨头一样，一些传统金融机构经营规模较大，导致与其所使用的技术相关的任何风险都将被放大。由此可见，银行和其他传统金融机构对技术的使用不应被忽视。鉴于此，本书将从广义层面对金融科技进行定义——金融科技不仅包括技术，也包括各类金融科技商业模式和金融科技公司。

金融科技商业模式的底层技术创新是云计算技术、分布式账本技术和人工智能技术。

云计算技术是指将数据存储在网络服务器上，这与电脑或手机的硬盘驱动器存储不同。这将减轻单个设备硬盘驱动器的存储压力，能够存储体量更大的数据。如果一个云服务器发生故障，云计算技术还能提供针对技术故障的存储保护，数据可以很容易地从一个云服务器迁移到另一个云服务器，从而保证数据可以继续被使用。服务器之间的数据分布方式取决于所使用的云计算服务类型。在一些云计算服务中，数据的分布是自动化的，从某种意义上说，该自动化系统可以自由决定在哪里存储数据。[④] 在其他云计算服务中，系统将根据技

[①] 最近一项关于金融机构使用人工智能技术的研究发现，金融科技公司广泛地使用人工智能来开发新产品和新服务，而传统金融机构主要利用人工智能来完善现有的产品和服务。Cambridge Centre for Alternative Finance & World Economic Forum（hereinafter Cambridge Center），*Transforming Paradigms*：*A Global AI in Financial Services Survey* 33（2020）.

[②] Raghav Bharadwaj, *Machine Learning in Investment Management and Asset Management—Current Applications*, Emerj（Apr. 3, 2020）, https：//emerj. com/ai - sector - overviews/machine - learning - ininvestment - management - and - asset - management/（last visited Sept. 24, 2020）.

[③] 摩根币（JPMCoin）是基于区块链技术（Blockchain）、可实现机构账户之间的即时转账支付的数字货币，是摩根大通（JPMorgan Chase）在 2019 年 2 月 14 日宣布自行创建并测试成功的加密货币。J. P. Morgan, *J. P. Morgan Creates Digital Coin for Payments*（Feb. 14, 2019）, https：//www. jpmorgan. com/solutions/cib/news/digital - coinpayments.

[④] 数据通常可以跨国界转移。

术协议与合同协议，确保数据只会分配给指定的服务器组。

分布式账本技术是加密货币、代币等新型移动支付服务的基础。分布式账本本质上是一个巨大的数据库，由一组分散的计算机和服务器托管，记录加密资产的所有权和所有的交易。与云计算一样，分散性使得账本更加安全，因为即使一个计算机或服务器出现故障，账本也可以保持完好。账本的安全性很重要，因为其不仅要记录交易，还需要完成交易行为。每个分布式账本都根据自身的协议来确定哪些交易将被批准并添加到账本中，其中的验证程序比其他程序复杂得多。

机器学习通常使用算法对数据或以往的经验进行研究，并以此优化计算机程序的性能标准。几十年来，金融行业一直依赖计算机算法，而计算机算法在执行前必须用更具体的指令编程，因此，机器学习算法相对而言更具自主性。[①]

关于研究对象的说明

当前，世界各地的跨国银行、科技公司纷纷开始应用新技术，在伦敦、新加坡、中国香港、悉尼、硅谷和纽约等金融科技中心经营的初创公司也已经凭借新技术提供服务。由于不同地区所使用的新技术大同小异，因此，本书第二部分讨论的技术风险都与世界各地所执行的政策息息相关。相对于新技术而言，金融科技的商业模式在不同地区会有很明显的差异，其原因是不同地区的政策框架、金融监管要求和市场需求会衍生出与之相适应的金融科技商业模式。本书将主要以美国为例，探讨金融科技的商业模式、金融稳定风险以及解决方案。此外，第六章将提出在不同地区广泛适用的金融科技监管方法和技术层面的监管方案，以期为美国以及其他国家的金融监管机构提供可供参考的政策建议。

毕竟，金融体系是全球性的，当一个国家出现金融稳定风险时，其他国家的金融体系也会受到波及。因此，在国际层面就金融稳定风险达成共识是非常

---

①　Cambridge Centre for Alternative Finance & World Economic Forum（hereinafter Cambridge Center），*Transforming Paradigms：A Global AI in Financial Services Survey* 17（2020）．

有必要的。尽管金融科技对金融稳定的影响在很大程度上被忽视了，但金融稳定委员会却在这个问题上有所建树。2017 年以来，金融稳定委员会的金融科技问题小组发布了许多关于金融科技和金融稳定的研究报告，这些报告可以帮助研究人员更多地了解金融科技风险，同时，这也是本书第二部分对金融科技风险分析的研究基础。① 然而，金融稳定委员会的研究更多地是识别和报告新出现的风险，但几乎没有提出应对这些风险的建议，鉴于此，本书第三部分将完善相关研究。

本书内容简介

本书第一部分由第一章组成，主要阐述为什么金融监管机构应该对金融科技创新采取预防性监管政策。第一章主要探讨 2008 年国际金融危机的成因——金融创新及其造成的灾难性后果。同时，这部分内容还包括一个虚构的故事——假设 19 世纪中叶就存在分布式账本和智能合约，将会如何扩大金融危机的灾难性后果。这个虚构的故事，旨在展示金融科技对金融稳定的潜在威胁。当前，社会公众更倾向于支持对药品和无人驾驶汽车采取预防性监管措施，因为它们会对人类生命构成潜在威胁，但社会公众可能不太愿意接受旨在维护金融安全的预防性监管。为了让社会公众广泛认可金融科技预防性监管政策的必要性，本书第一章证明了金融危机的危害不仅存在于经济层面，还会严重破坏社会结构。

本书第二部分由第二章、第三章和第四章组成，主要介绍金融体系在经济运行中的三个关键功能：风险管理、资本中介和支付服务，并重点介绍金融科技如何通过威胁任意一个或多个功能，从而加剧金融危机的灾难性后果。本部分将重点探讨金融科技对金融服务的速度、复杂度、协调性的影响，并通过案例分析加以证明。第二章重点介绍机器学习技术在初创投资公司、银行、资产

---

① Fin. Stability Bd., *Financial Stability Implications from Fintech* (2017)；Fin. Stability Bd., *Artificial Intelligence and Machine Learning in Financial Services* (2017)；Fin. Stability Bd., *Fintech and Market Structure in Financial Services*：*Market Developments and Potential Financial Stability implications* (2019)；Fin. Stability Bd., *Bigtech in Finance*：*Market Developments and Potential Financial Stability Implications* (2019).

管理公司、保险公司的金融风险管理中的应用情况。第三章对 P2P 网络贷款、高频交易和加密资产市场进行案例研究，并就加密资产对中央银行货币政策执行的影响进行探讨。第四章对移动支付和分布式账本技术进行案例研究，分析支付系统中的操作问题如何引发和传递金融风险。同时，探讨对第三方技术供应商的技术依赖所带来的金融风险。

本书第三部分由第五章、第六章和第七章组成，主要介绍应对第二部分所涉及的风险或潜在风险的解决办法。第五章集中阐述了英国当前金融科技监管体系的不足。首先描述了技术创新给金融监管带来的挑战，然后具体讨论监管金融科技所面临的困难。随着金融科技的崛起，金融监管机构在不断探索新的监管方法，但迄今为止，新的监管方法更多的是支持金融创新，而不是降低金融创新带来的负面影响。由于英国当前金融科技监管体系存在不足，所以第六章将探讨新型监管方法的必要性，主要介绍应对金融科技的预防性监管方法，并预估这些监管方法可能面临的挑战。在确定了应对这些挑战的方法后，提出了创新型金融监管措施，包括针对加密资产和智能投资模型的许可证制度、针对机器学习的监管科技干预以及针对风险管理算法和操作风险的预防性监管等。第六章提出的创新型监管方法只能解决金融科技创新所造成的部分问题。

金融科技创新是一个拐点，会引发一系列更大的经济和社会问题，而社会公众对这些问题的关注度正日益增加。鉴于此，本书第七章主要介绍这些问题，并探讨社会公众对金融、技术以及政府的期望。同时，也对专业知识的作用和政府的创新能力展开讨论。此外，第七章还将讨论与金融稳定相关的竞争、隐私和网络安全等议题。

第一部分

为什么要实施预防性监管

第一章　实施预防性监管的理由

当新金融技术出现时，其内部运行机理及其与金融系统其他部分相互作用的机制难以被知悉，特别是新技术的不确定性及其可能给现有技术系统带来的影响，使金融监管面临新的挑战。除此以外，金融监管还面临更大的挑战——任何威胁金融体系稳定的技术问题不是每天都发生的，而是会在罕见的、不可预测的情况之下发生①，即金融监管一直面临着未来不确定性的威胁。当新金融技术出现时，与之相关的风险难以被精确地衡量。但在一定程度上，对新金融技术可能带来的成本和收益进行假设和价值判断，将会对新金融技术的监管策略产生重要影响。本章将阐述在面对与新金融技术相关的不确定性时，金融监管机构实施预防性监管的理由。

交易的不确定性

当一项新技术可能会带来灾难性后果时，"安全总比后悔好"，因此，采取预防性监管措施就显得尤为必要。

经济学家弗兰克·奈特（Frank H. Knight）在《风险、不确定性和利润》（*Risk，Uncertainty and Profit*）一书中，将风险区分为以下两种情况：一种情况是风险是可以测量的，是在一定概率下所发生的事情；另一种情况是风险完全是不确定的，根本无法衡量。② 因此，"奈特不确定性"（Knightian Uncertainty）一词描述了一个充满"未知的未知"的世界，在这个世界里，即将发生的

---

① 经济学家称之为"尾部事件"，技术专家称之为"边缘情况"。

② Frank H. Knight, *Risk, Uncertainty and Profit* 21 （1921）.

风险的类型难以确定，而风险发生的概率则更加难以预测。从现实情况来看，"奈特不确定性"正是未来金融发展的真实写照。

一方面，金融稳定是典型的"公共产品"，从某种意义上说，每个人都能从金融稳定中受益，但社会公众不能被迫为此买单。因此，在金融监管缺位的情况下，科技创新者普遍缺乏维护金融稳定的动机和能力。另一方面，金融危机是一个系统性问题，避免金融危机通常需要多个市场参与主体发挥协同作用。然而，即使所有的市场参与主体都是利他主义的创新者，也难以了解竞争对手的行为或强迫其以特定的方式行事，从而减轻对金融体系的威胁。

因此，维护金融稳定的职责更多地需要由金融监管机构和立法机构来承担。虽然新金融技术对金融稳定可能产生的影响是难以预测的，但可以肯定的是，新的技术创新将带来一个更加复杂的金融系统，其处理交易的速度将比以往任何时候都要快，金融系统越复杂、交易频率越快，就越容易发生严重故障。此外，技术创新也极有可能加剧金融决策的从众心理。当资产购买和出售的规模过大时，引发金融危机的泡沫和恐慌情绪就越容易产生。

防范金融危机是一个重要的社会问题。尽管难以准确预测新金融技术与现有金融系统之间的相互作用机制，但不可否认的是，这些技术将加剧金融系统的脆弱性，使金融危机更容易发生。[1] 尽管存在"奈特不确定性"，但凭借对金融体系运作方式的了解、对新技术可能给金融体系带来影响的了解，金融监管机构制定了一系列金融监管政策，虽然这些政策并不完美，但却为防范金融危机提供了更多空间。由此可见，采取这些监管策略比不监管的潜在成本要低得多。

什么都不做的代价

金融体系的存在是为了让经济主体能够管理金融风险并购买商品和服务，也是为了将资金从那些拥有资金并希望进行投资的人手中转移到那些需

---

[1] Guido Calabresi, *Transaction Costs, Resource Allocation and Liability Rules—A Comment*, 11 J. L. & Econ 67, 70（1968）.

要资金来发展的人手中，这就是金融体系的"资本中介"功能，其最主要的形式就是借贷。但如果银行和其他金融机构失去了常规资金来源，或者即使有足够的资金，但银行和其他金融机构没有足够的信心发放长期贷款，那么，信贷规模会受到一定限制。此时，需要资金的个人和公司将收缩而非扩张，就业和经济增长也将受阻。正是这种机制导致了 2008 年国际金融危机演变为美国自大萧条以来经历的最严重的衰退。虽然这场衰退不像新冠疫情造成的衰退那么严重，但它是完全起源于金融体系的大衰退，是非自然灾害引发的大衰退。

2008 年金融危机的根源是住宅抵押贷款泡沫。[1] 当时，提供抵押贷款的机构[2]都比较放心，它们知道这些抵押资产可以立即被出售，因此并不特别担心借款人的还款能力。专门为购买抵押贷款而创建的特殊目的机构收购抵押贷款，然后向投资者发行证券，即抵押贷款证券化（Mortgage - Backed Security，MBS）。基于抵押贷款，抵押贷款证券化的投资者以间接的方式获得贷款本金和利息收入。最高级别的抵押贷款证券化投资者优先收到资金，其次是级别较低（风险较高）的投资者。在 2008 年国际金融危机之前，社会公众普遍认为顶级抵押贷款证券化基本上是无风险的，部分原因是信用评级机构标准普尔（Standard & Poor's）和穆迪（Moody's）给予其非常高的评级，另一部分原因是社会公众普遍认为在美国全国范围内，房价总是会上涨的，因此多样化的抵押贷款池总是能产生足够的资金并支付给顶级投资者。如果顶级投资者仍然担心可能无法收到事先承诺的资金，则可以购买信用违约互换和其他金融担保，以有效防范与抵押贷款证券化相关的违约行为。

金融行业认为抵押贷款的风险将通过证券化过程转移出银行体系，从而使抵押贷款更安全；而其他行业根本不在乎，因为抵押贷款证券化在短期内是有利可图的，这使得对抵押贷款证券化的需求不断增加。对抵押贷款证券化需求的增加意味着对基础抵押贷款需求的增加，进而催生了更多抵押贷款泡沫。同

---

[1]　Fin. Crisis Inquiry Comm'n, *The Financial Crisis Inquiry Report: Final Report of the National Commission on the Causes of the Financial and Economic Crisis in the United States* (2011).

[2]　提供抵押贷款的机构包括银行和非银行机构。

时，金融监管机构和政府部门也未采取措施解决日益膨胀的抵押贷款泡沫，忽视了抵押贷款证券化可能带来的风险。

到 2008 年，被忽视的抵押贷款证券化已发展成为严重的问题，因为金融机构大量投资于安全级别最高的抵押贷款证券化产品，并以此为抵押获得用于其他投资的廉价短期资金。随着抵押贷款证券化问题逐步暴露出来，融资成本变得越来越高，甚至有时即使付出极高的代价也无法获得融资。当金融机构资金不足时，其资产负债表会变得不稳定，就会开始削减贷款并以低价出售资产。这导致许多银行濒临破产，只有依靠政府救助才能生存。然后，最终的结果众所周知——投资银行雷曼兄弟（Lehman Brothers Holdings）没有得救，在 2008 年 9 月 15 日申请破产，这引发了金融市场的严重恐慌。

如之前的金融危机一样，2008 年国际金融危机破坏了可以促进经济增长的借贷渠道，对整个经济体系造成了损害。① 如果无法获得资金，实体经济就无法扩张和增加工作岗位；实体经济收缩了，就业和经济增长也随之受阻。2008 年国际金融危机的统计数据也验证了这一过程。② 在美国，仅 2008 年一年就有 360 万人失业，失业率在 2010 年 10 月达到 10% 左右的峰值，直到 2017 年才恢复到金融危机前的水平。从 2007 年到 2009 年初，美国家庭净资产缩水了 17 万亿美元。③ 即使在金融危机发生 10 年后，美国国内生产总值等宏观经济增长指标仍然持续低于金融危机前，一项研究估计，金融危机的爆发导致"每个美国人一生中现值收入损失约 7 万美元"。④ 美国政府问责局（Government Accountability Office，GAO）估计，2008 年国际金融危机给美国社会造

---

① Ben Bernanke, *The Real Effects of Disrupted Credit: Evidence from the Global Financial Crisis*, Brookings Papers Econ. Activity, Fall 2018, at 251, 253 – 254.

② Fin. Crisis Inquiry Comm'n, *The Financial Crisis Inquiry Report: Final Report of the National Commission on the Causes of the Financial and Economic Crisis in the United States* (2011), at 390.

③ Fin. Crisis Inquiry Comm'n, *The Financial Crisis Inquiry Report: Final Report of the National Commission on the Causes of the Financial and Economic Crisis in the United States* (2011), at 391.

④ Regis Barnichon et al., *The Financial Crisis at 10: Will We Ever Recover?* (Fed. Res. Bank S. F. Econ. Letters Working Paper, 2018), https://www.frbsf.org/economicresearch/publications/economic – letter/2018/august/financialcrisis – at – 10 – years – will – we – ever – recover/.

成的总损失约为 13 万亿美元。[①]

在评论金融危机后的失业数据时，珍妮特·耶伦（Janet L. Yellen）指出："这些不仅仅是统计数据……这对人民的身心健康、婚姻、后代都造成了可怕的伤害。"[②] 失业人数增加还导致了生活质量的下降和犯罪率的上升，包括入室行窃、乞讨和滥用药物等。[③] 与金融危机相关的压力也会影响社会公众的健康水平，2008 年国际金融危机后的相关医学研究表明，心脏病发作和自杀率上升，社会公众一般不太可能寻求预防性医疗手段，因为这将进一步加剧生活成本负担。[④] 即使是那些在经济衰退期间能够保住工作和经济安全感的人，也普遍受到了不确定性和不稳定性带来的威胁，这可能会导致他们推迟结婚、买房和退休等人生重大决策。

同样值得注意的是，2008 年国际金融危机的影响分布存在差异。例如，金融危机后，非裔美国人、西班牙裔美国人和青少年的失业率明显高于美国社会整体失业率。此外，金融危机后的复苏也是不平衡的。[⑤] 尽管几乎所有人的净资产都因金融危机而减少，但那些投资股市的人的资产反弹相对较快，标准普尔 500 指数（S&P 500 Index，SPX）在 2013 年 3 月恢复到了金融危机前的高点。然而，最近的统计数据表明，只有大约 50% 的美国家庭持有股票。[⑥] 对

---

① US Gov't Accountability Off., GAO - 13 - 180, *Financial Crisis Losses and Potential Impacts of the Dodd - Frank Act*（2013）.

② Janet L. Yellen, Vice Chairwoman, Board Governors of the Fed. Res. Sys., Remarks at "A Trans - Atlantic Agenda for Shared Prosperity", A Conference Sponsored by the AFL - CIO, Friedrich Ebert Stiftung, and the IMK Macroeconomic Policy Institute, *A Painfully Slow Recovery for America's Workers: Causes, Implications, and the Federal Reserve's Response* 10（Feb. 11, 2013）.

③ Ronald A. Wilson, *The View from South Tucson: How the Economic Crisis Affects Defendants in My Courtroom*, 48 Judges' J. 14（2009）.

④ Mona Fiuzat et al., *United States Stock Market Performance and Acute Myocardial Infarction Rates in 2008 - 2009*（*from the Duke Databank for Cardiovascular Disease*）, 106 Am. J. Cardiology 1545（2010）; Aaron Reeves et al., *Increase in State Suicide Rates in the USA during Economic Recession*, 380 Lancet 1813（2012）; Annamaria Lusardi et al., *The Economic Crisis and Medical Care Use: Comparative Evidence from Five High - Income Countries*, 96 Soc. Sci. Q. 202（2015）.

⑤ Fin. Crisis Inquiry Comm'n, *The Financial Crisis Inquiry Report: Final Report of the National Commission on the Causes of the Financial and Economic Crisis in the United States*（2011）, at 391.

⑥ 美国最富有的家庭拥有股票市场市值大约 83% 的股票。Lowell Ricketts, *When the Stock Market Rises, Who Benefits?*, Fed. Res. Bank St. Louis On the Econ. Blog（Feb. 27, 2018）, https://www.stlouisfed.org/on - the - economy/2018/february/whenstock - market - rises - who - benefits.

于大多数中产阶级家庭而言，其 2017 年的净资产仍低于 2007 年。[①] 而且，这些差异在中产阶级非裔美国人和西班牙裔美国人家庭以及年轻人群体中更加明显。因此，2008 年国际金融危机带来的冲击对美国社会中较为脆弱的群体影响尤为显著。

上述关于 2008 年国际金融危机社会成本的调查来自美国。然而，金融危机及其影响不分国界。世界银行的一份报告发现，由于 2008 年国际金融危机，一些发展中国家丧失了十多年的经济发展成果。[②] 2008 年国际金融危机后，欧洲部分地区的失业状况比美国严重得多。像葡萄牙和希腊这样的国家被迫进入新的紧急状态，因为与金融危机相关的经济不确定性限制了其为政府支出提供资金的能力，也削弱了社会公众对欧元的信心。

尽管美联储和其他政府机构倾尽所能应对金融危机，但金融危机依然造成了经济衰退。但这并不意味着努力是毫无价值的，欧洲央行的干预措施最终避免了欧元的解体，但并不总是能够完全遏制金融危机。目前，普遍的认识是如果没有来自金融监管机构和其他政府部门的干预，2008 年国际金融危机造成的经济衰退会更加严重。

然而，一旦金融危机爆发，紧急性的措施是无法完全解决危机的。对金融危机的紧急应对不仅不太可能完全成功，而且很可能造成次生危机。值得关注的是，引发 2008 年国际金融危机的金融机构得到了资金援助，而因金融危机遭受痛苦的普通民众却没有得到什么救助。[③] 在主动选择或被迫实施紧缩措施、削减政府支出的国家，这种经济不公平感空前加剧，进而为民粹主义政治的蓬勃发展提供了肥沃的土壤。

金融危机事后干预所带来的问题成为实施预防性监管的强有力理由，预防性监管旨在主动地将金融危机发生的可能性降至最低。虽然 2008 年国际金融

---

① Nelson D. Schwartz, *The Recovery Threw the Middle Class Dream Under a Benz*, N. Y. Times (Sept. 12, 2018), at BU3.

② Inci Ötker – Robe & Anca Maria Podpiera, *The Social Impact of Financial Crises: Evidence from the Global Financial Crisis* (World Bank Pol'y Res., Working Paper No. 6703, 2013), http://documents. worldbank. org/curated/en/498911468180867209/pdf/WPS6703. pdf.

③ Jeffrey N. Gordon, "*Dynamic Precaution*" *in Maintaining Financial Stability: The Importance of FSOC, in Ten Years After the Crash* (Sharyn O'Halloran & Thomas Groll eds., 2019).

危机有时被称为"百年风暴"，但不能认为下一次金融危机是下一代人才会面临的事件。后续本书将探讨新技术的发展和应用将如何使金融危机变得更加频繁并造成更加严重的影响，这一威胁为实施预防性金融监管提供了更为有力的理由。

预防性监管包括哪些内容?

当社会公众初闻"预防性监管措施"时，可能会误解为监管机构将采取措施来防范所有可能发生的破坏性影响，其实际结果可能是彻底禁止所有尚未被证明安全的业务活动。事实上，这种"一刀切"的预防性监管措施不可能起作用——政策制定者试图既防范一项业务活动的危害，又防范社会公众从该业务活动中获益而造成的危害时，预防性监管措施就将会失灵。因此，需要一种更为有效的预防性监管措施，进而有效帮助解决新技术对金融体系构成的"未知的未知"威胁。

就金融科技而言，应该采取预防性监管措施来应对潜在风险，而且应该更早地采取行动。[①] 虽然难以清除所有的风险，但应该认识到，创新的优点和缺点之间往往存在一个时间差，优点往往在初创的时候就很明显，而缺点则需要一段时间才能显现出来。因此，如果与新金融科技创新相关的风险可能是不可逆转的和灾难性的，那么，金融监管机构就应该谨慎行事，并将责任归于创新者，让其证明为什么应该允许这项技术继续发展，而不是由金融监管机构说明为什么有必要进行监管。虽然应该考虑与金融科技预防性监管相关的成本，但首先要考虑的是确保金融体系安全稳定地运行，能够继续发挥促进经济增长所必需的资本中介、风险管理和支付等职能。

实施预防性监管措施将有助于解决金融监管机构目前在应对新技术时面临的一些结构性问题。金融监管机构面临最大的挑战是信息，即如何在技术不断发展的大环境中发现新技术，当发现这些新技术时，如何理解这些复杂的新技

---

① Jonathan B. Wiener, *Whose Precaution After All? A Comment on the Comparison and Evolution of Risk Regulatory Systems*, 13 Duke J. Comp & Int'l L. 207, 210 (2003).

术？金融监管机构应要求创新者对新技术进行解释，并让其证明新技术为什么实用、为什么应该被允许。

不可否认，金融监管机构可能会被创新者的乐观情绪所影响。因此，金融监管机构将不得不认真考虑创新者提供的信息，以充分掌握创新可能产生的负面影响。当新技术很复杂时，由于缺乏必要的技术专业知识来批判性地看待创新，金融监管机构将面临严峻的挑战。金融监管机构最终可能会以牺牲公众利益为代价，顺从并内化被监管行业的美好前景，这就会催生所谓的"认知捕捉"（Cognitive Capture）现象。

在某种程度上，认知捕捉是难以避免的。金融监管机构需要信息来作出决策，而关于金融行业正在做什么的大部分信息更多地来自金融行业本身。然而，预防性监管可以减少认知捕捉的影响。实施预防性监管措施意味着给予金融监管机构所需的资源，配备了具备专业素养的人员，金融监管机构将能够更好地评估新金融技术。当然，即使是技术专业度很高的金融监管机构也需要注意，不要被创新的热情冲昏头脑，如果那些技术专业度很高的金融监管机构希望避免与创新者发生冲突，那么，认知捕捉将难以避免。然而，预防性监管措施可能会向金融监管机构灌输一种怀疑意识，因为预防性原则所带来的负担转移是心理上的，也是结构性的。实施预防性监管的金融监管机构习惯于假定业务活动可能会带来负面影响（尤其是只在极少数情况下才会出现的负面影响），实际上在金融稳定领域，需要被重点关注的正是那些不太可能发生的灾难性后果。

值得强调的是，尽管维护金融稳定始终是社会公众的既得利益，但随着社会公众对以往金融危机记忆的逐渐淡去，金融监管问题得到的关注将日益减少；同时对于社会公众而言，理解复杂产品和规则是一项巨大的挑战。因此，有必要向金融监管机构灌输预防性监管思维，使其成为金融稳定的主要守护者。

其他领域的预防性监管措施

一直以来，美国经常被认定为反对预防性监管的国家，但事实并非总是如此。在某些领域，美国采取了预防性监管措施——自 2001 年 9 月 11 日以来，美国采取了一系列"安全总比后悔好"的预防性监管措施，尤其在反恐领域最为明显。同时，在许多创新领域，美国也采取了预防性监管措施。最明显的例子是美国食品和药物管理局（US Food and Drug Administration，FDA）监管药物安全的措施。一直以来，美国食品和药物管理局就是否应该正式将"预防原则"纳入其决策过程存在争议，而争议的焦点是一种非常严格的预防形式——需要证明药物在批准之前基本上是无风险的。然而，特朗普政府试图鼓励美国食品和药物管理局在批准 COVID－19 疫苗时采取不那么谨慎的做法，已经损害了该机构的声誉。①

自 1962 年以来，美国食品和药物管理局一直要求药品制造商在被许可向社会公众销售药品之前，必须证明药品的安全性和有效性。这种方法本质上具备了预防性特点。例如，美国食品和药物管理局如果错误地阻止具有不确定性的药品进入市场，将使制药行业付出巨大的经济代价，有时也可能让使用这些药品的患者付出巨大的代价。因此，监管机构将责任转移到创新者身上，让其证明为什么应该允许使用这些药品。创新者需要向监管机构提交其研发的药品，因此，美国食品和药物管理局不需要花费大量资源去确定哪些新药品即将向社会公众发售。从某种意义上说，监管是流程驱动的，监管的重点是证明药品如何达到其效果，并明示潜在的副作用，而不是由美国食品和药物管理局简单地裁定药品是否能够达到其声称的效果。为此，美国食品和药物管理局不仅搭建了内部专业知识体系，也注重征询外部专家的意见和建议。②

通常情况下，一场危机将促使预防性监管方法的实施。1962 年，为了应对抗晨吐药物萨利度胺（Thalidomide）引发的严重出生缺陷，《食品、药物和化妆品法》（Food, Drug and Cosmetics Act）修正案决定正式实施药品审批程序。当时，多家媒体报道了这一出生缺陷悲剧，引起了社会公众的广泛关注，

① Sharon LaFraniere & Noah Weiland, *White House Blocks New Coronavirus Vaccine Guidelines*, N. Y. Times (Oct. 5, 2020), https：//www. nytimes. com/2020/10/05/us/politics/coronavirusvaccine－guidelines. html.

② Saule T. Omarova, *License to Deal：Mandatory Approval of Complex Financial Products*, 90 Wash. U. L. Rev. 64 （2012）.

这促进了立法修正案的出台，而在这之前，由于政治原因，该修正案曾遭到大量的反对。最终，制药业率先支持修正案出台，因为其担心如果修正案没有通过，可能面临更为严格的立法回应。[1]

萨利度胺悲剧事件表明，社会公众对预防性监管的态度往往受到政策框架的影响。因此，在监管框架内制定旨在防止身体伤害或死亡的政策，可能会使预防性政策更容易被接受，因为社会公众很容易就会想起人身伤害和死亡的案例。预防性政策有时会受到批评，因为其可能加深社会公众的恐慌情绪，但不可否认的是，对不可逆和灾难性结果的恐惧可能是相当理性的。对于另一种新型创新的发展——无人驾驶汽车而言，出于对人类生命安全的担忧，预防性监管措施的实施就显得尤为必要。

虽然无人驾驶汽车已经在美国几个州上路，但一旦出现问题，通常会由一名具有驾驶证的司机接管方向盘。虽然这些车辆在驾驶上已经非常完善——通常比人类司机做得更好——但对特殊情况的反应仍然存在不足，这可能会带来毁灭性的后果。如果真的出现问题，很难弄清楚无人驾驶汽车为什么会出现这样的错误，也很难防止它在未来犯同样的错误。

2018年3月，一辆无人驾驶汽车在亚利桑那州坦佩市（Tempe, Arizona）撞死了一名行人，这说明了无人驾驶汽车存在潜在危险。虽然驾驶汽车的是有驾驶证的司机，但她没有注意到危险，也无法及时干预无人驾驶系统。此外，特斯拉（Tesla）也发生了几起自动驾驶模式故障并导致司机死亡的事故。亚利桑那州一名无辜行人被撞的画面吸引了社会公众的关注，导致无人驾驶汽车的监管和发展出现转折。一名行人的死亡就足以降低人们对无人驾驶汽车可行性的预期，汽车行业现在承认，这些汽车还不够"安全"，在这些汽车推向市场并向社会公众销售之前，还需要进行更多的测试和研发。

相比之下，目前对社会公众来说，未来发生金融危机的可能性似乎还不被关注。因此，社会公众会要求对无人驾驶汽车采取预防性监管措施，而在很大程度上却忽视了金融创新可能对整个经济体系带来的风险后果。许多无辜的人

---

① David E. Adelman, *A Cautiously Pessimistic Appraisal of Trends in Toxics Regulation*, 32 Wash. U. J. L. Pol'y 377 (2010).

可能因遭受金融危机影响而死亡①，还有许多人在金融危机后面临不稳定的经济状况，这导致他们放弃了可能挽救其生命的预防性医疗手段。虽然死亡是金融危机造成的最严重后果，但不要忽视金融不稳定带来的毁灭性影响。综合来看，一场金融危机可能给经济、心理和政治等众多领域带来严重的冲击，那么，防范这些冲击就足以成为实施预防性监管措施的理由。然而，许多新金融技术正在没有任何监管的情况下蓬勃发展。

本节描述了 2008 年国际金融危机造成的危害，旨在阐明尽快对新金融技术实施预防性监管措施的必要性，因为公众的记忆是短暂的，对许多人来说，2008 年国际金融危机已经被逐渐淡忘。尽管未来金融体系面临的威胁无疑将与 2008 年国际金融危机的情况不同，但如果未能认识到金融体系失灵的后果有多严重，那么，社会公众就很难支持对新金融技术实施预防性监管措施。

预防性监管的成本

考虑到金融危机带来的严重后果，如果金融监管能够在预防或减轻危机方面取得部分成效，那么，它就值得被推行。合规工作对于私营部门来说是昂贵的，许多人认为金融行业不应该承担这些合规成本，除非这些成本被金融监管带来的收益和价值抵消。然而，量化金融稳定监管的好处是非常困难的。衡量 2008 年国际金融危机影响的方法千差万别，且这次金融危机的影响可能无法用于预测未来金融危机的影响。此外，由于很难确定未来金融危机发生的概率，因此，也无法衡量成功避免未来金融危机所产生的具体价值。进一步看，即使能够为未来的金融危机赋予特定的价值和概率，又该如何证明现有的金融监管措施能够成功地预防未来的金融危机呢？毕竟，即使金融监管成功了，社会公众永远也不会知道发生了什么，因为金融监管成功的结果只是避免了一场未来可能发生的金融危机。②

---

① 2008 年国际金融危机导致心脏病发作和自杀人数增加。

② John C. Coates IV, *Cost – Benefit Analysis of Financial Regulation：Case Studies and Implications*, 124 Yale L. J. 882 (2014 – 2015)；Hilary J. Allen, *A New Philosophy for Financial Stability Regulation*, 45 Loy. U. Chi. L. J. 173 (2013).

由于金融稳定监管的正外部性很难衡量，但合规成本往往很容易量化，因此，实证评估往往会得出这样的结论——金融稳定监管的成本是不合理的。但合规成本不应被用作是否应该实施金融稳定监管的主要衡量标准，因为这样做最终会将金融行业的盈利能力作为金融监管机构是否应该采取监管的依据。金融体系的存在是为了促进经济增长，发挥风险管理、资本中介和支付服务的职能。因此，从公共政策的角度来看，金融监管机构只应该关注履行上述职能时所承担的监管成本。

为遵守金融监管规定，金融机构可能不得不将用于开发新金融产品和服务的资金用于合规领域。尽管许多大型金融机构的盈利能力足以同时负担合规和创新成本，但金融监管的复杂性可能对金融科技初创公司形成一定困扰。在一定程度上，金融监管可能会抑制金融科技初创公司的创新活动，而这些创新可能带来更低成本、更高效、更包容的金融服务。尽管并非所有的金融创新都对社会有益，但如果创新对社会有益，那么，如何对创新进行适度监管就非常值得关注。

在结束关于"监管是一种成本"的讨论之前，有一点很重要，即金融监管也能够为金融机构带来好处。对银行来说，这些好处非常明显，包括廉价的存款以及在紧急情况下可以从中央银行获得贷款救助等。对于非银行金融机构而言，这些好处可能是无形的，但仍然很重要。金融产品和服务被称为"信用商品"，这意味着它们的价值需要一段时间才能显现出来，因此，当金融消费者选择此类产品和服务时，就涉及信任的因素。金融监管制度的存在创造了信誉，培育了金融消费者信心，帮助金融机构为其产品和服务找到市场。非银行金融机构也能间接受益，即在紧急情况下政府向银行提供的支持将间接扩展到非银行金融机构的客户。鉴于此，至少在某些方面，金融监管有助于促进金融产品和服务的创新。

创新并不总是"好"的

在关于监管和创新的讨论中，经常有一个隐含的假设，即创新是一件好事。但事实上，创新并不总是"好"的。在过去的十年，技术飞速发展，科技公司对媒体、舆论和股市等产生了广泛的影响。然而，现在整个社会都开始表达对大型科技公司的担忧，也给金融监管机构提供了思考技术创新负面影响的契机。

"创新"是一个很难定义的概念；通常，社会公众主要是在讨论某项创新是否具有"颠覆性"。哈佛商学院（Harvard Business School，HBS）教授克莱顿·克里斯滕森（Clayton Christensen）认为，颠覆性是指"产品或服务最初在市场底层的简单应用中扎根，然后向上层市场移动，最终取代现有竞争者的过程"。[1] 克里斯滕森关于颠覆性创新的观点，来源于经济学家约瑟夫·熊彼特（Joseph Schumpeter）关于创新是推动经济增长的"创造性破坏力量"的相关研究。[2] 然而，并非所有的金融创新都具有颠覆性，也并非所有的金融创新都能推动经济增长。

对创新更全面和更客观的定义，应侧重于关注创新带来的变化过程，即创新可能会也可能不会带来进步或者改善，也包括既不扰乱也不破坏的增量式创新。本书将使用法学教授丹·奥瑞（Dan Awrey）提出的标准来定义金融创新。奥瑞教授将金融创新定义为："一个持续的实验过程，在这个过程中创造出了金融机构、工具、技术和市场。"[3] 这是一个广义的定义，可以涵盖本书第二部分将要讨论的许多金融创新，而无须预先假设金融创新一定是有益的。

实际上许多新的金融技术也会带来好处，金融科技的发展能够提高金融服务的包容性和效率已经成为共识。美国联邦存款保险公司（Federal Deposit Insurance Corporation）估计，2019 年约 710 万美国家庭没有支票或储蓄账户，当主流银行无法满足金融消费者的需求时，边缘金融机构就会进行补位。[4] 与主流金融机构提供的同等服务相比，这些边缘金融机构提供的金融服务成本更

---

[1]　Clayton Christensen, *Key Concepts：Disruptive Innovation*, http：//claytonchristensen. com /key - concepts/.

[2]　Joseph Schumpeter, *Capitalism，Socialism and Democracy* 119（1st ed. 1975）.

[3]　Dan Awrey, *Complexity，Innovation and the Regulation of Modern Financial Markets*, 2 Harv. Bus. L. Rev. 235，259（2012）.

[4]　Fed. Deposit Ins. Corp. , 2019 *FDIC Survey of Household Use of Banking and Financial Services：Executive Summary*（2020）.

高、时间更长、风险更大。① 许多新的金融科技创新正在尝试为没有银行账户的群体提供更低成本的金融产品和服务。美国消费者金融保护局（Consumer Financial Protection Bureau，CFPB）前主任理查德·科德雷（Richard Cordray）高度关注能够使金融交易更便捷、更低成本的金融创新，以及能够使借贷更低成本、更容易获得的创新数据驱动信用评分方法。

预防性监管可能在一定程度上约束了这些创新，但如果不进行适当的约束，金融科技商业模式可能会损害缺乏金融知识或金融经验的消费者群体的利益。因此，通过私营部门创新来满足金融服务不足群体的金融需求，金融监管机构应对此持谨慎态度。有时，通过更有针对性的公共部门投资和项目可能更好地解决上述问题。② 此外，增加获得金融服务的机会是否对社会有益，需要在金融稳定的大前提下加以审视。

让金融服务更容易获得的新金融技术最终可能会对经济造成损害。大衰退的经验表明，社会中最脆弱的群体，也就是金融科技"声称"旨在重点服务的群体，很可能会在衰退中承受最大的伤害。本章对 2008 年国际金融危机的讨论已经证明，以更低的成本向更多的人提供更多的借贷服务，可能会助长资产泡沫，从而给整个金融体系带来风险。

如果认为目前正在进行的所有金融创新都是为了让金融服务不足的群体更容易获得金融服务，是不够严谨的。因为，许多创新者正在为已经使用传统银行系统的客户设计更低成本的资本中介、风险管理和支付解决方案；也正在研究更有效的技术解决方案，供金融机构内部使用。值得注意的是，如果这些新服务只是在短期内略微提高效率，而从长期来看最终可能会使金融体系更加脆弱、更加复杂，那么，对此类技术发展施加约束将是一项有效的公共政策。

有些创新甚至不会改善金融服务。如果创新完全是由金融机构通过反复推

---

① Richard Cordray, Director, CFPB, Prepared Remarks of CFPB Director Richard Cordray at Money 20/20（Oct. 23, 2016）.

② *Examining the Fintech Landscape*：*Hearing Before the Comm. On Banking*, Hous., & Urb. Aff. US Sen., 115th Cong. 80 – 1（2017）（statement of Frank Pasquale, Prof. of Law, Univ. of Md. Francis King Carey Sch. of L.）.

出现有金融产品和服务的更新版本，并以此来赚取费用的，且新版本与旧版本没有任何显著的不同，这对改善金融服务起不到任何作用。如果创新者是一家初创公司，其创新可能更多的是为了吸引风险资本投资者的兴趣，而不是为了满足金融消费者的真正金融需求，这将增加金融系统的复杂性，而不会真正改善金融服务。

一种不能满足市场真正需求的产品可能会有市场，这似乎有些违反常理，但事实上这种情况是普遍存在的。需求可以由时尚和趋势创造，而不是对产品或服务的合理评估，而消费者则主要是被创新者编造的故事所吸引。此外，还可以通过向消费者隐藏与产品或服务相关的成本和风险来操纵需求。总而言之，不能仅仅因为创新有市场就认为它是"好"的。①

对现有法规进行套利的创新往往会引发更多法规的出台，然后又会产生围绕新法规的套利创新，这是一个不断增加复杂性的无限循环。预防性监管措施可以避免"猫捉老鼠"的游戏，把合规责任转移到创新者身上，从而使其创新活动能够更好地满足金融监管需求，而不是便利地开展监管套利。

假如信用违约互换是加密资产

在 2008 年国际金融危机期间，社会公众清楚地看到，金融创新带来的并不完全是金融产品和服务的改善。事实证明，抵押贷款证券化和信用违约互换等新产品②的风险远超预期。2000 年出台的《商品期货现代化法案》（Commodity Futures Modernization Act）中缺乏预防性监管措施，导致信用违约互换市场呈指数级增长。金融创新在 2008 年造成了金融危机，如果当时的金融创新与当前的新技术结合在一起，可能会带来更大的问题，而且会更快地带来问题。例如，如果信用违约互换托管在分布式账本上并由智能合约管理运行，可能会造成更严重的金融危机。

---

① Simon Johnson & James Kwak, *Is Financial Innovation Good for the Economy?*, 12 Innovation Pol'y & Econ 1, 4 (2012).

② 为了进行监管套利而设计的金融产品。

信用违约互换是一种合同，其价值来自基础债务工具，如抵押贷款担保证券或其他类型的债券。信用违约互换在很多方面就像一份保险单，允许债务工具的持有人购买"保护措施"，以防信用违约事件发生。当通过上述方法来管理债务工具风险时，实质上是使用信用违约互换进行风险对冲以保护买方收益。然而，购买信用违约互换的人并不一定要持有债务工具，这意味着信用违约互换可以用来"打赌"信用违约事件是否会发生，在这种情况下，信用违约互换则被用于投机行为。

信用违约互换是导致 2008 年国际金融危机的原因之一。在金融危机期间，信用违约互换被评价为"大规模杀伤性武器"。[1] 然而，在金融危机之前，信用违约互换非常受欢迎，信用违约互换市场的迅速增长与抵押贷款证券化市场的兴起密切相关。抵押贷款证券化市场的投资者使用信用违约互换来管理与其投资相关的风险，一旦抵押贷款证券化发行人违约，投资者就会得到赔偿。实际上，信用违约互换也被那些没有直接投资抵押贷款证券化，但想要投机抵押贷款证券化市场走势的人使用。

信用违约互换是在买卖双方签订合同时创建的，这些合同被称为 ISDA 协议。[2] 未来，各方可能开始不再使用纸质 ISDA 协议，而是在智能合约中记录合同，国际掉期和衍生品协会（International Swaps and Derivatives Association）已经开始积极探索建立基于智能合约的信用违约互换的可能性。[3] 智能合约本质上是数字协议，建立了与托管在分布式账本上的代币（Token）相关的权利和义务，并在分布式账本上自动执行，没有任何人为干预。[4]

即使签订了传统的纸质合同，使买卖双方难以修改，也会对金融稳定构成

---

[1]　John Chapman, *CDS：Modern Day Weapons of Mass Destruction*, Financial Times（Sept. 11, 2011）, https：//www. ft. com/content/1c81fdf8 – d4b9 – 11e0 – a7ac – 00144feab49a.

[2]　ISDA 协议是国际掉期与衍生品协会为国际场外衍生品交易提供的标准协议文本及附属文件。

[3]　International Swaps and Derivatives Association & Linklaters, *Smart Contracts and Distributed Ledger—A Legal Perspective*, ISDA（Aug. 3, 2017）, https：//www. isda. org/a/6EKDE/smart – contracts – and – distributedledger – a – legal – perspective. pdf；ISDA & King & Wood Mallesons, *Smart Derivatives Contracts：From Concept to Construction*, ISDA（Oct. 2018）, https：//www. isda. org/a/cHvEE/Smart – DerivativesContracts – From – Concept – to – Construction – Oct – 2018. pdf.

[4]　Kevin Werbach & Nicolas Cornell, *Contracts Ex Machina*, 67 Duke L. J. 313, 320（2017）.

威胁。① 例如，严格的抵押贷款证券化合同被描述为加剧2008年国际金融危机的"自杀式协议"，若将金融合约转变为自动执行的计算机程序，可能会使金融体系更加脆弱。

2008年国际金融危机前，世界保险巨头美国国际集团（American International Group，AIG）发行了约1.8万亿美元的信用违约互换，一旦抵押贷款证券化遭遇信用违约，则需要支付赔偿款。② 当时，美国国际集团认为基础抵押贷款证券化产品永远不会违约，因此，基本不会支付赔偿款。③ 然而，随着时间的推移，抵押贷款违约的规模越来越大，社会公众意识到抵押贷款证券化产品存在违约的可能性，也开始怀疑美国国际集团可能会陷入无法偿付的困境。鉴于此，购买了信用违约互换的银行和其他投资者要求按照ISDA协议中的条款执行——如果抵押贷款证券化产品风险增加，美国国际集团必须提供抵押品——正是这一要求最终迫使美国政府动用了数百亿美元的救助资金以避免破产。④

如果当时美国国际集团发行的信用违约互换通过智能合约来自动执行，风险可能会很快爆发，甚至造成无法挽回的影响。例如，由于2007年美国国际集团向高盛（Goldman Sachs）发行的信用违约互换中抵押贷款证券化产品的评级下调，高盛曾多次要求美国国际集团提供抵押品。高盛和美国国际集团签订的ISDA协议规定，如果高盛认为基础抵押贷款证券化产品的价值已经下降，则有权赎回抵押品。然而，美国国际集团主观上已经排除了提供抵押品的可能性。事实上，美国国际集团的许多高层根本不知道ISDA协议授权赎回抵押品的规定，也没有人想出任何方法来评估抵押品的数量。因此，高盛基本上

---

① Anna Gelpern & Adam J. Levitin, *Rewriting Frankenstein Contracts*: *Workout Prohibitions in Residential Mortgage – Backed Securities*, 82 S. Cal. L. Rev. 1075（2009）.

② Rena S. Miller & Kathleen Ann Ruane, Cong. Rsch. Serv., R41398, *The Dodd – Frank Wall Street Reform And Consumer Protection Act*: *Title Ⅶ*, Derivatives 5（2012）.

③ Fin. Crisis Inquiry Comm'n, *The Financial Crisis Inquiry Report*: *Final Report of the National Commission on the Causes of the Financial and Economic Crisis in the United States*（2011）, at 266.

④ Rena S. Miller & Kathleen Ann Ruane, Cong. Rsch. Serv., R41398, *The Dodd – Frank Wall Street Reform And Consumer Protection Act*: *Title Ⅶ*, Derivatives 5（2012）; Fin. Crisis Inquiry Comm'n, *The Financial Crisis Inquiry Report*: *Final Report of the National Commission on the Causes of the Financial and Economic Crisis in the United States*（2011）, at 265 – 274.

可以决定自己在抵押品赎回中有权获得多少抵押品。

实际情况是，当高盛提出抵押品要求时，美国国际集团表示反对，为此双方进行了谈判，最终美国国际集团同意提供抵押品，但数量却比高盛最初要求的少得多。然而，如果当时存在智能合约，并且双方使用智能合约来自动化处理抵押品赎回过程，美国国际集团就将无法就抵押品赎回进行谈判，高盛只需要将所需抵押品的金额输入计算机，智能合约将自动从美国国际集团的分布式账本账户中提取这笔资金，这将提前暴露美国国际集团支付能力不足的风险。

2008 年 9 月，美国国际集团濒临破产，最终美国政府向其提供了资金来支付抵押品赎回，从而避免其破产。然而，如果信用违约互换是自动化的，那么，是否有办法在美国国际集团收到政府资金注入之前暂停抵押品赎回？美国国际集团的账户是否会自动扣除抵押品，在政府援助到来之前就资不抵债？纸质合同的各方可以选择在不符合其最佳利益的情况下，达成暂不执行合同的协议，但智能合约的灵活性则小得多。

如果美国国际集团资不抵债，那么，它与其他金融机构（尤其是高盛）签订的合同将会产生连锁反应，危及众多金融机构的偿付能力，进而破坏金融机构履行资本中介、风险管理和支付职能的能力。正是对这种多米诺骨牌效应的担忧，促使美国联邦政府首先对美国国际集团开展救助。事实上，在 2008 年国际金融危机之后，即使具备偿付能力的金融机构也停止了放贷，资金变得越来越难以获得，成本也越来越高。数据显示，银行对小公司的贷款量从 2008 年第二季度的 7100 多亿美元下降到 2010 年第一季度的 6700 亿美元。[①] 如果更多的金融机构破产，幸存下来的金融机构会更加恐慌，2008 年和 2009 年可用于放贷的资金将会更少，随之而来的衰退将会更严重。

本节是对完全自动化信用违约互换的假想。未来，从技术层面来看，合约部分条款可以被编程成为智能合约，部分条款则保持传统的纸质形式，从而为

---

① Fin. Crisis Inquiry Comm'n, *The Financial Crisis Inquiry Report: Final Report of the National Commission on the Causes of the Financial and Economic Crisis in the United States* (2011), at 394 – 395.

合约执行提供更大的灵活性。这是国际掉期和衍生品协会目前正在推广的方法。① 然而，合约的自动条款和非自动条款之间的交互和反馈循环将产生许多意想不到的结果。这种混合合约的各方可能并不总是事先知道哪些类型的条款是无争议的，可以实现自动化，而哪些条款在操作中可能更复杂，需要人工干预来解决。

事实上，当使用智能合约来实现信用违约互换自动化时，"奈特不确定性"一直存在。因此，应制定预防性监管措施引导智能合约在金融领域的研发和应用，而不是完全禁止使用智能合约。值得注意的是，智能合约不应完全由国际互换与衍生品协会等私营部门研发。对智能合约在信用违约互换中的应用以及其他新金融技术的研发，金融监管机构应从一开始就参与其中，以引导技术在最大限度上减少对金融系统稳定性构成的潜在危害。

预防性监管是以过程为导向的监管方式

事实上，金融交易正变得更快，金融体系正变得更复杂、更相互关联，但也变得更加脆弱，因此，金融监管机构需要特别警惕任何助推这一趋势的技术创新。如果金融监管机构不关注创新技术的研发过程，就很容易被"愚弄"，将难以理解新产品与现有产品②的区别并采用同样的监管方式。然而，即使通过完全不同的技术实现了相同的功能，相关的风险也可能完全不同。例如，2008 年国际金融危机之后，《多德—弗兰克法案》为信用违约互换交易建立了一个详细的新监管框架，但该法案并未考虑智能合约或实现合约执行的灵活性等问题。

如果金融监管机构能够从一开始就发现一项技术创新的发展过程，就能更

---

① International Swaps and Derivatives Association & Linklaters, *Smart Contracts and Distributed Ledger – A Legal Perspective*, ISDA (Aug. 3, 2017), https：//www. isda. org/a/6EKDE/ smart – contracts – and – distributedledger – a – legal – perspective. pdf; ISDA & King & Wood Mallesons, *Smart Derivatives Contracts*：*From Concept to Construction*, ISDA (Oct. 2018), at 27. https：//www. isda. org/a/cHvEE/ Smart – Deriva-tivesContracts – From – Concept – to – Construction – Oct – 2018. pdf.

② 新产品如基于智能合约的信用违约互换，现有产品如基于纸质合约的信用违约互换。

好地理解该创新实现其结果的过程。因此，预防性监管应确保金融监管机构意识到并能够观察技术创新的发展过程。如果有必要，金融监管机构需要干预技术研发，以规范其创新过程。

将监管置于技术创新全过程是很有必要的，如果创新者知道其产品在上市和销售之前需要通过监管机构的审核，就可能会对整个创新过程和可能产生的危害进行彻底检查。同时，如果创新者很难向监管机构解释一项极其复杂的技术创新，那么，为了更容易通过监管机构的审核，创新者可能会主动剔除多余的复杂功能。因此，监管和规范创新过程可以产生全面的简化效果。印度银行前行长雷迪（Y. V. Reddy）指出："监管者的职责是试图理解创新并进行监管，但这并不意味着创新者有权将创新引入市场……如果监管者不能理解创新，就不会批准创新上市，直到创新者让监管者理解了创新，或者直到创新者以监管者可以理解的方式重新设计创新，才可能通过审核。"①

将监管瞄准创新过程也可能产生其他简化效果。从技术的角度来看，在产品研发过程中对其进行更改要容易得多。在现有产品中叠加其他功能可能会增加该产品出现问题的可能性。因此，如果监管机构得出结论，某些保障措施需要包含在产品中，或者某个特定功能问题太大，应该从产品中删除，那么，在技术仍处于测试阶段时进行这些更改将更简单、更有效。对于创新者来说，在研发过程的早期进行更改，其成本也会更低。

在某些情况下，新产品可能出现非常严重的问题，以至于采取安全措施或进行修改都无法解决监管机构的担忧。在这种情况下，监管机构从一开始就禁止这种产品上市可能是合理的。禁令不应该是默认选项，但当产品非常复杂，以至于创新者无法以一种监管机构能够理解的方式解释它时，采取禁止措施则是合适的。因为复杂产品很可能隐藏着监管机构和创新者都未曾预料到的风险，监管机构有理由阻止产品及其伴随的风险进入金融体系。同时，这样做也可以防止该产品增加整个金融系统的复杂性。

---

① John C. Coates IV, *Cost - Benefit Analysis of Financial Regulation*: *Case Studies and Implications*, 124 Yale L. J. 882（2014 - 2015）; Hilary J. Allen, *A New Philosophy for Financial Stability Regulation*, 45 Loy. U. Chi. L. J. 173（2013）, at 181.

在一项创新进入市场之前禁止它，可能会使社会公众失去该创新产生的潜在效益。然而，在"奈特不确定性"环境中，金融监管机构将不得不在不完全信息的基础上作出艰难的权衡。尽管监管失误是难以避免的，但金融监管机构在保护金融稳定方面犯错应该被容忍，因为其目的是为了更好地保护整个经济体系。金融监管机构以创新过程为监管对象将是最有效的做法，而"保持现状，等问题出现后再采取监管措施"的做法并不是行之有效的。相反，这种做法为企图通过风险来获利的创新者提供了有利条件，而这些风险一旦出现，将会对更广泛的社会群体产生损害。

把握好时间窗口的重要性

智能合约、分布式账本、机器学习和云计算技术在金融领域的应用仍处于早期阶段。这意味着，金融监管机构仍有时间引导这些技术在金融行业中规范应用，以一种更能造福整个社会的方式实现应用。不过，这个时间窗口很快就会关闭，但目前还没有针对金融创新的预防性监管框架，鉴于此，构建预防性监管框架迫在眉睫。

技术的快速发展是亟须实施金融监管的重要原因。一旦金融技术成熟，对其进行监管在政治上也将面临挑战。随着基于这些技术的金融商业模式变得日益成熟，一个由市场参与者组成的生态系统将依赖这些商业模式来满足其需求，并基于此来获得收入。这些市场参与者将成为反对金融监管的支持者，而作为金融稳定监管最终受益者的社会公众却缺乏为金融监管发声的动力。

越来越多投资者和机构开始投资在分布式账本上运行的加密资产。2021年5月，全球所有未偿付加密资产的价值约2.4万亿美元，远高于2019年的2000亿美元。[①] 在此期间，对加密资产感兴趣的投资者类型也发生了重大转变，随着越来越多的老牌金融机构投资加密资产，在这一趋势下，加密资产监

---

① Eric Lipton, *As Scrutiny of Cryptocurrency Grows, the Industry Turns to K Street*, N. Y. Times（May 9，2021），https：//www. nytimes. com/2021/05/10/us/politics/as － scrutiny － ofcryptocurrency － grows － the － industry － turns － to － k － street. html.

管问题可能会演变成为政治问题。如果加密资产监管政策过于宽松，加密资产带来的金融稳定风险将在很大程度上游离于金融监管体系之外，至少在出现问题之前是不受监管的。一旦出现问题，针对具体问题进行监管可能会得到政治上的支持。然而，金融监管将促使加密资产行业围绕监管进行创新，从而引发更为复杂的增量监管。对加密资产的分层监管增加了金融体系的复杂性，使金融体系更加脆弱，而尽快主动实施预防性监管措施可能是一个行之有效的办法。

小结

尽管社会公众通常将金融危机视为经济事件，但关注由此产生的社会成本也非常重要，因为社会成本的存在是实施金融稳定监管的重要原因。金融体系的失败通常会对社会发展造成危害。2008 年国际金融危机的经验表明，危机后金融体系会比其他经济部门提前复苏。因此，应该谨慎地对待最新一代的金融创新，这些创新可能会加剧金融系统的复杂性，加快风险传染速度，提高关联度。当前，社会公众对大型科技公司技术创新的争议越来越大，金融监管机构应抓住这一重要时间窗口，尽快出台预防性监管政策。

第二部分

金融科技对金融稳定的影响

第二章　金融科技与风险管理

本书将金融系统的职能分为三类：风险管理职能、资本中介职能和支付职能。第二部分将从不同角度来探讨金融系统的职能和作用，每一章将分别介绍一种职能，并讨论金融科技创新如何通过改变这些职能来对金融稳定产生影响。

第二章首先介绍金融系统的风险管理职能和机器学习技术，其次评估机器学习创新对金融风险管理的影响，最后通过探讨智能投顾行业、贝莱德集团的阿拉丁平台（BlackRock's Aladdin Platform）和保险科技（InsurTech）三个案例，更形象地展现金融科技对金融系统各职能的影响。

什么是风险管理？

金融系统能够提供不同的金融产品和服务，帮助个人和公司管理风险。保险是比较典型的代表，保险公司提供一系列保单以满足个人和公司的财产安全、生命健康等风险管理需求。同时，金融也通过帮助个人和公司投资，以满足其未来的财务需求，但投资行为本身也具有一定风险。

金融风险包括市场风险、信用风险、流动性风险、操作风险和系统性风险等，这些风险可以相互作用、相互叠加。① 其中，系统性风险是金融稳定面临的最大威胁，当系统性风险冲击金融市场时，可能会导致金融机构大范围破产。但投资者往往既缺乏应对系统性风险的动机，也缺乏应对系统性风险所需

---

① Erik F. Gerding, *Code*, *Crash*, *and Open Source*: *The Outsourcing of Financial Regulation to Risk Models and the Global Financial Crisis*, 84 Wash L. Rev. 127 （2009）.

的信息。因此，投资者和金融行业更关注市场风险、信贷风险和流动性风险，而系统性风险管理最终成为金融监管机构的责任。

市场风险是指金融市场中的不确定性，这种不确定性会影响投资价格。例如，利率的上升往往会对债券投资的价值产生负面影响。然而，债券投资者可以通过投资组合分散风险，即投资股票等其他类型的资产来管理市场风险。

信用风险是指交易对手无法履行其义务的风险。分散投资策略可以防控信用风险，采取单一的投资策略远比多元化投资组合策略损失要大。

流动性风险是指资产在需要时无法变现的风险。分散投资策略可以帮助投资者管理风险，投资者可以在银行存款账户中保留一些现金，在紧急情况下维持流动性，同时将其他资金投资于其他资产，这些资产可能会产生更大的回报，但在市场崩溃时可能会难以变现。

大量的经济学研究已经找到了配置投资组合的最佳方式，目的是最大限度提高投资收益，并最大限度降低金融风险。这些投资组合的管理理念是注重投资组合的整体回报，而不只是关注单一资产的表现，因此多元化配置投资是最合理的风险管理策略。然而，即使是精心构建的投资组合，如果其中的某些资产出乎意料地容易受到相同类型风险的影响，也可能会带来较大损失。因此，金融行业投入了大量资源来构建投资模型，试图更全面地发现资产之间的相关性，并评估整个投资组合面临的风险。

金融机构通常采用一些非常复杂的工具来构建和管理投资组合，代理客户管理资产。目前，资产管理行业管理着数万亿美元的资金。① 早在金融科技出现之前，复杂的技术就被应用到风险管理过程之中。在 2008 年国际金融危机之后，风险价值的计算机建模技术（Value at Risk，VaR）因低估了美国房地产市场崩溃对投资组合的影响而声名狼藉②，而改进后的 VaR 模型仍然是金融风险管理的重要工具。当考虑如何监管新的金融科技创新时，应该考虑这些创新是否有助于改进传统的 VaR 模型，或者是否更有可能给金融体系的稳定性

① Lubasha Heredia et al. , *Global Asset Management* 2020：*Protect*，*Adapt and Innovate*（2020），https：//www. bcg. com/enus/publications/2020/global – asset – management – protect – adaptinnovate.

② Fin Crisis Inquiry Comm'n，*The Financial Crisis Inquiry Report*：*Final Report of the National Commission on the Causes of the Financial and Economic Crisis in the United States* 44（2011）.

带来新的问题。特别需要重点关注机器学习技术对风险管理的影响。

机器学习出现之前的风险建模

VaR 模型被广泛用于投资决策、内控以及监管资本的合规性等领域。VaR 模型可以给出特定时期内一项投资或投资组合的最大预期损失。预期损失的数值有一个置信水平（通常是95％或99％），这意味着投资者的实际损失有可能更多，甚至比 VaR 模型预测的最大损失还要多。

VaR 模型通过分析特定投资或投资组合的历史回报与历史损失概率来计算投资损失概率。实际上，基于过去并不一定能预测未来，因此完全依赖历史表现可能会低估投资风险。相较于 VaR 模型而言，一种更为复杂的方法是使用蒙特卡洛模拟（Monte Carlo Simulations）来计算潜在损失。

在蒙特卡洛模拟中，模型设计者能够识别出可能会改变与单个金融资产相关的风险变量。这些变量包括显性变量，如现行利率，也包括具有相关性的特殊变量。蒙特卡洛模拟需要大量的算力，因为需要随机输入每个变量模拟不同的场景，并对不同变量相互作用的影响进行建模，使用的场景数量通常可以达到数万个。投资管理者可以基于模拟得到的盈亏可能性以及每种可能性发生的概率，来对每项投资相关的风险作出判断；也可以先单独测算每一项资产的盈亏可能性，再综合考虑这些资产投资组合的盈亏水平。

虽然蒙特卡洛模拟相对于只考虑投资或投资组合历史表现的模型来说是一种改进，但也并不是管理金融市场风险的最优解决方案。首先，如果模型研发人员没有考虑到相关的风险变量，那么，任何模拟都会忽略这些风险。其次，变量之间的关系也被预先编程到模型中，而所编程的内容可能最终无法预测未来这些变量实际相互作用的结果。在一定程度上，模型研发人员受限于判断相关变量类型和变量关系的历史经验，可能会忽视不同类型的资产价值在未来可能相互关联的方式。蒙特卡洛模拟使用的随机输入实际上也会受历史数据的影响。

如果风险类型没有被忽视，结合蒙特卡洛模拟的 VaR 模型就可以为特定投资组合的风险管理提供决策指导。为了更好地认识不同类型模型的局限性，世界各国（地区）的金融监管机构发布了金融风险测算模型的使用指南。[①] 美联储于 2011 年发布了《模型风险管理监管指南》（*Supervisory Guidance on Model Risk Management*），为金融监管对象构建和测试风险管理模型提供了标准；同时，明确了金融监管机构的期望，即金融监管机构将限制被监管对象对存在错误或解释能力不足的模型的依赖。[②] 尽管《模型风险管理监管指南》是于机器学习技术在金融领域广泛使用之前制定的，但随着机器学习等新技术被纳入风险管理模型，该指南仍然具有指导意义。[③]

机器学习与风险管理

随着技术发展取得长足的进步，算力提升、海量数据的可用性以及云存储的广泛应用，机器学习人工智能在各个领域得到了广泛使用。2020 年，对金融行业高管的一项调查显示，绝大多数被调查者预计人工智能将"在两年内成为金融业务的组成部分"。[④] 一般而言，机器学习可以通过算法搜索数据、测试模式，然后使用这些模式构建决策规则。基于这些决策规则，算法便可以对新数据作出反应和判断。机器学习与人类学习不同，人类能从数据中学习构建决策的规则，主要依赖直觉和叙述来理解变量之间的关系；而机器学习算法则通过概率和其他统计方法来推断变量之间的关系。机器学习与人类学习的另一个不同之处在于，机器学习能够处理更多的数据，并有能力看到更多变量之间的关系，而人类则无法做到这一点。

---

① European Central Bank, *ECB Guide to Internal Models*（2019）.

② Bd. of Governors, Fed. Res. Sys., SR 11－7, *Guidance on Model Risk Management*（Apr. 4, 2011）.

③ Lael Brainard, Governor, Fed. Res., Speech at Fintech and the New Financial Landscape titled "*What Are We Learning about Artificial Intelligence in Financial Services*"（Nov. 13, 2018）；Bernhard Babel et al., *Derisking Machine Learning and Artificial Intelligence*, McKinsey & Company（Feb. 29, 2019）, https://www.mckinsey.com/business－functions/risk/ourinsights/derisking－machine－learning－and－artificialintelligence#.

④ Cambridge Centre for Alternative Finance & World Economic Forum（herein after Cambridge Center）, *Transforming Paradigms*：*A Global AI in Financial Services Survey* 40（2020）.

机器学习正在被纳入金融风险建模过程。虽然当前的主要应用方向是使用机器学习来测试和验证传统风险管理模型的有效性，但预计银行和其他金融机构将越来越多地在其主要的风险管理模型中使用机器学习技术。[①] 此外，迫于竞争压力，金融机构也尽快将机器学习技术应用于风险管理流程之中。机器学习的吸引力在于可以使非常耗时的风险管理活动变得更有效率且成本更低。[②] 但社会公众则对其抱有更高的期望，即希望基于机器学习技术的风险管理模型能够比前几代模型更好地管理金融风险。

诸如 VaR 这样的模型需要事先定义各种风险变量和最终损失之间的数量关系，然后再进行编程，而程序输出的结果最终可能无法预测现实。然而，机器学习算法能够检测出人类在设计早期风险管理算法时所忽略的变量之间的关系。如果金融机构可以利用机器学习来创建模型，便能更好地预测投资组合对损失的敏感性，并能够提供实时预警，更早地进行干预，以避免风险蔓延，从而帮助金融机构更谨慎地管理风险，这将有利于整个金融系统的安全稳定运行。基于上述原因，金融稳定委员会认为机器学习是一种潜在的有益技术。[③]

然而，如果将机器学习视为单一的、统一的技术是不准确的。因为机器学习算法通过研究训练数据样本来学习如何回答问题，但其中正确答案和帮助算法获得答案的数据特征是已经确定了的。此时，机器学习的结果可能被标记。一般而言，算法学习预测值或分类预测都可能被标记。对投资组合可能损失的计算本质上是一个回归问题，算法通过计算投资组合中的历史投资表现，可以学习关于单个投资与潜在损失之间的关系。例如，可以用标记交易对手最终是否违约的数据来训练算法，以便制定用于评估未来交易对手信用风险的决策规则。[④]

---

① Louie Woodall, *Model Risk Managers Eye Benefits of Machine Learning*, Risk. Net（Apr. 11, 2017），https：//www. risk. net/riskmanagement/4646956/model – risk – managers – eye – benefits – of – machinelearning.

② Cambridge Centre for Alternative Finance & World Economic Forum（herein after Cambridge Center），*Transforming Paradigms：A Global AI in Financial Services Survey* 40（2020），at 100.

③ Financial Stability Board, *Artificial Intelligence And Machine Learning In Financial Services：Market Developments And Financial Stability Implications* 33（2017）.

④ David Lehr & Paul Ohm, *Playing with the Data：What Legal Scholars Should Learn about Machine Learning*, 51 U. C. Davis L. Rev. 653（2017）；Vishal Maini & Samer Sabri, *Machine Learning for Humans*, Medium（Aug. 19, 2017），https：//medium. com/machine – learning – for – humans.

　　相比之下，结果不被标记的机器学习算法不预先确定问题，这种算法的训练数据通常没有被分类或标记。例如，一家银行使用了结果不被标记的机器学习算法，找出传统风险模型遗漏的资产价格之间的关系，模型研发人员的任务是通过编程寻找数据之间的关系（如数据的相似性）。[1] 结果不被标记的机器学习算法也可以用来压缩包含大量不相关变量的庞大数据集，以便提取相关变量，用于结果可能被标记的机器学习算法来计算投资组合的可能损失。[2] 这种类型的压缩变得越来越有必要，因为机器学习算法能够基于结构化的新型数据开展学习。[3]

　　被标记的和不被标记的机器学习算法有许多类别，包括神经网络（Neural Networks）、决策树的随机森林（Random Forests of Decision Trees）、偏最小二乘（Partial Least Squares）和支持向量机（Support Vector Machines）。因此，任何想要在其风险管理模型中使用机器学习算法的金融机构均需要根据现实情况来选择适用的算法。有些算法会产生比其他算法更容易解释的结果，例如，决策树对人类来说比其他算法更直观。有些算法会比其他算法更好地避免"过度拟合"。[4] 有些算法只是在处理某些类型的数据时比其他算法更好，而这通常只能通过反复试验才能发现。随着时间的推移，当发生变化或检测到错误时，有些算法会比其他算法更容易测试和调整。

　　虽然通常不会详细对比不同算法之间的差异，但在风险决策时需要考虑哪种机器学习算法更适用。同时，金融机构需要根据自身资源禀赋，选择从第三方供应商购买现成的机器学习算法，或是与供应商合作开发定制算法，抑或是内部研发算法。目前，预训练算法（Pre – trained Algorithms）在金融行业特别

---

　　[1]　Louie Woodall, *Model Risk Managers Eye Benefits of Machine Learning*, Risk. Net（Apr. 11, 2017）, https：//www. risk. net/riskmanagement/4646956/model – risk – managers – eye – benefits – of – machinelearning.

　　[2]　Cambridge Centre for Alternative Finance & World Economic Forum（herein after Cambridge Center）, *Transforming Paradigms：A Global AI in Financial Services Survey* 40（2020）, at 50.

　　[3]　US Sec. & Exch. Comm'n, *Investor Bulletin：Social Sentiment Investing Tools—Think Twice Before Trading Based on Social Media*（Apr. 3, 2019）.

　　[4]　过度拟合（Overfitting），即算法与训练数据中的特质联系过密，以至于无法用真实数据做出准确的预测。

受欢迎，因为这是一个性价比较高的选择。① 除了关于算法本身的决策外，还需要对用于训练算法的数据作出相关决策。数据可以通过内部收集的方式获取，也可以从外部购买，选择预先管理的数据集性价比较高。数据收集和选择过程需要数据科学家进行大量的判断，包括判断训练数据中所使用数据点的类型和数量；数据集中是否有错误或是否需要清除异常值；如何将数据集划分为训练数据和测试数据。在结果可能被标记的情况下，数据科学家还需要选择数据特征和属性，并在数据中标记代表特定结果的示例。

数据收集、特征选择和数据标记需要根据情况适时调整。为确保结果的准确性，可以在临时测试过程中添加新数据和选择新特征以解决出现的问题。同样，也会对算法本身作出一些调整。例如，如果可用的数据有限，数据科学家可能会调整算法以忽略数据特性，并专注于构建更高级别、更一般化的决策规则。

如果训练完成，被标记的算法将与训练集分离，数据科学家需要观察算法的测算效果。以信用风险测算为例，测试数据集将用于确定算法是否能够观察数据特征，并对可能的违约进行准确的估计。如果数据科学家通过测试对算法感到满意，那么，算法就可以在现实世界中使用。但机器学习算法需要持续监测和调整，以确保其能够在一个复杂的现实世界中持续地、大规模地工作。

了解机器学习的工作机制，有助于判断机器学习技术在什么情况下会提高风险管理水平，在什么情况下可能会威胁金融稳定。VaR 风险模型的一个关键缺陷就是使用了历史数据，不能正确地解释未来的不确定性，尤其是忽略了小概率但影响大的尾部事件的潜在后果。2008 年国际金融危机还揭示了 VaR 风险模型的其他问题，包括模型往往过于复杂且难以理解，以及模型通常会低估压力时期资产绩效之间的相关性等。② 虽然机器学习技术可以改善部分问题，但无法解决所有问题。在某些情况下，机器学习甚至可能会使一些问题变得更严重。

---

① Cambridge Centre for Alternative Finance & World Economic Forum（herein after Cambridge Center），*Transforming Paradigms：A Global AI in Financial Services Survey* 40（2020），at 115.

② Erik F. Gerding, *Code, Crash, and Open Source：The Outsourcing of Financial Regulation to Risk Models and the Global Financial Crisis*, 84 Wash L. Rev. 127（2009）.

编程错误和数据问题

在机器学习的每个阶段，任何错误都会影响风险评估的准确性。在数据收集阶段，机器学习容易受到"垃圾输入，垃圾输出"问题的影响。如果数据有问题，在此基础上训练的算法所作出的决策最终也会存在缺陷。在风险管理实践中，各类数据问题[1]都可能会影响机器学习算法评估潜在投资损失风险的准确性。如果算法是在一个足够大的数据集上训练的，外生问题不会对算法的最终效能产生重大影响。但如果存在系统性问题[2]，那么，基于算法作出的决策就存在重大缺陷。不过，暂且不考虑此类错误，早期风险管理模型的经验表明，从金融稳定的角度来看，最危险的问题是模型会低估尾部事件的风险。如果机器学习算法学会了低估尾部事件风险，这将成为算法的重大缺陷。

尾部事件是指不太可能发生，一旦发生将产生重大影响的事件。通常以钟形曲线（Bell Curve）的末端或"尾"命名，表明事件发生的概率较低。现代金融市场的问题，从 1998 年长期资本管理对冲基金的失败到 2008 年国际金融危机，都与这些不太可能发生的事件相关。[3] 然而，由于机器学习算法是通过观察概率和其他统计关系来学习的[4]，因此算法在正确评价尾部事件方面存在固有的偏见。

即使是积极尝试训练机器学习算法来判断尾部事件，也会因为可供学习的尾部事件历史数据有限而受到影响。虽然"数据越多，机器学习算法就会表现得越好"已成为共识，但对于"需要使用多少数据来训练算法？"这一问题

---

[1]　如数据遗漏或者数据错误等。

[2]　如在电子表格中使用了一个不正确的方程来程式化某些单元格，每次使用电子表格时，它都会在特定的单元格中产生同样的错误，由于每个电子表格中该单元格中的实际数字都是不同的，数据科学家很难检测到这种错误。

[3]　Fin Crisis Inquiry Comm'n, *The Financial Crisis Inquiry Report: Final Report of the National Commission on the Causes of the Financial and Economic Crisis in the United States* 44 (2011), at xxi; Erik F. Gerding, *Code, Crash, and Open Source: The Outsourcing of Financial Regulation to Risk Models and the Global Financial Crisis*, 84 Wash L. Rev. 127 (2009), at 168 – 169.

[4]　通过历史数据判断变量之间的相互作用。

尚未形成共识，所需的数据量需要视情况而定。① 2017 年，伦敦帝国理工学院（Imperial College London）数学金融系主任拉玛·孔特（Rama Cont）提出："目前，没有足够的数据可供机器学习算法对大多数金融风险进行建模。除了消费贷款、信用卡等，其他方面的金融数据都比较匮乏，特别是对于金融危机而言，只有少量的市场数据。此外，导致雷曼兄弟破产的模式和下一次导致某银行破产的模式必然是不同的。"②

机器学习算法本身和其所依赖数据的局限性共同限制了机器学习评估尾部事件风险的能力。机器学习算法甚至会误判尾部事件风险，因为软件工程师和数据科学家可能会合谋操纵学习过程，以避免出现过度拟合问题。③ 此时，机器学习应用程序的研发人员为了提高输出结果的有效性，会采取一些方法避免过度拟合。然而，各种避免过度拟合的方法基本上都可以归结为忽视低概率事件的重要性，但涉及金融稳定问题时，这些低概率事件正是需要被重点关注的。

数据科学家可能会从一开始就删除统计异常值④，或者可能决定不选择训练数据中鼓励关注低概率事件的特征。算法模型研发人员还可以在训练过程中调整模型，以避免算法过于关注异常值。在现实中，关于避免过度拟合的尝试并不只是纯粹地出于技术目的，对低概率事件的忽视更多的是出于监管套利的考虑。

银行通过融资进行投资，通常比使用自有资金更加有利可图。为控制风险，金融监管政策要求银行根据投资风险留足一定比例的监管资本。银行为更

---

① David Lehr & Paul Ohm, *Playing with the Data*: *What Legal Scholars Should Learn about Machine Learning*, 51 U. C. Davis L. Rev. 653（2017）; Vishal Maini & Samer Sabri, *Machine Learning for Humans*, Medium（Aug. 19, 2017）, at 678 – 679.

② Nazneen Sherif, *Academics Warn against Overuse of Machine Learning*, Risk. Net（Mar. 15, 2017）, https: //www. risk. net/riskmanagement/4120236/academics – warn – against – overuse – of – machinelearning.

③ 机器学习算法已经完全理解并学会其所训练测试数据的特征，但算法的理解与训练数据之间的统计关系紧密相关，以至于在面对不熟悉的数据时，算法不能成功地推断出可以使用的经验教训。换言之，算法为了解释训练数据的每一个特质，可能已经构建了一个高度复杂的决策矩阵，但当算法试图在一个不具备这些数据特质的真实世界中工作时，就会变得混乱。

④ 例如，由于 2008 年国际金融危机的爆发存在偶然性，因此删除了 2008 年投资损失的相关信息。

多地通过融资来投资，更倾向于设计弱化与投资相关风险的机器学习模型，使该算法低估风险损失。为了避免监管套利发生，可以要求算法模型研发人员重视尾部风险在计算潜在金融损失方面的重要性，并限制删除统计异常值的行为。然而，研发人员首先仍然需要收集关于尾部事件的数据，但事实上关于低概率事件的可用信息并不多。在缺乏尾部事件真实经验的情况下，金融投资可能通过猜想和假设来判断极端情况下的损益水平[①]，而这对于需要从历史数据中学习的机器学习算法而言是无法实现的。

虽然机器学习算法很难从人类对未来风险的预测中学习，但可以从其他以前未开发的数据来源中学习。如果这些新类型的数据能够更好地预测金融风险，那么，基于这些数据的机器学习算法就能够全面提高风险管理水平。例如从社交媒体信息中提取市场情绪数据，有助于提高对市场风险的评估。[②] 但是许多新类型的数据都存在局限性。这些数据通常是非结构化的，对于机器学习算法来说，从社交媒体信息中学习要比从 Excel 数据表中学习更加困难。为了将新类型的数据转换为可用于机器学习算法训练的被标记数据形式，可以使用不被标记机器学习算法对数据进行分类和压缩，但这将增加模型的复杂性。在此过程中，关于尾部风险相关性的假设将变得更加根深蒂固，因为不被标记的机器学习算法使用的底层数据压缩通常会从数据集中删除统计异常值。[③] 此外，即使对不被标记的数据进行了分类，这些新类型的数据也可能不具有代表性。

2016 年，IBM 认为世界上 90% 的数据都是在过去两年里创建的。[④] 实际上，绝大多数新数据都是在 2009 年之后创建的。在新冠疫情开始之前的这段

---

① Andrew G. Haldane & Vasileios Madouros, Speech at the Federal Reserve Bank of Kansas City's 366th economic policy symposium, "*The Changing Policy Landscape*" titled The Dog and the Frisbee（Aug. 31, 2012）.

② US Sec. & Exch. Comm'n, *Investor Bulletin：Social Sentiment Investing Tools—Think Twice Before Trading Based on Social Media*（Apr. 3, 2019）.

③ BlackRock, *Artificial Intelligence and Machine Learning in Asset Management*, BlackRock（Oct. 2019）, https：//www. blackrock. com/corporate/literature/whitepaper/viewpoint – artificial – intelligence – ma-chine – learning – asset – managementoctober –2019. pdf.

④ IBM, *10 Key Market Trends for 2017*, IBM Marketing Cloud（2016）.

时间里，世界经济发展基本向好，对金融投资的负面影响较少。而在风险管理模型中，新冠疫情本身可能会被认为是模型试图控制的一个异常值。简而言之，正如拉玛·孔特提醒的那样，可能没有足够的可用数据来让机器学习算法学习，进而能够有效预测金融风险。遗憾的是，鉴于目前对机器学习应用于风险管理领域的乐观情绪，关于数据不足的提醒可能没有得到充分的重视。①

"神秘"的模型和自动化偏差

机器学习过程不是一个纯粹的技术练习。从算法类型的选择，到选择和构建训练数据库，再到调优和测试模型，人工决策②会渗透到训练的每个步骤中。而每一个人为决策都基于假设和主观判断——特别是关于尾部事件的权重上——人为设定的权重将对算法最终如何完成其任务产生重大影响。尽管机器学习技术已经迭代到相当复杂的程度，但一个失败的风险建模足以对机器学习的结果产生重大影响——尽管如此，很多人依旧相信机器学习的复杂程度有助于解决所有的风险管理问题。

深信不疑地服从计算机模型输出结果的倾向被称为"自动化偏见"，事实上，这是一种常见的心理倾向，即计算机生成的答案往往被认为具有内在的合理性。③ 因此社会公众通常很容易接受模型所给出的账面价值的准确性，而不太考虑计算机是如何得到答案的。因此，一个风险管理模型的自动化程度越高，社会公众就越有可能盲目地信服其给出的风险评估结果，而不会去质疑其潜在的计算过程。如果模型提供了社会公众想要听到的答案④，那么，上述偏见就越有可能出现。对计算机模型的盲从也会对人类产生其他心理影响。例如，有了计算机模型辅助的人可能会觉得有资格作出风险更高的行为，只需要

---

① Cambridge Centre for Alternative Finance & World Economic Forum（herein after Cambridge Center），*Transforming Paradigms：A Global AI in Financial Services Survey* 40（2020）．

② 通常由软件工程师和数据科学家执行。

③ Linda J. Skitka et al.，*Accountability and Automation Bias*，52 Int. J. Human－Computer Studies 701（2000）．

④ 比如"高回报率的投资实际上并没有那么大的风险"这一观点。

将额外的风险交给计算机模型就行了，就像保险行业中的道德风险一样。[1]

自动化偏差可能是自然产生的心理现象，但也可能是一种人为的误导。[2]模型研发人员可能会试图通过选择最复杂和最难以解释的机器学习算法来加深自动化偏见，即先使用复杂且难以解释的算法增加其评估结果的说服力，然后再通过修补数据和算法来淡化尾部风险，因为他们知道，监管机构可能不愿花费太多精力去质疑算法的自动化流程。金融机构甚至可以说服金融监管机构，将"确定机器学习算法的输出是否符合金融监管要求"这一任务交由复杂算法的研发人员来负责。

当模型的复杂性被设计者滥用且有利可图时，这种复杂性可能会给金融稳定带来隐患。金融稳定真正需要的是对自动化偏差的某种"再检查"。例如，美联储关于受监管金融机构使用模型的指导方针就有助于这种再检查，因为它制定了标准，并要求模型由没有参与构建模型的专家来负责检验并提出疑问。[3] 然而，风险建模技术越发依赖数据科学和计算机编程领域的专业知识，而这些领域往往超出了金融机构工作人员的传统专业知识，导致这种指导方针实施起来变得越来越困难。当金融领域的专家无法参与模型的内部研发工作时，就只能检查模型的输出，比如该模型在特定情况下的计算结果是否与人类经验相吻合。

有时，这种结果检验可能就足够了，从机器学习技术在医学中的应用可以看出这一点。例如一项具有开创性的机器学习模型显示任何哮喘患者死于肺炎的风险比非哮喘患者低，而事实也证明这是正确的评估结果，但这只是因为哮喘是肺炎的一个危险前兆，所以哮喘患者得到了更早、更好的治疗，而不是因为哮喘本身会降低肺炎给患者带来的危害。[4] 想象一下，如果医生们开始深信

---

[1] Daniel A. Effron & Paul Conway, *When Virtue Leads to Villainy: Advances in Research on Moral Self - Licensing*, 6 Current Op. in Psychology 32 (2015).

[2] 可能是为了阻止监管机构的审查。

[3] Bd. of Governors, Fed. Res. Sys., SR 11 - 7, *Guidance on Model Risk Management* (Apr. 4, 2011), at 4.

[4] Rich Caruana et al., *Intelligible Models for HealthCare: Predicting Pneumonia Risk and Hospital* 30 - *Day Readmission*, in Proceedings of the 21th ACM SIGKDD International Conference on Knowledge Discovery and Data Mining 1721 (2015).

不疑地遵循这个模型，而对患有肺炎的哮喘患者放松警惕，那将会多么危险。但幸运的是，医生们能够使用关于肺是如何工作的医学知识来检查机器学习算法给出的结果。

然而，计算金融风险很少如医学领域那样明确，因此金融领域的专家不太可能在机器学习模型的输出中发现异常。即使某个领域的专家发现了一个非常奇怪的结果，目前的技术也无法训练机器学习算法在未来不再犯同样的错误。更何况，在研发机器学习风险管理模型上投入巨资的金融机构可能不想轻易放弃该模型，因此可能会试图通过质疑专家的判断来证明保留模型的合理性。[①]毕竟，人类在评估金融风险方面的成功记录也为数不多[②]。事实上，机器学习的巨大前景在于，它可以通过分析各种新型数据找到比人类直觉和经验更能解释风险因素之间关系[③]的新理论。人类不会从统计学的角度来看待世界，而是试图将外来信息纳入逻辑叙述中，因此，如果算法生成的关于金融风险的准确信息不符合人类对这种风险先入为主的逻辑叙述，可能导致这种输出结果被拒绝接受。

因此，机器学习算法的使用将参与风险管理的人类决策者置于非常尴尬的境地。理论上，算法的结论不应该仅仅因为其不够直观就被轻易抛弃，但也不应该仅仅因为它们是由复杂的算法生成的就被轻易接受。因此，金融领域的专家[④]有能力至少在某种程度上了解机器学习模型的内部运作原理是至关重要的。这也导致近年来人们对寻找使机器学习算法更为"可解释"的方法产生了浓厚的兴趣。而对机器学习算法的监管也可以通过将模型限制在学习更少的、更易于管理的特征上，或者鼓励选择那些更直观、更容易解释的模型[⑤]，还可以通过后期调整优化使模型更简单、更易于访问。但有得就有失，所有这些减少模型复杂性的策略都可能会导致模型的预测能力下降，并可能会错失一

---

① Robert J. Shiller, *Irrational Exuberance* (2000); Andrew W. Lo, *Adaptive Markets: Evolution at the Speed of Thought* (2017).

② 行为金融学正致力于研究为什么人类在金融风险（尤其是尾部风险）方面会作出糟糕的决定。

③ 特别是当这些关系可能是违反人类直觉的。

④ 对金融机构的董事会和金融监管机构来说，同样如此。

⑤ 如决策树随机森林。但一切都是相对的，而且这些模型仍然过于复杂。

些发现新理论的机会。

社会公众也在寻求一种既可以使机器学习模型保持复杂、又可以提供易于理解的结果的方法。例如，编写一个特殊的机器学习模型用来分析某个特定的决策是如何作出的。理论上模型设计者还可以通过设置接口，允许客户和监管机构自行改变变量来操作模型，以观察此类更改的影响。或者额外创建一个简化的解释模型来解释更复杂的底层模型。

然而，如果最终的目标不是理解一个特定的结果是如何产生的，而是探究整个模型是如何工作的，或者厘清模型中所有变量在意想不到的情况下是如何相互作用的[1]，那将会是非常困难的。虽然未来可能会有技术进步，真正有助于解释基于机器学习的风险模型的内部工作原理[2]，但人类对机器学习模型盲目信任的风险依旧会长期存在，即随着模型"可解释性"的逐渐提高，人类自认为了解模型可能会如何运行，而这种逐步上升的虚假安全感会促使社会公众逐渐放弃对机器输出结果的质疑。因此，就如美联储的模型指南建议的那样，当金融机构不完全了解一个模型是如何运行时，就不应不加质疑地依赖该模型的输出，而需要以其他模型或方法作为决策的补充。[3] 考虑到真正理解机器学习模型的内部工作原理存在许多障碍，金融机构应该始终限制对模型输出的信任程度。在金融决策过程中，人类自身的思考与分析必须始终存在，而对于机器学习模型输出的结果，应始终在一定程度上持保留态度。

加强协调和相关性

如果一种风险管理算法被用来自动购买和出售金融资产，可能会出现真正的问题，特别是在尾部事件发生期间。而任何像这样依赖自动化交易的个人投

---

[1] 这才是风险管理部门和监管机构真正需要达成的目标。

[2] Babel et al. , *Derisking Machine Learning and Artificial Intelligence*, McKinsey & Company（Feb. 29, 2019），https：//www. mckinsey. com/business – functions/risk/ourinsights/derisking – machine – learning – and – artificialintelligence#.

[3] Bd. of Governors, Fed. Res. Sys. , SR 11 – 7, *Guidance on Model Risk Management*（Apr. 4, 2011），at 4.

资者或金融机构都可能因此蒙受巨大损失。个人损失,虽然对当事人来说是不幸的,但从公共政策的角度来看,这不是一个值得关注的问题。然而,如果糟糕的风险管理决策大范围涌现,就可能会对整个金融体系和整个宏观经济运行产生负面溢出效应,在这种情况下,金融稳定监管机构就需要格外关注这种糟糕风险管理决策的来源。

不少金融机构开始对大规模采用人工智能替代人类分析所带来的系统性风险发出警告[1],而金融监管机构应该特别注意的是,机器学习技术的普及很可能会放大个体风险对金融市场的影响。当然,类似的"羊群效应"(Herd Behavior)一直是金融领域的一个问题——当投资者每天都被各种激动人心的投资鸡汤包围时,一旦这些故事中所吹嘘的投资真的面临一场不可避免的失败,这些对鸡汤故事深信不疑的投资者就会陷入恐慌。[2] 即便是金融行业的专业人士,在做金融决策时也会不自觉地倾向于随波逐流——毕竟,如果你所做的事情是别人都在做的事情,就更容易避免因特立独行而独自承担责任甚至被解雇[3],即使那个"大众化的决策"最终被证明是一个错误。众多个体"不约而同"地作出了同样的金融决策是造成金融不稳定的原因之一,需要明确的是,这里使用的"不约而同"意味着这些个体决策并没有任何故意或有意识地互相串联沟通,而是由许多不同的投资者在各自追求自身利益最大化时所产生的集体行为。

例如,当多个投资者认为继续购买某种特定类型的资产最符合其利益时——即使价格已经严重偏离了该资产价值的合理近似值——资产泡沫就会发生。投资者这样做是因为相信只要价格继续上涨,就可以从后续的资产出售中获得更高的利润。因为资产的价格反映了市场对资产价值评估的集体意见,如果购买资产的人更多,价格就会上涨,如果出售资产的人更多,价格就会下降。所以如果所有人都在同一时间购买,就像之前的羊群效应例子中所描绘的

---

① Cambridge Centre for Alternative Finance & World Economic Forum (herein after Cambridge Center), *Transforming Paradigms: A Global AI in Financial Services Survey* 40 (2020), at 68.

② Robert J. Shiller, *Irrational Exuberance* (2000).

③ Brett McDonnell, *Don't Panic! Defending Cowardly Interventions During and After a Crisis*, 116 Penn. St. L. Rev. 1, 13 (2011).

那样，资产价格就会急剧攀升。反之亦然，如果投资者集体开始恐慌并同时抛售，价格将急剧下跌。时机决定一切——投资者不希望在价格达到最高水平之前卖出，但一旦价格开始下跌，投资者就希望尽快卖出，以实现利润最大化。① 然而，这恰恰正是泡沫破裂的时候。

当然，并非所有的资产泡沫都会使金融体系不稳定。21 世纪初，当互联网泡沫破裂时，很多人受到了损失，但整个金融体系并没有经历危机。但当大量投资者和金融机构严重依赖借款购买资产时，泡沫破裂就会成为金融稳定的隐患，因为这些资产暴跌所产生的损失不仅会打击直接投资者，还可能会波及投资者背后借款给他的人，并通过一系列类似的债务关系，影响整个经济金融体系的运行。例如，假设一个投资者借了 10 美元购买了票面价值为 11 美元的债券。如果债券的交易价格跌至 9 美元，投资者仍然需要偿还 10 美元，而出售债券本身已经无法筹集到足够的现金来偿还借款。此时，投资者可以选择拖欠借款，而这将损害贷款人的利益；或是选择在其他地方找到 1 美元来填补资金缺口，现实中，投资者往往通过出售一些其他资产来筹集这缺少的 1 美元。

如果只涉及一个投资者，那么这两种情况都不会产生任何系统性后果。然而，如果大量投资者都以类似的方式行事，贷款机构可能会因一波违约浪潮而遭受严重损失②，且大规模的资产出售可能会压低其他类型金融资产的价格。如果其他类型的金融资产也是用借来的资金购买的，那么，这个恶性循环将会继续，并导致更多的违约和恐慌性资产抛售。这就是所谓的“贱卖行为的外部性”，它解释了个人投资损失可能演变成全面金融危机的第二种路径。③

从上述讨论中不难看出，如果每个人都以同样的方式行事，危机就更有可能发生。在此之前必须明确的是，几种新的机器学习商业模式似乎有可能加剧羊群效应。机器学习的商业模式不仅可能减少决策参与者的数量，还可能使剩余决策者之间的风险评估趋向标准化。用于训练金融风险管理算法的数据终究是有限的，而这些有限的数据来源不仅会降低算法的准确性，还会使其在应用

---

① 或者，在最坏的情况下，避免价格低于投资者最初购买资产时的价格。

② 特别是如果贷款机构自己也直接投资了有问题的债券，这种情况将会更加糟糕。

③ 另一种路径是贷款违约。Anil K. Kashyap et al. , *The Macroprudential Toolkit*, 59 IMF Econ. Rev. 145（2011）.

于类似资产时的操作更加一致、结果更加趋同。如果多个金融机构都依赖于几乎完全相同的预先打包的数据集，或由第三方专业供应商提供的、完全相同的、预先训练好的算法，羊群效应将变得更加明显。①

进一步来看，如果一款流行的机器学习算法一直低估与特定类型资产相关的风险，使其看起来像是一笔很划算的交易，大量"同款算法"客户的存在可能会导致该资产类别出现泡沫。如果这些相同的算法在随后的运行中又同时认定该资产的风险已经增加到难以维持的程度，那么，就会引发大规模抛售。② 如果这些算法没有经过特殊的训练，在该资产泡沫的初始阶段无法正确地评估风险，那么泡沫破裂时所造成的后果将尤其严重。尤其是在剧烈的波动之后，算法会继续像往常一样建议购买，而不会根据紧张的市场情绪进行调整，直到因为大量的趋同算法再次改变了该资产的风险评估风向而引发恐慌性抛售，或是因为投资者集体开始不信任算法并放弃其给出的建议。

为了理解少数受过趋同化数据训练的机器学习算法代表大量投资者作出决策的潜在影响，可以参考信用评级在 2008 年国际金融危机中所扮演的角色。③信用评级是对公司或政府所发行债务工具（如债券）的信用风险评估。信用评级机构的市场非常集中，标准普尔、穆迪和惠誉（Fitch）是仅有的几家重要的评级机构。在 2008 年之前的几年里，标准普尔和穆迪开辟了一条利润丰厚的业务线——为抵押贷款证券化以及基于这些证券的其他金融产品发布信用评级。证券投资者或多或少地将信用风险评估委托给了这两家信用评级机构，在这一大背景下，当这两家评级机构在 2007 年和 2008 年开始集体下调评级后，一场巨大的金融危机也随之到来。④ 标准普尔和穆迪在 2008 年国际金融危

---

① 只有少数金融机构有资源和意愿完全自主研发机器学习算法。如果大部分金融机构依赖于几个最大、最成功的第三方供应商和行业专家来帮助其建立模型，那么，机器学习算法类型以及所使用的训练、测试和调优策略将会有很大的一致性。

② 虽然不算是一个确切的先例，但 1987 年的股市崩盘可以部分归咎于投资公司将风险管理决策交给了计算机模型，这些模型都是趋同的，而且公司的决策者对算法的理解也非常有限。Erik F. Gerding, *Code*, *Crash*, *and Open Source*：*The Outsourcing of Financial Regulation to Risk Models and the Global Financial Crisis*, 84 Wash L. Rev. 127 (2009), at 167 – 168.

③ Fin Crisis Inquiry Comm'n, *The Financial Crisis Inquiry Report*：*Final Report of the National Commission on the Causes of the Financial and Economic Crisis in the United States* 44 (2011), at xxv.

④ 当时，标准普尔和穆迪已经确定其评估方法存在重大缺陷。

机中扮演的角色表明，当前应该高度警惕金融行业依赖少数机器学习算法进行风险评估的做法。更加值得关注的是，标准普尔最近大举进军机器学习领域，并于 2018 年以 5.5 亿美元的价格收购了人工智能初创公司 Kensho Technologies——当时金额最高的人工智能收购案。① 未来，可以合理预见标准普尔会将机器学习算法用于分配信用评级的工作中，而这也仅仅是机器学习算法对金融决策产生更大影响的途径之一。

综上所述，如果越来越多的投资决策以同样的方式被作出，就必然会出现问题；如果这些投资决策一直是错误的，将会出现更大的问题。同时，机器学习模型的准确性还有待商榷。例如，来自相同或类似算法的指令②，使得投资越来越多地流向少数大型资产类别，那么，某些大型资产类别的风险问题将越来越有可能影响投资者对其余大型资产类别的看法，这类风险无法分散，将导致投资组合更容易受到金融市场冲击的影响。然而，从历史数据中学习的算法不会意识到其给出的建议会对投资组合③产生影响。

最近，一项关于金融行业使用人工智能技术的摸底调查发现，迄今为止，金融行业距离完全自动化的金融决策——在很大程度上消除了人力投入——仍然存在差距。④ 这是个好消息，因为这意味着预防性监管仍有时间对机器学习在风险管理领域的应用产生有益的影响。然而，金融自动化的势头愈演愈烈，预防性监管对这一过程的干预窗口正在缩小。

智能投顾

"智能投顾"泛指一切提供金融投资建议的自动化服务。智能投顾可以被

---

① Antoine Gara, *Wall Street Tech Spree*: *With Kensho Acquisition S&P Global Makes Largest A. I. Deal in History*, Forbes（Mar. 6, 2018）, https：//www. forbes. com/sites/antoinegara/2018/03/06/wall street – tech – spree – with – kensho – acquisition – sp – global – makes largest – a – i – deal – in – history/? sh = 3eff288b67b8.

② Financial Stability Board, *Artificial Intelligence And Machine Learning In Financial Services*：*Market Developments And Financial Stability Implications* 33（2017）, at 31.

③ 投资组合是以分散投资作为主要手段的金融风险管理策略。

④ Cambridge Centre for Alternative Finance & World Economic Forum（herein after Cambridge Center）, *Transforming Paradigms*：*A Global AI in Financial Services Survey* 40（2020）, at 107.

用于向社会公众推荐银行产品和保险产品，但当下最流行的是向客户提供股票和债券等证券投资领域的建议。智能投顾可以对不同客户进行分析，以确定其风险承受能力和盈利目标，并在此基础上推荐多元化的投资组合；还可以在市场风险发生变化或客户自身情况发生变化时，为重新平衡投资组合提供建议。一些智能投顾服务将提供建议与交易执行结合起来，为客户自动买卖投资产品。[①]

交易效率的提升是智能投顾商业模式的关键优势。智能投顾服务旨在复制客户从人类理财规划师那里得到的建议，并基于规模优势以低得多的成本提供相似服务。[②] 智能投顾也可以成为促进普惠金融发展的工具，因为那些只有少量投资资金、负担不起理财规划师费用的人，可能负担得起智能投顾服务的费用。此外，还有部分观点认为智能投顾将有助于消除理财规划行业内普遍存在的利益冲突。

目前，在不同的智能投顾商业模式中，人类决策的参与程度存在很大差异。在某些模式中，客户将继续主要与人类顾问互动，但人类顾问将依赖一种算法来提高其服务质量与效率。这类商业模式相对于传统的理财规划师与客户之间的关系没有太大区别，或许其本质上不应该被称为智能投顾。在另一个极端，客户界面是完全自动化的，所有的建议和服务均由机器人算法提供，客户不与任何人交互（如 Wealthfront）。此外，Betterment 等服务提供商采取了中间立场，提供了一个自动化界面，客户可以选择接受财务专业人士的补充建议。然而，向客户提供基本的投资决策仍然主要依赖算法来完成——对于低成本的智能投顾模型来说，聘请大量专业人类规划师随时检查算法提供的建议，将产生无法接受的成本。

并非所有的智能投顾服务都依赖于机器学习技术，一些智能投顾商业模式则完全依赖于更传统的算法，这些算法的编程带有如何自动构建投资组合的指令。然而，最近的一项调查发现，在所有的金融部门中，投资管理行业利用人

---

① FINRA，*Report on Digital Investment Advice* 2（2016）.

② 一个算法可以服务的客户远比一个人可以服务的客户多。

工智能技术的热情最为高涨，特别是在使用新型数据集①方面。② 许多智能投顾服务越来越多地转向机器学习技术来收集有关客户财务状况的信息，以确定其风险承受能力，并以此改进投资组合选择，从而更好地实现收益最大化目标。③ 当机器学习被纳入智能投顾服务时，金融监管机构应该重点关注编程错误和不完整数据集等情况。在通常情况下，机器人顾问的建议可能与人类顾问的建议一样好，甚至更好，但也应该重点关注在尾部事件期间机器学习模型低估市场和信贷风险的缺陷。

社会上流传着一种言论——类似 Betterment 和 Wealthfront 这样的公司，丝毫不关心智能投顾可能给金融稳定带来的风险。毕竟，2020 年，Betterment 和 Wealthfront 各自管理的资产价值只有约 200 亿美元，与先锋（Vanguard）、嘉信理财（Charles Schwab）和贝莱德集团等超大型资产管理公司相比，这只是九牛一毛。④ 这三家巨头在 2020 年管理的资产规模分别为 6.2 万亿美元⑤、4.1 万亿美元⑥、7.4 万亿美元⑦。正如本书从一开始就明确指出的那样，金融科技创新并不局限于初创公司。嘉信理财和先锋也在提供智能投顾服务，截至 2020 年，其智能投顾服务分别管理着 407 亿美元和 1610 亿美元的资产。⑧ 如果机器学习越来越多地为老牌资产管理公司采用，那么，这项技术将对金融市场产生真正难以估量的影响。

---

① 这些数据主要来源于新闻和社交媒体等。

② Cambridge Centre for Alternative Finance & World Economic Forum（herein after Cambridge Center），*Transforming Paradigms*：*A Global AI in Financial Services Survey* 40（2020），at 87.

③ Deloitte，*The Next Frontier*：*The Future of Automated Financial Advice in the UK* 22（2017）.

④ Barbara A. Friedberg，*Robo - Advisors with the Most Assets Under Management—2020*，Robo - Advisor Pros（Oct. 2，2020），https：//www. roboadvisorpros. com/robo - advisors - with - most - aum assets - under - management/.

⑤ Vanguard，*Fast Facts about Vanguard*，Vanguard，https：//about. vanguard. com/who - we - are/fast - facts/.

⑥ Charles Schwab，*Schwab Facts*，https：//www. schwab. com/system/file/P - 8770544.

⑦ John Courmarianos & Leslie P. Norton，*BlackRock Passes a Mile stone*，*with* ＄7 *Trillion in Assets Under Management*，Barrons（Jan. 15，2020），https：//www. barrons. com/articles/blackrock - earnings assets - under - management - 7 - trillion - 51579116426.

⑧ Barbara A. Friedberg，*Robo - Advisors with the Most Assets Under Management—2020*，Robo - Advisor Pros（Oct. 2，2020），https：//www. roboadvisorpros. com/robo - advisors - with - most - aum assets - under - management/.

一方面，规模经济使得投资者获得财务建议的成本更低，但这也使得算法能够影响更大规模群体的行为，而不仅局限于某种财务顾问的角色。智能投顾算法首先根据不同的风险承受能力和投资目标将投资者分为不同类型，然后为每种类型构建投资组合。2016 年，美国金融业监管局（Financial Industry Regulatory Authority，FINRA）对美国智能投顾平台的一项调查发现，大多数智能投顾平台都有 5 个到 8 个预设好的投资者建议模板。[①] 显然，与为每个客户单独构建个性化的投资组合相比，这种做法会进一步加剧投资者行为的趋同化。未来，基于更详细的投资者信息，机器学习技术可能会进行更精细的投资者分类，但可分类数量仍将受到可用数据点数量的限制。[②]

大多数智能投顾服务都是从一份用于评估投资者的财务状况和风险承受能力的在线问卷开始与投资者建立关系的，投资者的分类通常完全基于投资者对问卷问题的回答。问卷问题的设计者会试图获得更多关于投资者的数据点，以创建更多的投资者分类，或者随着投资者财务状况的变化而密切关注投资者的分类，这需要使用社交媒体等非结构化数据。

如果每个智能投顾平台只构建了有限数量的投资者分类，并且与其他平台使用的算法相类似，那么，投资行为将变得更加单一。同时，低成本模型带来的竞争压力也可能会将人类财务顾问挤出市场，从而进一步扩大算法的影响力。因此，资产泡沫可能会变得更加普遍，泡沫破裂也会变得更加突然。[③] 鉴于此，金融稳定监管机构应该密切关注高速发展的智能投顾行业，既监管研发智能投顾服务的金融科技初创企业，也监管提供智能投顾服务的传统金融机构。

贝莱德集团的阿拉丁资管系统

为了证明老牌金融机构正在积极尝试将机器学习应用于其风险管理系统和

---

① FINRA, *Report on Digital Investment Advice* 2 （2016）, at 6.
② 可用数据点可以用作区分投资者特征的依据。
③ 当智能投顾服务被设定为自动重新平衡投资组合时，资产泡沫将破裂得更加突然。

服务，可以参考贝莱德集团旗下的风险管理和投资组合构建平台——阿拉丁资管系统。类似阿拉丁资管系统的投资服务平台本身并不新鲜——其商业模式最早可以追溯到 20 世纪 90 年代初，某些类型的投资组合再平衡在当时就能够实现自动化。不过，随着时间的推移，阿拉丁资管系统变得越来越复杂，贝莱德集团现在正在积极探索如何利用数据科学和机器学习来改善其服务。考虑到贝莱德集团管理的资产规模，即使贝莱德集团是唯一一家使用阿拉丁资管系统的公司，该系统及其使用的技术也可能产生相当大的影响。事实上，阿拉丁资管系统的影响要大得多，因为贝莱德集团是一家上游供应商——超过 200 家机构正在使用阿拉丁资管系统提供的分析结果。[1] 贝莱德集团表示，阿拉丁资管系统每天创建和审查"超过 100 万份投资组合风险报告"[2]，并为超过 65 个国家提供服务。[3] 2018 年的一项研究发现，阿拉丁资管系统的评估分析结果对价值约 20 万亿美元的资产产生了影响，大约占世界总资产的 10%。[4]

贝莱德集团在很大程度上避开了金融稳定监管——因为它不欠客户任何固定金额的债务，金融监管机构并不需要担心挤兑会让它破产。然而，阿拉丁资管系统的影响力太大了，引发了一些关于其广泛的影响力对金融稳定潜在影响的担忧。《经济学人》（*The Economist*）杂志 2013 年的一篇文章指出："有一家公司不仅掌控了自己，也掌控了竞争对手看待世界的方式，这是前所未有的现象。"[5] 阿拉丁资管系统负责人乔迪·科钦斯基（Jody Kochansky）驳斥了这些担忧，他指出："对于每个阿拉丁资管系统的客户来说，所有分

---

① BlackRock, *Artificial Intelligence and Machine Learning in Asset Management*, BlackRock（Oct. 2019），https：//www. blackrock. com/corporate/literature/whitepaper/viewpoint – artificial – intelligence – machine – learning – asset – managementoctober – 2019. pdf.

② BlackRock, 2019 *Annual Report* 6（2019）.

③ Will Dunn, *Meet Aladdin*, The Computer "*More Powerful Than Traditional Politics*", New Statesman（Apr. 6, 2018），https：//www. newstatesman. com/spotlight/2018/04/meet – aladdincomputer – more – powerful – traditional – politics.

④ Stanley Pignall, *BlackRock*：*The Monolith and the Markets*, The Economist（Dec. 7, 2013），https：//www. economist. com/briefing/2013/12/07/the – monolith – and – the – markets.

⑤ Will Dunn, *Meet Aladdin*, The Computer "*More Powerful Than Traditional Politics*", New Statesman（Apr. 6, 2018），https：//www. newstatesman. com/spotlight/2018/04/meet – aladdincomputer – more – powerful – traditional – politics.

析结果都是基于其自身数据作出的，并运行在不同的电脑上，且存储在不同的数据库中。客户可以根据自己对市场和风险的看法来选择模型，阿拉丁资管系统并没有向其发出指令。"① 不过，这种辩解并不完全令人信服。即使基础数据不同②，如果计算与数据相关风险的机器学习算法已经学习了与其他金融公司机器学习算法相同或类似的决策规则，那么，该算法作出的决策仍然会促使投资行为趋同。

2018 年，贝莱德集团成立了一个人工智能实验室，第一年就雇用了 30 多名数据科学家和数据工程师。同年，科钦斯基在一篇博客文章中强调了人工智能改善风险管理的潜力，并指出："由于大数据获取能力和计算能力的提高——这是人工智能规模化所必需的两个因素，创新机会在过去几年里出现了爆炸式增长。"③ 阿拉丁资管系统已经在市场和信用风险评估方式上进行了重大改革，但随着阿拉丁资管系统越来越依赖机器学习技术，其局限性和不可预测性定然会在全球范围内产生深远影响。贝莱德集团及其客户可能会因为自身风险管理不善而破产，但即使有幸免于破产，金融稳定性也必然会受到损害。如果阿拉丁资管系统的影响导致破坏性的市场活动不断地恶性循环（如大规模贱卖金融资产），那么，宏观经济发展就可能会遭受冲击。

机器学习与保险

在有关金融科技和金融稳定的讨论中，保险行业往往被排除在外，但美国国际集团在上次金融危机中的失败表明，保险公司遭受风险冲击也会威胁到金融稳定，更何况，当下很多保险科技公司正在考虑如何将机器学习技术应用于保险服务。此外，保险对许多公司和消费者来说也是一项至关重要的风险管理

---

① Jody Kochansky, *The Promise of Artificial Intelligence and What It Means to BlackRock*, Seeking Alpha (Mar. 13, 2018), https://seekingalpha.com/article/4156072 - promise - of - artificialintelligence - and - what - means - to - blackrock.

② 如前所述，基础数据库的差异可能不会使分析结果产生太大的变化，因为在评估金融风险时，可以提取的数据通常较为有限。

③ Financial Stability Board, *Artificial Intelligence And Machine Learning In Financial Services: Market Developments And Financial Stability Implications* 33 (2017), at 13 - 14.

服务。

本质上来说，保险的工作原理是向被保险的个人或公司收取保单费用并累积成资金池，然后在被保险事件发生时从资金池中支出资金进行赔付。保险公司评估被保险人的相关风险，以及与整个被保险人池的相关风险，计算每个被保险人的参保账单价格。法律还要求保险公司保持最低资本限额，以确保其能够在被保险事件发生时进行赔付。

因此，风险评估是保险业务的核心，机器学习技术越来越多地被用作承保和定价过程。[①] 同时，也有不少学者和初创公司在积极探索使用机器学习技术来辅助计算资本储备的潜在可能性。[②] 虽然，在大多数情况下，使用机器学习技术可能会提高风险评估的准确性，但尾部事件的影响可能会被低估[③]，而正是这种对风险的低估，可能对保险公司以及整个金融体系产生负面影响。

保险公司往往被认为比银行的抗风险能力更强，因为其不容易受到挤兑风险的影响。与存款人不同的是，大多数被保险人不能随意向保险公司要求赔付，而是必须等待被保险事件发生。但是，不应该完全忽视保险公司存在挤兑风险的可能性，因为许多人寿保险和年金产品确实允许投资者提前套现。然而，即使在没有挤兑风险的情况下，如果保险公司低估了被保险事件的风险，以至于没有足够的准备金来履行对投保人的赔付义务，保险公司也可能倒闭。如果整个保险行业都依赖于一个机器学习算法[④]，那么，低估的风险可能会导致许多保险公司一起破产，使得整个保险行业不稳定，并最终对经济运行产生

---

① Maximilien Baudry & Christian Y. Robert, *A Machine Learning Approach for Individual Claims Reserving in Insurance*, 35 Applied Stochastic Models Bus. & Indus. 1127（Sept. /Oct. 2019）; Gopal Swaminathan, *Deploying Deep Learning in Claims Reserving*, Insur Analytics. AI（Feb. 6, 2019）, https: //insuranalytics. ai/blogs/deploying – deep – learning – in claims – reserving/.

② Daniel Schwarcz & Steven L. Schwarcz, *Regulating Systemic Risk in Insurance*, 81 U. Chi. L. Rev. 1569, 1620（2014）.

③ 在保险行业，尾部事件通常以大规模意外灾难的形式出现，如极端天气事件或大范围流行病等。

④ 或是整个保险行业依赖于几个机器学习算法并从高度相似的数据集中学习，进而使用非常相似的决策规则。

负面影响。随着寿险保单和年金证券化变得越来越普遍①，如果用于承保和定价保单的机器算法低估了发行风险，然后将定价过低的保单证券化并出售给投资者，那么，整个金融体系都将面临损害。

更重要的是，保险公司本身也是重要投资者之一。保险公司把收到的保费投资于其他金融资产，其投资金额往往巨大到可能会对整个金融系统产生影响。在机器学习算法风靡之前，保险公司的投资决策已经面临严重的趋同化问题，而依赖机器学习模型来管理投资组合可能会使其投资行为变得更加统一。如果一个或多个相似的机器学习模型导致保险行业持续低估了某类被保险事件发生的风险，一旦该类事件确实大规模发生，则可能会导致许多保险公司不得不同时贱卖手中的其他资产，以筹集现金向被保险人进行赔付。而大规模的资产贱卖会压低资产价格，并引发进一步的资产抛售，使整个金融体系陷入混乱。

因此，即使保险公司成功地通过紧急抛售维持其偿付能力，也可能依然会损害金融体系的稳定。然而，目前业界和学术界更加关注机器学习技术对保险消费者的潜在伤害，而很少关注机器学习技术在保险行业中的应用给金融稳定带来的风险问题。② 虽然大部分保险科技初创公司目前的运营规模相对较小，但拥有更大影响力的老牌保险公司也在关注保险科技创新。③ 将机器学习纳入大型保险公司的承保和准备金管理流程，会极大地增加该技术影响金融稳定的可能性。

小结

将机器学习技术纳入风险管理评估流程可能会带来效率的提升。如银行和

---

① Swiss Re, *Insurance – Linked Securities Market Update：March 2020*，Swiss Re（Mar. 2020），https：//www. swissre. com/our – business/alternative – capital partners/ils – market – update – march – 2020. html.

② Financial Stability Board, *Artificial Intelligence And Machine Learning In Financial Services：Market Developments And Financial Stability Implications* 33 （2017），at 14.

③ Lin Lin & Christopher Chen, *The Promise and Perils of Insurtech*，2020 Sing. J. Legal Stud. 115, 123 （2020）.

资产管理公司可以降低监控投资组合风险的相关成本，而这部分降低的成本可以惠及消费者；保险公司同样可以提高保单定价的效率。然而，如果效率的提升是以金融体系不稳定为代价的，那么，就有必要对机器学习技术在保险行业的应用持怀疑的态度。如前所述，金融决策的大规模自动化可能会加剧金融系统内的复杂性和趋同性，并加剧错误评估的影响。因此，有必要重点关注金融科技未来给金融体系风险管理带来的挑战。

第三章　金融科技与资本中介

金融科技创新提供了新的、快捷的、低成本的金融资产交易方式，这引起了社会公众的广泛关注，也引发了关于向"金融排斥"群体提供贷款的讨论。新的交易方式以及类似的业务活动可以被称为"资本中介"。在不同场景下，"资本"的含义有所不同。在第二章中，涉及监管资本要求的内容，这是指银行用最低额度的自有资金为其投资提供保障的相关要求。当谈论"资本中介"时，资本的含义完全不同。在第三章中，"资本"是指一些人拥有并希望依靠其投资而获利的资金，以及一些人需要并愿意为其支付利息的资金。

本章将讨论金融科技创新如何改变金融系统的资金转移方式。本书认为金融科技并不一定会将金融系统"去中介化"，实际上金融中介机构正在逐渐为金融科技商业模式所取代，由于金融科技商业模式的存在，参与资金转移过程的中介链将变得越来越长，也越来越复杂。

资本中介的基础

金融系统一方面可以为贷款者提供汇集多个投资者资金的渠道，另一方面也可以帮助投资者选择贷款者并协助其监督投资业绩，从而发挥资本中介的职能。[1] 这一职能通常由金融机构来履行，在拥有资本的人和需要资本的人之间搭建起资本转移的桥梁。社会公众最熟悉的金融机构是银行，数百年来银行通过吸收存款、发放贷款的方式发挥资本中介职能。但近几十年来，银行的业务

---

[1]　John Armour et al. , *Principles of Financial Regulation*, 26 (1st ed. 2016) .

模式变得越来越复杂，且越来越依赖其他（非存款）类型的资金，并利用这些资金进行大量不同类型的投资。与此同时，非银行金融机构在发挥资本中介职能方面也变得越来越重要。例如，投资基金从最简单的货币市场共同基金发展到高度复杂的对冲基金，其接受投资者的资金，然后用这些资金购买由基金管理机构选择、监控的投资组合，实际上这都是在履行资本中介职能。

由于资本中介职能的发挥主要依赖于金融机构，因此，金融监管机构往往对金融机构给予了较多关注。到目前为止，银行受到的审查最多。然而，金融监管机构往往较少关注金融市场对资本中介职能的重要性。实际上，股票、债券、衍生品和其他金融资产市场既能产生冲击，也能传递冲击，从而危及整个金融体系。由此可见，现有的金融监管在应对传统金融市场方面存在不足，金融市场在新技术的推动下，运行更加迅速且越来越复杂，导致金融市场监管不足这一问题迅速放大。

提高金融市场运行速度和复杂性是金融科技创新的特征，而不是缺陷。这些创新旨在提高资本中介的效率，使那些需要资本的人能够以更快速、更低成本、更个性化的方式获得资本，同时这些创新也使投资者能够以新的方式获利。然而，对金融创新的利弊应该根据其对社会的整体影响来客观、综合地考量，而不是仅仅根据创新对投资者和资金使用者的吸引力来评判，否则就会忽视金融业务的成本，而这些成本最终可能由其他无关的人来承担。本章将以借贷、高频交易和加密资产等业务为例，重点介绍金融科技对资本中介职能带来的威胁，如果资本中介职能崩溃，将对每个参与经济活动的人带来负面影响。

在内容安排上，首先，本章将对金融机构和金融市场是如何帮助资本寻找投资机会的背景知识进行探讨，并着重分析金融科技兴起之前资本中介市场的固有脆弱性。其次，探讨金融科技创新在哪些方面可以缓解资本中介市场的固有脆弱性，以及金融科技创新在哪些方面可能会加剧这一脆弱性。此外，本章还将特别关注加密资产，因为其有可能放大金融系统中的风险。如果加密资产被广泛地整合到金融机构和金融市场中，可能会成为金融体系面临的最大风险。

银行与银行挤兑

为了更好地理解与资本中介相关的金融稳定风险，本书将从典型的金融机构——银行开始阐述。[①] 在经典的银行业务模式中，银行将存款转化为贷款，这为经济增长提供了所需的信贷支持。银行还通过在交易过程中提供支付服务，以及作为中央银行货币政策"传导链"的关键部分来助力经济增长。货币政策是一个复杂的话题，但简单来说，就是中央银行通过增加或减少货币供应，以适应经济发展的需要，由于这种货币供应的很大一部分是以银行存款的形式呈现的，因此，不稳定的银行系统会危及中央银行调整货币供应的能力。

金融监管的重点是银行，既是因为其功能的重要性，也是因为银行固有的脆弱性。经典的银行业务模式是使用可以随时从银行取走的短期存款为长期贷款提供资金，例如：以短期存款为 30 年期抵押贷款提供资金。这种商业模式对银行来说是有经济意义的，正是因为存款人随时可以取回资金，才愿意接受银行提供的非常低的利息。银行以此为周转对长期贷款收取更高的利息，并从息差中获利。银行业务模式对社会也是有益的，因为它利用短期存款资金为长期经济增长作出了贡献。然而，这种商业模式意味着银行在任何时候都只能将存入银行的一小部分现金返还给储户。

通常这并不是问题，因为储户愿意把大部分钱存在银行，而银行也可以确保其贷款和其他投资有合理可靠的资金来源。然而，如果储户开始不信任银行，可能会急于提取存款，并认为如果不抓紧取走存款，其他储户就会抢在他们前面，耗尽银行可用的资金供应。如果出现信任危机，在遭遇大量预期之外的提款之后，银行将面临流动性问题，并可能需要开始打折出售资产，以满足后续的提款需求。如果出售这些资产后，银行的总资产价值低于总负债，那么，银行就会倒闭。

上述情况即银行挤兑，而与之相关的恐慌和不确定性可以从一家银行传递

---

① Richard Scott Carnell et al., *The Law of Financial Institutions*, 65 et seq. (6th ed. 2017); E. Gerald Corrigan, *Are Banks Special?*, Fed. Res. Bank of Minneapolis Annual Report, 121 (1983).

到另一家银行，并危及整个银行系统。[①] 19 世纪末和 20 世纪初，银行恐慌曾在美国反复发生。1933 年，美国引入了政府支持的存款保险制度，在很大程度上消除了这一现象。[②] 在社会公众知晓"如果银行不能偿还储户资金时，政府将偿还储户资金"的政策后，其对银行将更加信任。即使在 2008 年国际金融危机期间，美国也没有出现大范围的银行挤兑事件。

尽管近几十年来技术不断进步，但银行的许多基础业务依然没有改变。有些人可能会担心最新一代的手机银行应用程序会让银行挤兑重现，因为现在转账变得非常容易，只需按一下按钮就可以迅速完成转账。[③] 但实际上手机银行应用程序并没有带来太多改变，因为社会公众并不能从手机上取钱，仍然需要去银行网点或自动取款机取钱，所以手机银行应用程序最多只能做到将资金通过电子转账的方式从一家银行账户转移到其他银行账户。这种类型的电子转账已经存在了几十年，虽然移动银行应用程序可能会使这种转账更快捷、更容易，或者允许转账的金额更大，但存款保险制度的存在使储户仍然认为其资金是受到保护的。

影子银行

尽管手机银行不太可能引发银行挤兑，但挤兑现象仍可能影响其他类型的金融机构，而这些金融机构不受存款保险制度的保护。然而，金融监管机构通常不太关注社会公众对于非银行金融机构的恐慌情绪，因为非银行金融机构不吸收存款，没有偿还存款的压力。如果一家金融机构（如投资基金）不欠投资者固定金额的资金，其为了应对投资者挤兑而迅速出售自身资产的压力相对较小。在投资者有权获得固定金额的非银行商业模式中，投资者不能随时要求取出资金（如保险），金融机构有时间通过有序的方式清算其资产以履行债

[①] Douglas W. Diamond & Philip H. Dybvig, *Bank Runs, Deposit Insurance, and Liquidity*, 91 J. Political Economy 401 (1983).

[②] Richard Scott Carnell et al., *The Law of Financial Institutions*, 15, 19 (6th ed. 2017).

[③] Douglas W. Arner et al., *The Evolution of FinTech: A New Post - Crisis Paradigm?*, 47 Geo. J. Int'l L. 1271, 1284 (2016).

务。这些特性使得非银行金融机构不太可能因折价出售资产而破产。

不幸的是，尽管这些特性在一定程度上使某些类型的金融机构不像银行那么脆弱，但并不能保证金融稳定。在恐慌期间，失去了常规资金来源的非银行金融机构或许能够保持一定的偿付能力，但其履行资本中介职能的能力仍可能受到损害。如果大量的经济活动依赖于该金融机构的资本中介服务，且没有更好的替代品，那么，一旦该金融机构失去融资渠道，则可能引起很大的恐慌。如果未来的恐慌及其影响只是新的、未经测试的金融科技商业模式所特有的，金融监管机构可能不会对此有所准备。不过，可以从过去的非银行挤兑案例①中总结经验，以了解未来的恐慌可能如何发展。

投资者可以从货币市场购买共同基金的股票，且股票每一股的预期价值始终为 1 美元。然而在交易中，当共同基金所投资产的价值出现波动时，每一股的真实价值也会随之波动，但如果使用一种特殊的会计方法，就能在每一股的真实价值大幅偏离其美元价格时，始终以 1 美元来计算真实价值。当基金中某一只股票的价格下跌太多时，该基金将不得不重新将其每股价格估值调整至 1 美元以下（"跌破 1 美元"）。2008 年 9 月，一只持有雷曼兄弟股票的货币市场共同基金就曾跌破 1 美元，而这一事件也引起了其他货币市场共同基金投资者的恐慌。

陷入恐慌的投资者普遍希望尽快赎回股票，因为担心如果等得太久，共同基金可能已经卖掉了最好的资产以满足投资者的挤兑要求，从而使自己不太可能继续以每股 1 美元的价格将手中的股票变现。在理想状态下，如果投资者停止挤兑，情况就比较乐观，因为共同基金就不会被迫开始打折变现其资产。然而，由于投资者并不信任彼此会维护集体最佳利益，会争先恐后地赶在其他投资者之前卖出股票，最终导致挤兑现象发生。②

在 2008 年国际金融危机爆发之前，货币市场共同基金在商业票据市场十分活跃，也是很多大公司的重要资金来源。但在金融危机期间，这些基金被迫

---

① 比如 2008 年货币市场中对共同基金的挤兑。

② Gary Gorton & Andrew Metrick, *Regulating the Shadow Banking System*, Brookings Papers Econ. Activity, Fall 2010, at 261.

停止购买商业票据以应对可能到来的恐慌与挤兑。这一现象最终导致美联储为这些共同基金提供了临时担保，以提振社会公众对这些基金的信心，并减少了大规模的赎回请求。[①] 尽管在理论上货币市场共同基金有权向投资者提供每股低于 1 美元的资金，但对基金达不到投资者预期的担忧足以引起恐慌甚至挤兑，而这将阻碍共同基金履行其应有的资本中介职能，威胁到依赖商业票据获取融资的渠道。因此，往往需要中央银行的紧急干预来恢复资本的正常流动。

事实证明，即使金融科技公司可能不像银行那样容易受到挤兑而破产，恐慌仍可能损害其履行资本中介职能的能力。同时也说明了金融交易速度的提升可能加速挤兑，现金需求来得越快，资产出售也就来得越快，这就增加了这些资产不得不以折扣价被贱卖的可能性。因此，能加快投资者套现的技术创新可能会加剧挤兑，而如果这些金融公司的资产销售是完全自动化的，那么，这些技术创新所带来的负面影响可能会大幅增加。

许多投资组合在寻找到合适的投资机会之前，都会将货币市场共同基金作为低风险的现金储蓄池，如果有人利用自动化投资系统先将大量客户的资金投资于货币市场共同基金，然后通过自动化交易的速度优势同时突然撤回所有资金，受影响的基金将不得不迅速开始清算资产，这一行为将严重损害依赖这些基金融资的其他市场主体。

自 2008 年以来，社会公众已普遍认为仅仅以银行为中心的金融稳定监管方式是远远不够的，很多其他类型的金融机构也在发挥着对经济发展至关重要的资本中介职能，且每种金融机构的脆弱性各不相同。[②] 然而，在 2008 年国际金融危机爆发十多年后，关于金融监管机构应如何对非银行金融机构进行监管的问题仍存在很多困惑和不确定性。这些执行与银行类似功能的非银行金融机构通常被称为"影子银行"，但"哪些金融机构可以算作影子银行，哪些不可以算作影子银行"并没有明确的标准。事实上，如果金融监管的最终目标是促进经济稳定增长，那么，关于金融机构分类的问题其实是可以忽略的，金融

---

① Ben Bernanke, Chairman, Bd. Governor Fed. Res. Sys., Speech at the National Association for Business Economics 50th Annual Meeting: *Current Economic and Financial Conditions* (Oct. 7, 2008).

② John Armour et al., *Principles of Financial Regulation*, 26 (1st ed. 2016), at 434.

监管机构更多地需要关注影响经济增长的金融机构，明确并解决其脆弱性。

2008 年国际金融危机的一项应对措施是加强对巨型金融机构的监管审查，这些巨型金融机构对经济增长非常重要，以至于各国政府宁愿拯救它们也不愿让其倒闭。[①] 金融监管机构针对大型银行实施了更严格的监管，也针对"大而不能倒"[②] 的非银行金融机构实施了新的监管改革，因为社会公众已经广泛认识到了巨型金融机构对金融稳定构成的威胁。这是一个好的开始，但大型银行和大型非银行金融机构不应成为金融监管的唯一焦点，较小的金融机构也可能引发较大的金融风险，尤其当小金融机构同时以相似的方式行事，或垄断了某些特殊的业务，或通过与其他金融机构（特别是那些"大而不能倒"的金融机构）以业务合作的方式联系在一起时，这些较小的金融机构出现问题也会损害宏观经济发展。[③]

不幸的是，现实情况通常比较严峻，社会公众更多地关注大型金融机构，却经常忽视小型金融机构，特别是当涉及金融科技领域时，这一情况尤为明显。大多数金融科技公司规模相对较小，甚至被称为"太小而不值得关注"的机构。[④] 但本书已经探讨了不少因低估金融科技的影响而带来的风险，即使暂时忽略巨型金融机构越来越多地尝试金融科技创新这一事实，那些较小的金融科技公司仍然可能会影响到整个金融系统的稳定性。因此，应该担心如果众多小型金融科技公司以同样的方式行事，如果它们提供的服务没有替代品，或者它们与大型金融机构有较多的业务联系，那么，金融系统的潜在崩溃风险就可能发生。

---

① Grp. 20［G20］, Leaders' Statement, The Pittsburgh Summit, Sept. 24 – 25, 2009, https：// www. oecd. org/g20/summits/pittsburgh/G20 – Pittsburgh – Leaders – Declaration. pdf. Michael S. Barr et al. , *Financial Regulation：Law and Policy* 704 – 705 (1st ed. 2016) .

② "大而不能倒"用来形容对金融服务供给至关重要的公司（由于其规模庞大、缺乏替代者或与金融系统其他组成部分相互关联等因素），政府根本不会允许其倒闭。

③ Eric S. Rosengren, President & Chief Executive Officer, Fed. Res. Bank of Bos. , Keynote Remarks at the Stanford Finance Form, Graduate School of Business：*Defining Financial Stability, and Some Policy Implications of Applying the Definition* (Jun. 3, 2011) .

④ Douglas W. Arner et al. , *FinTech, RegTech, and the Reconceptualization of Financial Regulation,* 37 Nw. J. Int'l L. & Bus. 371, 404 (2017) .

金融市场与金融稳定

从本质上看，金融市场为买方和卖方以实物或电子方式交易金融资产①提供了场所。如果一个资产市场变得岌岌可危，以至于无法进行正常交易，那么，这个市场就无法发挥将投资者与融资者联系起来的职能。如果一个资产市场的混乱可能会影响宏观经济增长，那么，这个资产市场就需要被金融监管机构重点关注。

由于大多数金融交易已实现了电子化，金融资产交易市场可能会因为技术故障而关闭。即使金融资产交易市场在技术上仍然能够运转，但如果没有人愿意交易，它也将无法为资本提供中介服务。众所周知，金融体系通过允许投资者选择和监督其投资项目来促进中间资本流动，大多数投资决策所依据的信息也来源于金融资产交易市场，且这些信息通常以价格波动的形式表现出来。如果金融资产交易市场出现混乱，价格可能变得不再合理，就没有足够的信息来判断这些资产的价值，买方和卖方可能会选择退出市场。② 如果大规模发生这种情况，即使金融市场在技术上仍然可以处理交易，也无法成功地将那些想要投资的人与那些需要资金的人匹配起来。这种现象通常称之为"流动性缺失"，即在一个流动性不足的金融市场中，市场参与主体难以出售资产，因此，很多人将被迫贱卖资产，导致资产价格被进一步扭曲。

事实上，价格也可以反向扭曲。2021 年 1 月末，美国游戏驿站公司（GameStop Corporation）的股价在短短几天内，就从 76.79 美元涨到了 347.51 美元，其主要原因是社交媒体对这只股票的大肆炒作。在这个案例中，市场上有许多游戏驿站股票的买家在不断地购进并维持这只股票的价格，这迫使卖空者以巨大的损失平仓。③ 卖空者不值得同情，因为其依靠押注金融资产价格将

---

① 金融资产包括股票、债券、大宗商品、货币、衍生品和加密资产等。

② Tech. Comm., Int'l Org. of Sec. Comm'ns, *Mitigating Systemic Risk: A Role for Securities Regulators* 24（2011）.

③ 当做空一只股票时，将大量卖出预期未来持有的股票，并期待从未来更低的股票价格中获利，但如果股价不降反升，损失将是无上限的，因为需要偿还卖出时价格和结束交易时价格之间的差额。

会下跌来获利，而押注失败属于正常现象。实际上，卖空者在确保资产价格不会过度扭曲方面发挥着重要作用。除了已经拥有大量该资产然后大规模出售的投资者外，卖空者是唯一能够压低资产价格的群体。换言之，在一个没有卖空者的金融市场中，市场风向总是有利于持乐观态度的买家，资产价格可以不断上涨。

游戏驿站股票事件中最令人不安的现象之一是，资产交易更像是一场游戏，即金融资产越来越脱离现实。然而，不论是在一场交易游戏中还是在扭曲的现实中，资产泡沫不可能永远持续下去。在资产价格达到一定阈值时，随着投资者对其价格逐渐失去信心，价格泡沫终将破裂，而这种破裂有时会导致该资产的价格过度回调，即将其价格压得过低。如果那些大量持有该资产的金融机构需要现金，就不得不再一次打折出售该资产。

这一恶性循环可能远没有结束。如果金融资产的价格被压制到足够低的程度，社会公众可能会开始担心那些在这些资产上大量投资的金融机构的财务状况。如果受影响的金融机构因此面临挤兑或其他现金压力，可能最终会选择打折出售资产。而打折出售资产会给其他市场的资产价格带来下行压力，并传播恐慌情绪。这一下行压力可能会迫使更多的金融机构在不同的市场出售更多的资产以应对市场恐慌。[①] 简而言之，即使金融机构能够在贱卖中保持偿付能力，或者该机构不具有系统重要性，其倒闭不会严重影响整个金融系统的资本中介能力，但其大规模抛售行为仍然会对金融市场上某些重要资产带来影响，从而破坏金融稳定性，影响宏观经济增长。

尽管存在上述潜在风险，但金融市场往往未能得到金融监管机构应有的关注。交易所和清算所等市场基础设施的关键部分往往受到了相当严格的监管[②]，但很多金融市场的其他领域面临的监管往往比较宽松。美国最高法院（Supreme Court of the United States）前大法官路易斯·布兰代斯（Louis D. Brandeis）曾告诫说："阳光是最好的消毒剂；电灯是最有效的警察。"[③] 正如

---

① Anil K. Kashyap et al. , *The Macroprudential Toolkit*, 59 IMF Econ. Rev. 145（2011）.

② 在美国，根据 2010 年颁布的《多德—弗兰克法案》第八章相关规定，美联储负责对金融市场基础设施进行监管。

③ Louis D. Brandeis, *Other People's Money and How the Bankers Use It*, 92（1914）.

其所说，一系列透明化规则被很多金融监管机构采纳，要求金融市场参与者①必须向其他市场参与者和金融监管机构发布相关信息。强制披露规则允许投资者获取和评估潜在的投资信息，还可以通过揭露欺诈和利益冲突来保护投资者，从而有助于激发投资信心，并鼓励投资者参与金融市场，进而有利于资本中介职能的发挥。然而，公开信息披露规则在维护金融稳定方面作用不大。

从理论上讲，掌握了披露信息的金融市场参与者可以利用市场机制（如做空或拒绝发放贷款）来约束那些承担了过多风险或威胁到金融稳定的市场参与者。但在实践中，这种理论上的市场规则维护金融稳定的效果不明显。由于金融系统失灵通常是由许多不同行为共同影响而造成的，很难明确"行为A"就是"金融危机B"产生的直接原因。因此，在公开可获得的信息无法提供所有金融市场参与者及其相互作用的关系网时，不应该指望金融市场参与者总是能够确定哪些行为是危险的，需要受到金融监管的约束。即使金融市场参与者能够识别破坏金融稳定的行为，也往往缺乏与之对抗的动力。而等到风险爆发时，任何市场规则都可能以不稳定的形式出现，比如金融市场参与者被迫贱卖资产或被迫参与挤兑等。

对于金融稳定而言，最重要的披露规则是迫使金融市场参与者向金融监管机构提供信息（包括机密信息）。基于这些信息，金融监管机构可以逐渐梳理清楚整个金融市场是如何运作的，并在出现极端情况时及时干预，例如制定临时限制措施以维持金融市场稳定。然而，随着技术驱动型交易策略和基于新技术的新资产类别所带来的市场变革日益突出，金融监管机构在了解金融市场和对干预市场的时机判断上将面临严峻挑战。

网络借贷平台

金融科技经常被指责扰乱了现有的金融市场秩序，因为其正在削弱社会公众对金融中介机构的依赖。如果这一观点是正确的，那么，金融科技

---

① 从最初创造金融资产的机构到代理机构，再到交易所等中介机构等。

公司的存在就可能解决金融系统的脆弱性问题，因为这些脆弱性恰恰出现在金融中介机构帮助资本流动的过程中。① 然而，这种"破坏性脱媒"的观点有些言过其实，因为金融科技创新只是简单地用新型金融中介机构取代了传统金融中介机构，或是与现有的、成熟的金融中介机构进行融合与分层，而新型金融中介机构和传统金融中介机构在金融系统中的相互联系则可能会成为被忽视的风险传播渠道。网络贷款的发展证明了上述论断——金融科技所带来的新型商业模式并没有消除金融中介机构，而是让银行和机构投资者参与了贷款流程，即简单地赋予另一个机构（如网络借贷平台）资本中介的职能。

新型金融科技贷款平台在2008年国际金融危机之后首次出现，当时它们采取了类似社交媒体的"点对点"（P2P）模式，将借款人与贷款机构进行匹配，满足一方放贷需求，同时满足另一方的融资需求。这种点对点的商业模式的确有可能让金融中介机构成为历史②，但实际上这种模式没有发展前景，网络借贷模式现在反而成了金融科技的主要商业模式，而点对点的商业模式则依赖于大量的金融中介机构。

像Prosper和LendingClub这样的网络借贷平台允许潜在借款人用在线申请的方式申请贷款，并通过各种算法评估借款人风险后，为其寻找潜在投资者③向其提供资金。④ 然而，这笔款项并不会由网络贷款平台或投资者提供，至少一开始不会由其直接提供。相反，资金将由银行先行垫付，然后银行将贷款凭证出售给网络贷款平台，平台再向各种投资者出售票据，购买票据的投资者则可以在借款人偿还贷款时获得本金和利息收入。同时，处于流转中的票据也越来越多地被证券化，即将众多票据集中起来形成一个票据池。一般而言，投资者（通常是大型机构投资者）购买的并不是票据本身，而是以这个票据池为

① Tom C. W. Lin, *Infinite Financial Intermediation*, 50 Wake Forest L. Rev. 643 (2015).

② David W. Perkins, Cong. Rsch. Serv., R44614, *Marketplace Lending: Fintech in Consumer and Small-Business Lending* 1 (2018).

③ 潜在投资者通常是大型机构投资者，如资产管理公司或养老金计划等。

④ Peter Renton, *Ten Years of Investing in Marketplace Lending*, LendIt Fintech News (Jul. 3, 2019), https://www.lendacademy.com/ten-years-of-investing-inmarketplace-lending/.

资产基础再发行的票据。此外，将机器学习算法加入证券化的趋势会导致这种商业模式变得更加复杂。①

　　由于增加了更多的中介流程，网络借贷平台所产生的问题很可能会转移给传统金融机构。但不可否认的是，这种网络贷款模式似乎不太可能给发放贷款的银行带来新问题，因为银行很快就把贷款票据卖给了平台，资金不会被长期占用，从而基本消除了银行因平台贷款占用的资金过多而产生的挤兑风险。不过，这也可能使网络贷款平台本身变得更加脆弱，其粗放的贷款决策所带来的风险可能会对机构投资者和整个金融市场产生影响。

　　总体来说，网络借贷平台对金融稳定和宏观经济的威胁程度取决于整个网络借贷行业的增长规模。虽然 2017 年网络平台贷款仅占小微贷款市场总额的 1%②，但同一年对机构投资者的一项调查发现，网络借贷平台的未来发展潜力仍然巨大，且将在未来 10 年中成为金融体系的重要参与者。③ 在新冠疫情期间，网络借贷平台的表现也好于预期，可能会使这一商业模式对机构投资者更具有吸引力。如果各国中央银行在新冠疫情后长期保持低利率，那么，网络借贷平台提供的较高利率水平将使其更受投资者欢迎。④

　　如果网络借贷行业在未来继续大幅增长，那么，金融稳定监管机构必须重点关注这类重要的新型金融中介机构。由于网络借贷平台完全依赖算法而不是人类审核员来评估借款人，因此金融监管机构可能将不得不出台相应的监管措施来监督算法。即便一些平台采用了传统算法，如基于就业状况、收入和信用评分等因素来评估借款人，但包含非传统数据、非结构化数据⑤的机器学习型

---

① Glen Fest, *Using AI to Make Secondary Market for Online Consumer Loans*, Am. Banker (Aug. 11, 2020), https: //www. americanbanker. com/news/using－ai－to－make－secondarymarket－for－online－consumer－loans.

② David W. Perkins, Cong. Rsch. Serv. , R44614, *Marketplace Lending*: *Fintech in Consumer and Small－Business Lending* 1 (2018), at 5.

③ LendingClub, *Why Institutional Investors are Turning to Marketplace Loans*, Lending Club (Mar. 6, 2018), https: //blog. lendingclub. com/institutional－insights－intomarketplace－lending.

④ Kevin Wack, *Online Loans Are Holding Up Better Than Expected*, Am. Banker (Sept. 8, 2020), https: //www. americanbanker. com/news/onlineloans－are－holding－up－better－than－expected.

⑤ 非结构化数据如借款人的社交媒体信息。

算法正越来越多地被纳入网络借贷商业模式。① 当使用这些算法评估借款人时，可能会漏掉或低估关键的风险因素，特别是如果这些风险因素只在个别极端情况下出现时，相关风险则更容易被低估。同时，网络借贷平台的普及也可能会放大这一缺陷，即平台一旦将票据转卖给了投资者，借款人违约的风险就不再与其直接关联，平台可能不会主动审慎地管理其算法的风险评估结果。②

网络借贷平台不但可以在转售票据后将高风险借贷决策所产生的风险转嫁出去，还可以在很大程度上免受挤兑的风险，因为最终为其贷款决策提供资金的投资者在合同上没有事先约定立即还款的权利，还款政策主要取决于平台向投资者销售票据时的附带条款和最终借款人的实际还款情况。虽然从理论上讲，网络借贷平台可能会在危机期间加强审核并确保最终借款人能够正常还款，以安抚常驻投资者，但如果这将威胁到其业务流量与偿债能力，平台可能不会主动收紧审查标准，因为平台担心机构投资者可能会因为缺少投资机会而离开平台，不再为未来的贷款项目提供资金，这时平台会因缺少中介业务而出现资不抵债的情况。目前，网络借贷平台已经成为小型公司的一个重要资金来源，小型公司越来越多地依赖网络借贷平台获得资金。③ 任何阻止网络借贷平台继续向依赖其公司提供资金的行为都可能导致市场恐慌等严重问题。

金融恐慌产生的部分原因是有限的信息和令人困惑的复杂性。社会公众往往很难理性地评估与金融产品或金融机构相关的风险，进而会选择一种心理上的"捷径"——盲目跟随其他投资者陷入恐慌。④ 网络借贷平台的投资者通常只能获得很少关于借款人和投资项目的数据，因此往往依靠平台算法的结果来

---

① 金融行业对非传统形式数据的关注度越来越高，这些非传统数据包含社交媒体数据、财产交易数据、出生和死亡信息、结婚和离婚记录、犯罪记录、GPS 记录以及拍摄的影像记录等。Jo Ann S. Barefoot, *Disrupting FinTech Law*, FinTech Law Rep.（Mar./Apr. 2015）at 5.

② Fin. Crisis Inquiry Comm'n, *The Financial Crisis Inquiry Report: Final Report of The National Commission on The Causes Of The Financial And Economic Crisis In The United States* 89（2011）.

③ Lalita Clozel, *Could Online Lending Become the Next Systemic Risk?*, Am. Banker（Oct. 13, 2017）, https://www.americanbanker.com/news/could-online-lendingbecome-the-next-systemic-risk.

④ Geoffrey P. Miller and Gerald Rosenfeld, *Intellectual Hazard: How Conceptual Biases in Complex Organizations Contributed to the Crisis of 2008*, 33 Harv. J. L. & Pub. Pol'y 807, 819-820（2010）.

判断投资情况。① 如果算法得出的结果过于脱离现实，那么，平台的投资者便会开始对算法的评估能力失去信任。

恐慌情绪既可能产生于直接为贷款提供资金的投资者，也可能产生于购买了证券化票据的投资者。如果证券化票据的投资者首先陷入恐慌，那么，对二级证券化市场崩溃的担忧就可能足以吓退直接投资者。如果机构投资者发现其资产负债表因网络借贷平台相关的投资而受损，就可能会被迫折价抛售已受损的或其他未受损的投资以满足流动性需求。在最坏的情况下，这些受损资产会威胁到机构投资者的偿付能力，同时引发资产甩卖浪潮，并使风险向金融系统的其他部分蔓延。

尽管目前网络借贷平台的业务规模相对较小，但其业务模式包含了可能会引发系统性金融风险的因素。值得注意的是，不应该等到问题出现时，或者等新型金融科技公司发展到"大而不能倒"时，才开始关注新型金融风险带来的金融脆弱性。特别是不应该盲目听信关于金融科技创新通过去中介化使金融体系更安全的观点，因为现实情况是很多金融科技商业模式仅仅是在传统金融服务链条上增加了新型金融中介机构而已。

当然，网络借贷平台并不是唯一的新型金融中介机构。金融科技的兴起催生了一个由新型对冲基金、经纪人、交易商、交易所、"非传统钱包"、矿工和其他参与者组成的新型金融生态系统，这些参与者在不断发展的金融市场中发挥着新型金融中介机构的作用，并都可能影响到金融市场的运转。然而，目前的金融稳定监管机构并不熟悉这些新型金融中介机构及其所依赖的技术。

高频交易

在过去的十年中，高频交易的兴起在金融市场交易领域引发了一系列重大

---

① Eleanor Kirby & Shane Worner, *Crowd – Funding: An Infant Industry Growing Fast*, 41–42（Int'l Org. Sec. Comm'n, Working Paper No. SWP3/2014, 2014）, https：//www. iosco. org/research/pdf/swp/Crowd – funding – An – InfantIndustry – Growing – Fast. pdf.

的技术变革。① 高频交易在美国股票市场的迅猛发展已然备受关注，但这种新的交易策略也适用于其他金融交易，包括但不限于外汇交易、国债交易和加密资产交易等。② 由于高频交易并不是一种面向普通消费者的金融产品或服务，因此有些观点认为它不是金融科技。然而，即使类似高频交易的技术只会被少部分资深金融"玩家"使用，但是也应该提前在这类金融技术创新中寻找影响金融稳定的潜在风险。鉴于此，凡是提高金融交易速度的金融科技创新都值得被金融稳定监管机构关注，而高频交易比其他金融业务模式在提升交易速度上更具有代表性。

高频交易通常由专门的对冲基金进行，这些基金依靠某种算法来自动执行交易，其交易速度远远快于人类，通常情况下，这些基金持有一项资产的时间只有几分之一秒，然后这些资产就会被迅速地再次出售。由于交易活动是完全自动化的，因此这些交易机构可以同时执行大量的交易，这意味着即便每笔交易的利润可能非常小，但该策略也可以依靠数量优势来获取高额利润。每个高频交易公司都有自己的方法来识别和评估交易机会，除了自动执行交易之外，许多公司还使用算法来判断交易时机。目前，大多数高频交易机构更喜欢简单算法，而不是更复杂的机器学习算法，因为时间在高频交易中是至关重要的因素，简单算法工作的速度显然更快。③ 未来，随着机器学习技术的突破和应用，机器学习算法对尾部事件的忽视，也将在高频交易业务中出现。

当金融市场正常运转时，高频交易可以使交易对象更容易匹配，从而降低

---

① Rena S. Miller & Gary Shorter, Cong. Rsch. Serv. , R44443, *High Frequency Trading*：*Overview of Recent Developments* （2016）；Michael Lewis, *Flash Boys*：*A Wall Street Revolt* （2014） .

② Johannes Breckenfelder, *Competition among High – Frequency Traders, and Market Quality* （Eur. Cent. Bank, Working Paper No. 2289, 2019）, https：//www. ecb. europa. eu/pub/pdf/scpwps/ecb. wp 2290 ~ b5fec3a181. en. pdf；Yesha Yadav, *How Algoirthmic Trading Undermines Efficiency in Capital Markets*, 68 Vand. L. Rev. 1607, 1622 （2015）；Anna Baydakova, *High – Frequency Trading Is Newest Battleground in Crypto Exchange Race*, Coindesk （Jul. 8, 2019）, https：//www. coindesk. com/high – frequency – trading – is – newbattleground – in – crypto – exchange – race.

③ Paul Golden, *FX*：*Machine Learning Use Grows, but Lags in HFT*, Euromoney （Aug. 2, 2018）, https：//www. euromoney. com/article/b19b36yppj92q5/fx – machinelearning – use – grows – but – lags – in – hft.

交易成本。[①] 然而，当金融市场陷入混乱时，高频交易机构为了躲避风险而停止交易，这种降低交易成本的优势便会消失——高频交易可能恰好就是使金融市场陷入混乱的首要原因。例如，2010 年的"闪电崩盘"（Flash Crash）现象可能就是高频交易所导致的，道琼斯工业平均指数（The Dow Jones Industrial Average）在几分钟内暴跌 5% ~ 6%。[②] 随后引发了其他众多金融市场的闪电崩盘，包括常态化的"迷你闪电崩盘"，即个别公司（如沃尔玛 Walmart 和谷歌）的股价在回落之前大幅波动。[③] 2014 年 10 月，美国国债也发生了闪电崩盘现象；2017 年，以太坊（Ethereum）也发生了闪电崩盘的现象。[④] 这样的例子不胜枚举。虽然到目前为止，闪电崩盘现象还没有对金融稳定造成重大影响，但这并不意味着未来闪电崩盘现象不会引发系统性金融风险。

要彻底厘清闪电崩盘的原因可能很困难，但可以肯定的是闪电崩盘与高频交易密切相关。闪电崩盘的最初触发因素可能只是技术故障，比如高频交易算法以异常的价格买入或卖出资产，也可能是人为错误，比如输错数字使得买入或卖出的价格严重偏离正常价格——"胖手指"错误（Fat Finger Errors）。高频交易使用算法来选择交易以及执行交易，而算法可能因为误读了一份不真实的报道而触发某种应急对策——人类可能明白这些东西是不准确的，但算法可能缺乏时间或能力来处理这些信息。[⑤] 不管触发类型是什么，如果一个交易算法对这些错误触发作出的反应足够大并最终影响市场价格，且其他市场参与者对错误的价格信号作出反应，就能看到一个单一算法所引起的错误会像滚雪球一样迅速改变

① Merritt B. Fox et al. , *The New Stock Market*: *Sense and Nonsense*, 65 Duke L. J. 191, 202 - 203 (2015) .

② US CFTC & SEC, *Findings Regarding the Market Events of May 6*, 2010, 1 (2010) .

③ Kara M. Stein, Commissioner, SEC, Remarks before Trader Forum 2014 Equity Trading Summit (Feb. 6, 2014), https: //www. sec. gov/news/speech/2014 - spch020614kms.

④ Matt Levine, *Algorithms Had Themselves a Treasury Flash Crash*, Bloomberg (July 13, 2015), https: //www. bloomberg. com/opinion/articles/2015 - 0713/algorithms - had - themselves - a - treasury - flash - crash; William Watts, *What Caused the Ethereum Flash Crash*?, MarketWatch (Jun. 24, 2017), https: //www. marketwatch. com/story/what - caused - theethereum - flash - crash - 2017 - 06 - 22.

⑤ Kara M. Stein, Commissioner, SEC, Remarks at the SIFMA Operations Conference: *The Dominance of Data and the Need for New Tools* (Apr. 14, 2015), https: //www. sec. gov/news/speech/2015 - spch041415kms. html.

整个金融市场中的交易行为，致使市场价格最终向着异常的方向偏离。[1]

一个算法从作出决策到完成交易的速度极快，且完全不需要程序员、客户或监管机构的人为干预，因此即便交易决策出现了明显错误，相关人员也可能完全来不及阻止。事实上，算法在大多数时候都能很好地运行，但这种"长期的稳定"可能会使社会公众对算法产生依赖与偏见，比如产生一种"设置好就可以撒手不管"的依赖心态，并使意外发生时的人为干预变得更加迟缓。算法所带来的速度不仅体现在交易速度上，还使得单位时间内的交易数量增多，而这也相应增加了出错的可能。[2]

考虑到速度是高频交易的核心，程序员们可能并不会为了指导算法如何识别和响应异常价格或其他意外情况而多加几行代码，因为这会降低算法的运行速度。实际上，程序员们更倾向于训练算法遇到意外情况时立即停止交易，因为这样既简单又迅速。[3] 虽然很多人对于高频交易能改善金融市场的流动性持乐观态度，但如果许多高频交易机构在动荡时期同时退出金融市场，那么，交易机会将快速缩减。[4] 换言之，高频交易提供的流动性很可能在金融市场最需要的时候大量蒸发。

当金融市场上退出高频交易的机构越来越多时，就会形成恶性循环——起到价格修正作用的高频交易减少了，错误定价问题变得更加严重，金融市场变得更加动荡，使得更多的自动交易算法退出交易，价格失衡将进一步加剧，而随着金融市场上大部分高频交易机构的自动退出，金融市场流动性将出现大规模缺口。如果高频交易机构大规模退出市场，而其他投资者所能提供的交易机会有限，那些需要卖出资产以换取流动性的机构可能会被迫以极低的价格卖出资产。当金融市场出现动荡时，大规模的低价抛售资产可能是因为恐慌情绪，也可能是为了紧急补充流动性。同时，一个金融市场的动荡会传染到另一个金

---

[1]　US CFTC & SEC, *Findings Regarding the Market Events of May* 6，2010，1（2010）．

[2]　Saule T. Omarova, *Technology v Technocracy*：*Fintech as a Regulatory Challenge*，6．J．Fin．Reg．75，89（2020）．

[3]　Deutsche Bundesbank, *High - Frequency Trading Can Amplify Financial Market Volatility*, Deutsche Bundesbank（Oct. 25，2016），https：//www. bundesbank. de/Redaktion/EN/Topics/2016/2016_ 10_ 25_ monthly_ report_ October_ high_ frequency_ trading. html.

[4]　尤其是在某些金融市场中，高频交易难以带来流动性。

融市场，比如资产持有者将更愿意出售其他尚未受影响的资产来筹集现金，而不是跟风贱卖价格正在跳水的资产。如果这种传导效应十分严重，那么，其他金融市场的资产价格也将被压低，从而使恐慌情绪蔓延到这些金融市场，并引发更多种类资产的抛售。这种恶性循环还可能通过其他渠道传播。例如，许多金融衍生品通常依靠其他金融市场的有价资产进行背书。[1] 因此，一个金融市场的定价混乱会迅速蔓延到与其关联的衍生品市场。简而言之，由于高频交易技术的发展，未来金融资产价格闪电崩盘可能引发严重的资产贱卖，并最终通过各种渠道蔓延至整个资产市场，扰乱金融市场的资本中介职能，即使这些受到影响的金融机构能够生存下来，金融市场动荡所带来的损失也不可避免。

加密资产

由于加密资产的使用会提高金融交易速度，因此，其也应被纳入金融监管范畴。加密资产是纯粹的数字资产，本质上是计算机文件或代码。这些文件记录了每个加密资产所有者的信息，并被存储在分布式账本的数据库中。[2]

加密资产的种类繁多，包括各类代币，未来加密资产的种类可能更多。其中，最典型的加密资产是比特币。虽然比特币受到了一些投机者的追捧，但由于其价格的不稳定性，导致其难以成为一种长期稳定的支付方式。然而，尽管比特币存在价格不稳定的缺陷，但比特币交易仍然火热。受比特币的影响，一些新型加密资产（代币）被创造出来，但这些加密资产从未被当作货币或支付工具。

虽然加密资产在金融体系中比重较小，但如果一种或多种类型的加密资产成为重要的金融资产，就将对金融稳定产生影响。2021年初，加密资产在全球金融系统中已经广泛存在[3]，在这种情况下，有必要弄清加密资产何时会对

---

① 如股票期权用股票背书，信用违约互换用债券背书等。

② 账本被称为"分布式"是因为账本副本被托管在不同计算机的网络上，每台计算机都被称为"节点"。Primavera De Filippi & Aaron Wright, *Blockchain and the Law：The Rule of Code*（2018）.

③ Benjamin Hart & Jen Wieczner, *What the Mainstreaming of Crypto Means for Normies*, N. Y. Magazine（May 13, 2021）, https：//nymag. com/intelligencer/2021/04/what – the – mainstreamingof – crypto – means – for – normies. html.

金融稳定造成威胁。从规模上看，加密资产可能是所有金融科技创新中最具破坏性的因素，如果预防性金融监管的本质是"安全比遗憾好"，那么，金融监管机构应该立即关注加密资产可能产生的风险并采取应对措施。

许多类型的金融资产都具有较高的投机性。[①] 加密资产变得越来越受欢迎的部分原因可能是金融机构可以通过将现有金融产品转换为加密资产，或通过创建新型加密资产来赚取巨额利润。金融创新通常是由金融机构推动的，并希望能够从中获利。因此，会出现这样的情况——新金融产品在满足市场需求方面未必比以前的金融产品更好，但金融机构却有更高的积极性创新金融产品。在金融科技兴起之前，新型金融资产的发行通常会受到限制，因为金融资产必须与现实世界的某种经济商品或服务挂钩。[②] 然而现在，任何懂计算机编程的人都可以凭空创建加密资产。在没有任何限制的情况下，加密资产提供了巨大的盈利机会，巨大利润诱惑下的金融创新可能会引发更多金融风险，这是不容忽视的。

虽然需求在一定程度上会限制加密资产供给，但需求可能并不总是理性的，这可能会导致大量加密资产被创造和出售。对金融资产的非理性高需求通常被称为"泡沫"，在很多情况下，"泡沫"产生的心理与导致"挤兑"的恐慌心理是硬币的正反面。"挤兑"是因为恐慌，之所以发生，是因为投资者担心坏的情况出现。因此，即使这种担心没有合理的理由，投资者也希望尽早将投资套现，以避免资产受损。这些恐慌性抛售肯定会导致更糟糕的情况发生。然而，当投资者非常乐观时，为避免错过预期回报，即使这些积极的预期可能是不合理的，也希望尽可能早地购买资产，这时资产泡沫就会出现。在短期内，这种乐观心理会增加需求，推动资产价格上涨，金融市场的反应会印证投资者的乐观情绪，并吸引新的投资者。

经济学家罗伯特·希勒（Robert J. Shiller）在《非理性繁荣》（*Irrational*

---

① 具有投机性的金融资产也包括标准资产组合。Shaanan Cohney et al. , *Coin‑Operated Capitalism*, 119 Colum. L. Rev. 591, 594（2018）.

② Saule T. Omarova, *New Tech v. New Deal：Fintech as a Systemic Phenomenon*, 36 Yale J. Reg. 735, 774（2019）.

Exuberance）一书中认为"新时代经济思维"是这种乐观主义的核心驱动力。[1]关于金融科技变革影响力的故事既可以是非常引人注目的，也可以是非常具有误导性的。如近几年，一个被誉为德国科技冠军的大型数字支付平台，被证实是一个骗局，该平台已于 2020 年破产。[2] 在这些骗局被揭露之前，投资者过度信任这些故事，且盲目跟风。特别是在社交媒体的推动下，这类故事更容易传播。但遗憾的是，没有任何既定的估值方法可以及时纠正这种盲目的乐观情绪。早在 2017 年，罗伯特·希勒就提出："很少有人真正理解比特币背后的技术，因为没有人能估算比特币投资损益的客观概率，那么，如何才能估算比特币的基本价值呢？这种盲目跟风是一种愚蠢的行为。"[3]

首次代币发行（Initial Coin Offering，ICOs）在 2017 年风靡一时，引发了社会公众对投资加密技术这种新型金融资产的兴趣。在一些首次代币发行中，代币被出售给公众以筹集资金，然后开发人员使用这些资金进一步编写代码[4]，这些代币实际上是计算机文件，开发人员只需编写代码、开发程序并将其添加至分布式账本中，就可以快速且便宜地创建代币。

一旦代币被添加到分布式账本中，就可以被出售；交易后，分布式账本中的信息将会更新，用来反映代币新所有者的权利和义务。与代币相关的权利和义务被添加至智能合约[5]中并被托管在分布式账本上。由于智能合约的执行和强制执行是自动实现的，因此智能合约通常被比喻为"自动贩卖机"——一旦购买了代币，智能合约在分布式账本上执行与代币相关的交易时将遵循"如果—那么"规则（if-then），并且很难终止操作。

目前，依托以太坊运营的分布式账本是托管代币和智能合约的首选账本。以太坊账本是一个去中心化的、无须许可的账本。但是需要相关措施来保护账

---

[1]　Robert J. Shiller, *Irrational exuberance* 123 et seq（3rd ed. 2015）.

[2]　Arthur E. Wilmarth, *Wirecard and Greensill Scandals Confirm Dangers of Mixing Banking and Commerce*, 40 Banking & Fin. Services Po'y Rep. No. 5（May 2021）.

[3]　Robert J. Shiller, *What Is Bitcoin Really Worth? Don't Even Ask*, N. Y. Times（Dec. 15, 2017）, at BU2.

[4]　Cohney at al., Shaanan Cohney et al., *Coin-Operated Capitalism*, 119 Colum. L. Rev. 591, 594（2018）, at 43.

[5]　智能合约实质上就是计算机程序。

本免受侵害，账本应该是能反映资产所有权的权威令牌，因此如果有人能够更新账本并告诉大家令牌已经转移给了其他人，那么，就意味着原始所有者已经丢失了这个令牌。如果令牌只是一个简单的计算机文件，有人可以复制令牌并将副本发送给许多不同的人，那么，这样的令牌则是不安全的。因此，去中心化、无修改权限的账本开发人员设计出了保护账本的流程，即"共识机制"（Consensus Mechanisms），旨在防止任何单独行动者改变账本。相反，托管账本节点之间的共识决定了账本的当前状态。

维护共识验证过程完整性的两种最常用的方法是工作量证明（Proof of Work，PoW）和权益证明（Proof of Stake，PoS）。目前，以太坊主要采用工作量证明方法[1]，但已经开始向权益证明方法转变。工作量证明是基于密码学的、比较复杂的方法，其原理是通过矿工试错来猜测与交易区块（Blocks）相关的数学答案。一旦矿工得到了答案，就可以将其提交给所有托管账本的节点，这些节点很容易验证矿工的答案是否有效——如果所有节点都认证答案是正确的，这些节点就会一致同意采用相关的交易区块，并将其添加到分布式账本中。

成功的矿工会挖掘出加密资产，但需要消耗大量的计算机能力来重复猜测。挖矿需要的算力要消耗大量电能，而这将对环境造成负面影响。正是因为如此，权益证明方法可能更有吸引力，但有些人担心权益证明比工作量证明更容易受到攻击。然而，工作量证明也不是无懈可击的，黑客会试图找到漏洞。除了分布式账本本身的漏洞外，在账本上运行的智能合约也可能存在漏洞。众所周知，黑客利用 DAO[2] 代码中的漏洞，在 2016 年 6 月从中窃取了约 5000 万美元的加密货币。[3]

对代币投资者的威胁也可能来自代币发行人本身，2017 年至 2018 年，首

---

① Christine Kim, *The "Hot Swap" Plan to Switch Ethereum to Proof – of – Stake Explained*, COINDESK (Sept. 19, 2020), available at https：//www. coindesk. com/the – hot – swap – plan – to – switchethereum – to – proof – of – stake – explained.

② DAO（Decentralized Autonomous Organization）是一个分散的自治组织，由托管在以太坊分布式账本上的智能合约组成。

③ Carla L. Reyes, *If Rockefeller Were a Coder*, 87 Geo. Wash. L. Rev. 373, 388 (2019).

次代币发行市场中有许多欺诈行为。[①] 即使首次代币发行不是一个骗局，投资者仍然可能会受到伤害。影响代币投资者所投资项目发展的权利通常比传统股东拥有的投票权更受限制且更加复杂。股票和债券等成熟金融资产的估值也有成熟的方法，这些方法通常与发行人业务的基本面有关。然而，代币估值的方法仍处于起步阶段，具有较高的投机性，这为投资者带来了较大的不确定性。由于以上原因，社会公众于 2019 年开始对首次代币发行市场产生警惕心理，投资热情逐渐减退。[②] 尽管社会公众对首次代币发行的兴趣可能已经减弱，但加密资产创新仍在继续。

2021 年第一季度，投资者对加密资产的持续关注逐渐演变为对非同质化通证（Non - Fungible Token，NFT）的狂热追捧，艺术家毕普尔（Beeple）的一幅数字艺术品在佳士得拍卖行（Christie's）以相当于 6930 万美元的以太币售出。[③] 同时，《纽约时报》（*The New York Times*）专栏作家凯文·罗斯（Kevin Roose）的一篇关于《非同质化通证是如何运作的?》的专栏文章同样被当作非同质化通证资产售出，这使得整个市场一时间充满了"元宇宙"（Metaverse）色彩。更具体地说，凯文·罗斯在以太坊区块链上创建并出售了一个电子令牌，并将其描述为"一种独特的数字收藏品，对应于无损压缩算法位图格式（Portable Network Graphics，PNG）的专栏图像"。[④] 该电子令牌以相当于 56 万美元的以太币售出，其中大部分收益捐给了慈善机构，但《纽约时报》保留了该专栏的版权，任何人都可以在《纽约时报》的网站上阅读该专栏。实际上，当一个人购买非同质化通证资产后，除了在分布式账本上记录其对令牌的所有权（即数字签名）之外，这个人不会得到任何东西。但对于

[①] Cohney at al., Shaanan Cohney et al., *Coin - Operated Capitalism*, 119 Colum. L. Rev. 596 (2018), at 596.

[②] Ana Alexandre, *Research*: *ICO Market Down Almost 100% From a Year Ago*, *Raised $40 Million in Q1 2019*, Cointelegraph (May 13, 2019), https://cointelegraph.com/news/research - ico - market - down-almost - 100 - from - a - year - ago - raised - 40 - million - in - q1 - 2019.

[③] Scott Reyburn, *JPG File Sells for $69 Million*, *as "NFT Mania" Gathers Pace*, N. Y. Times (Mar. 24, 2021), https://www.nytimes.com/2021/03/11/arts/design/nft - auctionchristies - beeple.html.

[④] Kevin Roose, *Buy This Column on the Blockchain*!, N. Y. Times, Mar. 24, 2021, https://www.nytimes.com/2021/03/24/technology/nftcolumn - blockchain.html.

一些收藏家来说，这很重要，因为这就像拥有一本作者亲笔签名的书一样令人兴奋；然而，对更多普通人来说，非同质化通证资产的吸引力来自其对新技术的兴趣以及从中获利的渴望，这也是罗伯特·希勒提出的"新时代经济思维"中的另一个例证。

这种对非同质化通证的狂热看起来像一种泡沫，但即使泡沫破裂，它也会让投资加密资产的想法变得更加易于被社会公众接受。这也让投资加密资产变得更有趣，虽然看起来越来越像一场游戏，但赌注却是真金白银。这种将投资当成赌博的态度可能会增加对新型加密资产的需求。即使一些投资者始终认为加密资产本身过于像投机品而不能直接投资，但如果投资者（包括金融机构）间接投资了这些资产，那对这些资产的需求仍然是可持续的，而且目前市场上已经有共同基金投资加密资产的案例，甚至还出现了从加密资产中获得收益的互换合约。①

由于以加密货币为基础的金融资产可以用作低成本短期贷款的抵押品，因此，金融机构开发新型金融资产的行为也会助长对加密资产的需求。在2008年国际金融危机之前，许多新型金融资产被用作回购交易的抵押品，这种交易对大型金融机构而言格外重要，其功能就像银行间的隔夜贷款，每天都要完成续期。② 新型回购抵押品通常与实际资产的联系非常弱。例如，合成担保债务凭证（Collateralized Debt Obligation，CDO）通常由衍生品背书，而衍生品最终由证券化的实际房屋抵押贷款背书。这使得创造大量此类抵押品相对容易，但繁杂的关联性导致其难以被估值。创造的金融资产越多，金融机构就越能借到更多的钱，也使得金融体系的杠杆率不断增加，更增加了金融系统的脆弱性。未来，金融机构对新型抵押品的需求可能会刺激各种新型加密资产爆炸式增长，这些加密资产甚至不需要将资产与任何真实存在的东西相联系，甚至还会出现一种完全基于加密等价物的合成担保债务凭证，其中一种加密资产的价值取决于其他加密资产的价值。

---

① Saule T. Omarova, *New Tech v. New Deal：Fintech as a Systemic Phenomenon*, 36 Yale J. Reg. 775 (2019).

② Gary Gorton & Andrew Metrick, *Securitized Banking and the Run on Repo*, 104 J. Fin. Econ. 425 (2012).

实际上，加密资产供应不受限制意味着金融体系中的资产将会呈指数级增长，经济学家詹姆斯·托宾（James Tobin）所描述的"第 N 级投机"可能成为现实。[1] 加密资产的指数级增长意味着将会出现更多的资产泡沫，以及更多的资产将在贱卖期间被抛售。更多的加密资产带来更多的交易，也意味着更多的交易对手之间通过合同互相关联，并通过金融系统将冲击不断传递与扩散。加密资产、传统金融机构、金融市场之间的联系越发紧密，特别是当加密资产成为衍生品合约的主体时，交易规模将呈指数级扩大。因此，任何大规模加密资产市场的漏洞都有可能将风险传染给整个金融系统。

挤兑、甩卖和加密资产

实际上，金融市场上的金融资产越多，可以用于挤兑或贱卖的资产规模就越大。引起金融市场恐慌的因素可能较多，而金融中介机构的存在是引发市场恐慌的原因之一。许多支持者鼓吹加密资产有利于金融交易的"去中介化"，理论上在去中心化账本上的交易的确可以在没有任何中介的情况下进行，但实际上，一个由电子钱包、交易所和其他中介组成的金融市场生态系统已然成型，这使投资和交易加密资产变得更容易。这些金融中介机构是否会采用容易受到挤兑影响的商业模式还有待观察，但从现实案例中可以看到，金融中介机构的存在确实会引发市场恐慌。2014 年，黑客从日本东京比特币交易所（Mt Gox）窃取了价值 4.5 亿美元的比特币后，导致比特币的价值下跌了 36%。[2]

当加密资产泡沫破灭时，恐慌也可能出现。如果社会公众对加密资产的热情开始减弱，加密资产的需求和价格就会随之下跌，那些真正相信新型资产不会受到传统市场力量影响的投资者可能会感到失望，并开始大量抛售，此时更多的机会主义投资者也会跟风抛售。此外，对于托管在去中心化账本上的资产，负责编写分布式账本代码的程序员之间的理念分化也可能会造成恐慌。这种理念分化直接导致比特币在 2017 年分裂为两个不同的分布式账本——经典

① James Tobin，*On the Efficiency of the Financial System*，153 Lloyds Bank Rev. 1, 15 (1984).
② Michael Ashton，*What's Wrong With Money?*: *The Biggest Bubble of All*，43 (2016).

比特币（Classic Bitcoin）和比特币现金（Bitcoin Cash）。不过，令人意外的是2017 年账本的拆分并没有影响比特币的价值。[①]

与银行挤兑一样，对单个加密资产的担忧可能演变成系统性恐慌，甚至导致整个加密资产市场陷入困境。例如，当加密货币的持有者开始怀疑其持有的加密货币是否可以灵活支付时，其更倾向于将加密资产兑换成更容易被接受的主权货币，此时市场中加密资产的需求就会下降。加密货币的需求不足将降低其价值，导致更多的投资者试图将其持有的加密资产兑换成主权货币，这可能会使加密资产最终变得一文不值。社会公众担心如果他们不先兑换一种更稳定的货币，其他人就会抢在其前面，以更好的价格将加密资产变现，因此会更加急于抛售手中的加密资产，尽管这样做会使所有人手中的加密资产价值快速缩水。[②]

加密资产有可能引发实际的银行挤兑。从金融稳定的角度来看，最糟糕的情况是大型金融机构在从其他金融机构借款时使用加密资产作为抵押品。银行挤兑时，金融机构的长期资产与短期融资之间的不匹配问题就会暴露出来。存款是最常见的短期资金来源，但银行也需要其他短期资金来源的支持——大型银行尤其依赖回购交易。当加密资产成为回购交易中被广泛接受的抵押品时，一旦加密资产市场出现了某种恐慌，银行短时间内将无法获得短期融资。[③] 如果没有新的短期资金来源以弥补资金缺口，大型银行则需要大量甩卖其手中的资产，从而对整个金融系统产生广泛影响。

加密资产市场的大甩卖与任何其他类型金融资产大甩卖的演化路径大致相同。如果加密资产的价格随恐慌性抛售而下降且难以估值，那么，有风险敞口的金融机构可能需要抛售这些加密资产或其他资产，从而对被抛售的资产价格

---

① Zheping Huang, *Bitcoin Cash "Hard Fork"*: *Everything You Need to Know about the Latest Cryptocurrency Civil War*, South China Morning Post（Nov. 15, 2018）, https：//www. scmp. com/tech/blockchain/article/2173389/bitcoincash – hard – fork – everything – you – need – know – about – latest.

② Frederic S. Mishkin, *Lessons from the Tequila Crisis*, 23 J. Banking & Fin. 1521, 1523 – 1524（1999）.

③ 如 2008 年国际金融危机时，当时作为回购抵押品的合成担保债务凭证和相关资产价格持续走低。Gary Gorton & Andrew Metrick, *Securitized Banking and the Run on Repo*, 104 J. Fin. Econ. 425（2012）, at 57.

构成下行压力。如果这种情况大规模爆发，其他金融机构将迫于价格下跌而跟进抛售资产，从而形成恶性循环。

强制披露政策并不能有效防止这类破坏性传导，金融市场的参与者通常无法监督或控制不良行为，以至于其明知挤兑或大甩卖实际上引发了恐慌，但在实际操作中仍会义无反顾地加入到抛售中。尽管信息披露有一定的局限性，但如果相关资产的信息不多，或者信息存在但难以被理解，那么，金融恐慌往往会加剧，这是加密资产的真正风险所在。投资者习惯于审查资产负债表和书面披露文件来评估投资，而不是审查计算机代码。虽然书面披露文件可以描述智能合约将如何管理加密资产，但一项对首次代币发行的研究发现，提供给投资者的书面披露文件往往与自动化智能合约的代码实际运行方式不一致。[1] 如果金融资产越来越多地由自动化智能合约来管理，而不是由规定投资者和发行方权利义务的纸质合约来管理，就会使得那些不具备编程能力的投资者无法理解其购买的到底是什么，从而可能进一步加剧恐慌情绪。

自我执行的问题

与其他类型的金融资产一样，加密资产市场也会存在恐慌情绪。然而，加密资产交易特有的属性——智能合约的快速自动执行以及灵活性的缺失，可能会使挤兑和贱卖变得更糟。[2] 处理纸质金融合同的法律制度已经发展出在遇到重大意外事件时放松和暂停合同义务的能力。然而，与加密资产相关的交易是通过智能合约进行的，智能合约将执行其预先编程的指令，而无须等待人为指令。这提高了交易执行的速度和确定性，使用智能合约可以消除许多关于交易对手是否会履行合同义务的担忧，从而降低交易成本。然而，金融监管机构则需要考虑以这种方式加速金融交易可能带来的风险。

以太坊是一个非常流行的智能合约平台，Solidity[3] 是非常流行的智能合约

---

① Shaanan Cohney et al.，*Coin – Operated Capitalism*，119 Colum. L. Rev. 639（2018）.

② Anna Gelpern & Adam J. Levitin，*Rewriting Frankenstein Contracts*：*Workout Prohibitions in Residential Mortgage – Backed Securities*，82 S. Cal. L. Rev. 1075，1128 – 1129（2009）.

③ Solidity 是为以太坊区块链开发的智能合约的计算机编程语言。

语言，它已经被有意简化，以便计算机程序员更容易地创建智能合约。① 在智能合约实际运行前，由人类程序员编写的 Solidity 程序被计算机分解成更小的指令，然后由计算机翻译成另一种计算机语言。这种由计算机主导的翻译过程会出现各种意想不到的错误，可能会导致智能合约以人类程序员不希望的方式运行。同时，智能合约灵活性不足的缺陷也值得金融监管机构关注。

用 Solidity 编程的智能合约由预先编程的规则组成，而这些规则是根据提供给它们的数据来执行的。规则被称为函数，数据输入的占位符被称为变量。函数可能是向资产所有者付款，付款金额可能取决于付款日期和适用的利率等变量。如果适用的利率可以随着时间的推移而变化，那么，智能合约还需要寻找外部来源，在执行该功能之前确定当前适用的利率是多少。在智能合约中，这个外部资源被称为"甲骨文"（Oracle），各方必须足够信任甲骨文，才能允许智能程序自动将其发现的外部变量加入智能合约的算法中。

尽管有些人声称智能合约是"不可改变的"，这意味着执行是固定不变的。但可以采取一些措施来更好地使用智能合约，以适应意外事件。例如，可以将一种被称为修饰符的条件加入到函数中，从而在某些特定情况下阻止函数执行。咨询外部变量可以将灵活性整合到智能合约中，因为在智能合约开始运行后，外部变量可以很容易地更新。还有一种选择是补丁式合约，通过外部引用将一组额外的功能合并到现有的智能合约中。主智能合约不会改变，但它被编程为寻找另一个智能合约来充实其功能，并且能够随着情况的变化而变化。

目前，已经有很多方法可以增强智能合约的灵活性，然而，采取这些"优化灵活性"方法中的任何一种都会增加交易成本。例如，目前大多数智能合约都托管在以太坊账本之上，任何计算行为都会被收取"汽油费"，因为任何优化措施都将增加执行智能合约所需的算力。② 加密资产的所有者可能愿意

---

① Ryan Molecke, *How to Learn Solidity*: *The Ultimate Ethereum Coding Tutorial*, https：//block-geeks. com/guides/solidity/; Shaanan Cohney et al. , *Coin - Operated Capitalism*, 119 Colum. L. Rev. 617, 618（2018）.

② Ryan Molecke, *How to Learn Solidity*: *The Ultimate Ethereum Coding Tutorial*, https：//block-geeks. com/guides/solidity/; Shaanan Cohney et al. , *Coin - Operated Capitalism*, 119 Colum. L. Rev. 617, 618（2018）.

在一定程度上承担这些费用，但最终这些持续产生的运营成本将阻碍智能合约优化措施的进一步发展。

由于未来是不确定的，没有任何合约能够涵盖金融资产可能面临的每一种可能的情况。然而，对于纸质合同而言，合同双方有机会修改合同或通过协商不执行合同。法院也可以介入，填补纸质合同中的空白。法学教授卡塔琳娜·皮斯托尔（Katharina Pistor）发现，法律的弹性一次又一次被证明是避免金融彻底崩溃的关键。① 然而，在一个由智能合约主导的金融体系中，这种干预可能无法及时介入，无法防止挤兑、贱卖和其他破坏金融稳定的行为发生。在本书第一章，提到了信用违约互换的自动化执行加速了美国国际集团倒闭进程的案例，正是上面这一现象的例证。出现这一现象是因为即使当事人之间同意不执行智能合约，或者法院发布禁令阻止当事人执行智能合约，当事人也无法独自停止执行合约。智能合约只能在相关分布式账本控制人的同意下执行暂停、更改或撤销等操作，而在账本去中心化和无须人为许可的情况下，即使智能合约的各方都支持停止合约的执行，也没有人可以协调这一过程。

智能合约的暂停、更改或逆转都需要得到分布式账本中所有节点的共识，而这需要花费大量的时间。例如，在 DAO 被黑客攻击后，为了在智能合约响应黑客的非法请求之前阻止交易，以太坊分布式账本的各个节点花了一个多月的时间进行协调，而在加密资产交易中，账本节点之间花费大量时间来达成共识似乎不太可能实现。② 因此，撤销合约可能是唯一的选择。撤销一笔交易需要改变账本的底层软件，或者所谓的"硬分叉"（Hard Fork），即账本被分成两个版本，其中一个版本不识别有问题的交易，并说服去中心化账本的大多数节点形成共识，而这也同样是一个花费大量时间的过程。因为试图阻止的抛售或贱卖行为可能在交易撤销之前就已经结束了，同时已经对资产价格造成了损害。

虽然本章重点讨论了 Solidity 编程语言和以太坊账本，但未来的加密资产

---

① Katharina Pistor, *A Legal Theory of Finance*, 41 J. Comparative Econ. 315, 321 (2013).

② Ryan Molecke, *How to Learn Solidity: The Ultimate Ethereum Coding Tutorial*, https://block-geeks.com/guides/solidity/; Shaanan Cohney et al., *Coin - Operated Capitalism*, 119 Colum. L. Rev. 188 (2018).

可能不再继续依赖它们。因为老牌金融机构和科技巨头开发的加密资产，可能会使用其专有的分布式账本。如果这种情况发生，关于分布式账本和以太坊"汽油费"所带来的诸多担忧将不复存在，智能合约将有更大的灵活空间。不过，更重要的是，如果没有共识机制和"汽油费"作为障碍，加密资产交易的处理速度可能比现在更快。大型银行和科技公司发行的加密资产也可能以其他的方式威胁金融稳定。脸书主导的 Diem 计划和摩根大通的 JPMCoin 都存在这个潜在的问题。

脸书的加密货币 Diem

　　Diem 协会（Diem Association）① 推出的加密货币"Diem"可能是当前金融领域最具争议的话题。Diem 旨在成为一种被称为"稳定币"的加密资产，这意味着其价值将与某些基础资产挂钩，以避免过度波动。② 如果电商平台 Etsy 上的皮包今天价值 9 Diem，明天价值 33 Diem，后天价值 17 Diem，那么，Diem 就不是一种具有较大吸引力的支付方式。关于 Diem 的争议部分源于社会公众对脸书越来越多的不信任，许多人怀疑脸书推出 Diem 只是为了获得更多关于客户及其购买习惯的数据③，并将其货币化进而演变为资产。实际上，这种怀疑态度也会对金融稳定产生负面影响。

　　2019 年 6 月，"天秤币"协会发布了一份白皮书，提出了一个影响数十亿人的全球货币和金融基础设施倡议。④ 然而，该倡议一经提出就立即遭到了强烈的反对，协会于 2020 年 4 月修订了白皮书，以作为对反对意见的回应⑤，提

---

　　① Diem 协会在 2020 年 12 月更名之前被称为"天秤币"（Libra）协会，是一个由脸书发起成立的非营利组织。

　　② Fin. Stability Bd. , *Regulation*, *Supervision and Oversight of "Global Stablecoin" Arrangements* 1 （2020）.

　　③ David Marcus, *Libra*, *2 Weeks In*, Facebook（Jul. 3, 2019）, https：//www. facebook. com/notes/david – marcus/libra – 2 – weeksin/10158616513819148/.

　　④ Diem Association, *An Introduction to Libra*, Diem Ass'n（June 2019）, https：//sls. gmu. edu/pfrt/wpcontent/uploads/sites/54/2020/02/LibraWhitePaper_ en_ USRev0723. pdf.

　　⑤ Diem Association, *Welcome to the Official White Paper*, Diem Ass'n（Apr. 2020）, https：//www. diem. com/en – us/white – paper/.

出要在一个获得许可的分布式账本上交易 Diem，协会的每个成员都负责维护账本的一个验证节点。白皮书（2020 年版）缩小了货币规模，改为发行一种单一类型的"多币种支持货币"，以缓解社会公众对脸书接管全球货币供应的担忧。2020 年 4 月，该计划还准备提供以美元、欧元和其他几个主要经济体的主权货币计价的 Diem。此外，该协会还计划提供支持更多币种的 Diem，以促进跨境交易，并在其币种没有被纳入 Diem 计价范畴的国家中使用 Diem。

Diem 协会打算用主权货币、现金等价物和短期政府证券储备来为每个 Diem 背书，这样一来，Diem 的价值将比比特币等的价值波动更小，预计至少 80% 的储备将由短期证券组成，现金和现金等价物预计只占储备的 20% 左右。[①] 该储备将由协会的一个子公司管理，旨在增加社会公众对 Diem 可以轻松转换为主权货币的信心。庞大的外汇储备对 Diem 客户的吸引力是显而易见的，但这也促使 Diem 与其他金融资产紧密相关——尤其是多币种的 Diem，它由以多种不同货币计价的现金和证券储备来提供背书，因此可能比单一币种的 Diem 储备更不稳定。

任何 Diem 的价值将根据基础储备的组成和估值而波动，但 Diem 协会声称 Diem 具有内在价值。[②] 就像货币市场共同基金承诺的固定 1 美元股价一样，这种说法可能会让社会公众对 Diem 的价值产生毫无根据的信心。如果有一天这种信心消失了，惊慌失措的 Diem 持有者会将 Diem 兑换成其选择的主权货币，如果这样做的规模足够大，那么，Diem 协会的子公司将不得不开始出售储备中的一些资产，以筹集足够的现金来满足兑换要求。剩余的 Diem 持有者担心，随着 Diem 可用储备的耗尽，其持有的 Diem 对主权货币的价值可能会暴跌。因此，持有者会更加急切地将自己持有的 Diem 兑换成主权货币，这就会形成一个恶性循环。从许多方面来看，这种挤兑看起来很像前面章节讨论的货币市场共同基金的挤兑。

Diem 协会承认如果发生挤兑，将以足够快的速度将储备中的极短期政府

---

① Diem Association, *Welcome to the Official White Paper*, Diem Ass'n（Apr. 2020），at 12，https：//www.diem.com/en-us/white-paper/.

② Diem Association, *An Introduction to Libra*, Diem Ass'n（June 2019），at 3，https：//sls.gmu.edu/pfrt/wpcontent/uploads/sites/54/2020/02/LibraWhitePaper_en_USRev0723.pdf.

证券转换为现金，以满足所有 Diem 的兑现要求。① 为了解决可能发生的挤兑问题，Diem 协会提出了惩罚或阻止 Diem 持有者在挤兑期间将其 Diem 兑换为主权货币的措施。然而，这类措施的效果可能会适得其反，变相地加剧了 Diem 持有者的恐慌情绪，导致其一有风吹草动就迅速兑现抽身，从而出现挤兑现象。

加密资产和货币政策

如前所述，加密资产不仅会威胁金融稳定，还可能会干扰货币政策。事实上，政府和中央银行都是金融市场的重要交易者，政府通过发行政府债券的形式参与金融市场交易，中央银行通过向金融机构买卖金融资产来履行货币政策职能，这些货币政策职能有助于提供与经济发展需求相适应的货币供应。然而，加密资产的崛起可能会影响中央银行货币政策职能的发挥。

如果私营部门篡夺了中央银行对货币供应的控制权，那么，金融稳定将会受到巨大威胁。例如，当金融市场出现泡沫时，中央银行可以通过调整货币供应来提高利率，抑制刚刚出现的资产泡沫来维护金融稳定。尽管关于"货币政策工具是否应该用于促进金融稳定"这一议题，在各国中央银行行长之间仍存在争议，但不能让加密资产的广泛应用来剥夺中央银行通过货币政策工具维护金融稳定的能力。

如果中央银行失去了对货币供应的控制，其管理通货膨胀的职能也可能被削弱。当经济中有大量可用的货币时，借钱的成本就会降低，而更低成本的货币增加了购买力，从而推高了通货膨胀水平。反之亦然，当货币供应量减少时，通货膨胀水平就会降低。如果货币越来越多地以私人部门发行的加密资产形式出现，那么，这就可能会威胁主权货币的地位，限制中央银行根据经济形势调整货币供应的能力。②

---

① Diem Association, *Welcome to the Official White Paper*, Diem Ass'n （Apr. 2020）, at 14, https：//www. diem. com/en-us/white-paper/.

② Saule Omarova & Graham Steele, *There's a Lot We Still Don't Know About Libra*, N. Y. Times （Nov. 4, 2019）, https：//www. nytimes. com/2019/11/04/opinion/facebook-libracryptocurrency. html.

在 2019 年发布第一份白皮书后，脸书面临巨大的政治阻力，部分原因是担心天秤币会对各国中央银行和各国货币供应产生负面影响。可以通过一个案例来说明私营部门推出的与美元挂钩的加密资产是如何影响国家货币政策的。如前所述，摩根大通已经推出了其自己的加密资产——摩根币，供其机构客户使用。[①] 目前，摩根大通只是将摩根币作为一种纯粹的支付工具来使用，但理论上摩根大通也可以从摩根币相关的"铸币税"（Seignorage）中获利。[②] 实际上，摩根大通通过向借款人发放美元贷款来创造货币，已经可以从铸币税中获利，但这种铸币税是有限制的。金融监管机构通过准备金和资本要求，对私人银行发放美元贷款的能力进行限制，在一定程度上限制了银行的铸币税利润。此外，私人银行没有权力为自己的支出创造美元，因为这是中央银行的权力。实际上，摩根币不受准备金和资本要求的限制，因此理论上摩根大通可以用摩根币进行无限贷款。这将对美联储产生影响，如果大量交易是通过摩根币来完成的，那么，美联储将失去对货币供应的部分控制。

小结

在金融体系中，金融机构和金融市场发挥着至关重要的作用，它们将资本供给方与需求方联系在一起。但是，这种资本中介活动本质上存在一定的脆弱性，容易出现泡沫、挤兑和贱卖风险。当金融中介活动中存在恐慌情绪时，金融系统复杂的关联性将会导致恐慌情绪在金融机构和金融市场之间蔓延。而金融科技创新则可能会加剧这种风险的传播和危害。鉴于此，金融科技有可能对资本中介职能产生颠覆性影响。

---

① *J. P. Morgan Creates Digital Coin for Payments*，J. P. Morgan（Feb. 14. 2019），https//www.jpmorgan. com/global/news/digital – coinpayments［https：//perma. cc/L52T – B9S7］.

② 铸币税是指货币面值与货币生产和分配成本之间的差额利润。

第四章　金融科技与支付

金融系统的另一个重要职能是提供支付所需的基础设施。这种基础设施类似于渠道，虽然社会公众很少关注它是如何运转的，但如果没有这个渠道，作为维系经济命脉的各类交易就会受阻。想象一下，如果突然之间，社会公众无法购买食物或支付租金会带来什么样的后果？即使一部分人仍然可以支付，但如果其他人无法支付，那么，所有人都将遭受损失，因为这可能很快带来严重的经济损失。

为了避免出现上述情况，金融监管机构会重点关注金融机构为什么无法履行支付职能，但对支付所依赖的技术关注较少。然而，金融系统的支付渠道在技术上变得越来越复杂，这使得支付渠道可能比过去更容易、更快速地失效。一个小小的技术故障就可能会引起金融系统其他部分的连锁反应，破坏经济交易的正常运转秩序，从而可能加剧金融危机，而且金融监管机构在处置技术故障带来的风险后果方面还存在诸多不足。

随着移动支付、分布式账本和其他技术被应用到支付过程中，支付系统变得越来越复杂。新技术带来的操作风险并不一定比传统支付技术面临的风险更严重，但凸显了现有金融监管在应对潜在技术故障方面的不足。鉴于此，金融稳定监管机构需要重新评估其应对操作风险的各项措施，与此同时，还需要意识到新的金融科技支付服务供应商很容易受到挤兑的影响，进而可能会对金融稳定产生负面影响。

支付体系是如何运转的？

在研究支付中的金融科技创新前，有必要了解支付系统是怎样运转的。当前，大多数交易都不涉及现金，而是会计交易。[1] 无论是用支票、借记卡还是信用卡（或新的支付技术）付款，付款方的账户中都会做"借记"，同时收款方会将相同的金额记入其账户。然而，在这些会计交易最终确定（这一过程被称为"结算"）之前，任何一方需要收到开始交易的初始请求，确认该请求是否有效，并确定是否有资金可用于完成交易。

在银行业发达的国家，通常由银行和银行账户为客户处理付款。当付款方和收款方的账户都在同一家银行时，这个过程就会相对简单——该银行本身就可以完成付款方和收款方之间的支付。然而，付款方和收款方在不同银行开户的情况更为常见。在这种情况下，"大额支付"或"银行间"支付系统开始发挥作用——除了在付款方账户做"借记"和在收款方账户做"贷记"外，还需要在付款方银行和收款方银行之间进行转账。[2]

当银行在中央银行设有账户时，要在付款方银行在中央银行的账户中做"借记"，在收款方在中央银行的账户中做"贷记"。如果银行没有在中央银行开设账户，则该银行需要与在中央银行开设账户的银行合作。银行之间的支付可以立即（实时）结算，也可以推迟结算，以便从两家银行收集更多的支付指令。当结算被推迟时，两家银行之间的所有借项和贷项都可以被扣除，并且可以在指定的时间段结束时进行一次性支付来结算所有这些借项和贷项。有时，银行依靠清算所来提高支付效率——清算所可以对从银行收到的支付指令进行分类、汇总和净额结算，然后向银行提供其需要对客户账户进行操作的详细信息。

为了对支付系统有一个更直观、更具体的认识，可以梳理分析美国的中央银行、银行和清算所是如何完成支付的。[3] 美国的许多银行都在美联储开设了"主账户"，通过在这些主账户之间进行转账来结算。对于较小的零售支付，银行通常依靠自动清算所（Automated Clearing House，ACH）网络在其主账户之间转移资金，这些资金可能需要几天的时间才能完成结算。为了更快地结清

---

[1] Richard Scott Carnell et al. , *The Law of Financial Institutions* 73 （6th ed. 2017）.

[2] John Armour et al. , *Principles of Financial Regulation*, 393 – 397 （1st ed. 2016）.

[3] Michael S. Barr et al. , *Financial Regulation*：*Law and Policy* 773 – 776 （2016）.

大额付款，银行可以使用美联储提供的联邦储备通信系统（Federal Reserve Communication System，FedWire），或使用私营部门提供的清算所银行间支付系统（Clearing House Interbank Payments System，CHIPS）。联邦储备通信系统可以进行实时结算，而清算所银行间支付系统则需要匹配并抵消借贷后结算，任何未匹配的款项都会在当天交易时间结束时结算。①

支付系统是如何失效的？

前一节梳理了支付系统是如何运转的，那么，支付系统是如何失效的呢？支付无法按预期完成的失败风险往往与"结算风险"相关②，结算风险一般包括信用风险、流动性风险和操作风险。在支付中，信用风险（对手方风险）是指支付系统的参与方无法按时支付资金或无法支付资金的风险，而流动性风险是指支付系统的参与方由于清算资金不足造成无法支付的风险。操作风险被广泛定义为"内部流程、人员和系统不足（或失效）或外部事件造成损失的风险"③，这可能涵盖员工窃取资金、阻止银行发送支付指令的技术问题等。

综上所述，结算风险是一个综合性概念，但如果将其分解为多个组成部分，就会更容易理解。例如，参与支付的机构可能即将破产就是明显的信用风险，在破产机构的账户中存有资金的客户将无法取现，从而无法完成支付租金或购买食品等基本交易。如果客户将资金存放在非银行金融机构，信用风险将会增加。

无论客户是将资金存放在银行还是其他类型的金融机构，其交易能力都可能受到技术故障等操作问题的影响，正是这些问题阻碍了金融机构发送或接收支付指令。例如，2015 年 10 月，"向万事达卡处理系统的迁移失误……给

---

① Bank for Int'l Settlements, Comm. on Payment and Settlements Sys., *Payment, Clearing, and Settlement Systems in the CPSS Countries* 489–490 （2012）, https：//www. bis. org/cpmi/publ/d105. htm.

② Fed. Fin. Inst. Examination Council, *Wholesale Payments Systems IT Examination Handbook* 20 （2004）, https：//ithandbook. ffiec. gov/itbooklets/wholesale – payment – systems. aspx.

③ Bank for Int'l Settlements, Basel Comm. on Banking Supervision, *Revisions to the Principles for the Sound Management of Operational Risk* 2 （2021）, https：//www. bis. org/bcbs/publ/d515. htm.

RushCard 带来了一系列技术问题，造成了持续数天的支付中断"，许多 Rush-Card 客户发现自己无法支付租金和水电费，无法购买食品杂货和药品等。①

虽然 RushCard 的问题并未对整个经济运行造成严重影响，但被广泛使用的支付服务出现类似的中断可能会引发大问题。近年来，一旦 M - Pesa 移动钱包出现故障，肯尼亚的经济就会受到明显的影响，即使这些故障只持续了大约两个小时。② 鉴于此，肯尼亚财政部认识到，如果 M - Pesa 在未来一段时间一直受困于操作风险的威胁，将会导致肯尼亚税收系统受到影响，并将技术灾难演变为财政风险。③

在现实中，信用风险和操作风险可能相互交织，并与流动性风险混杂在一起。④ 例如，如果一家金融机构的支付处理技术出现了重大且广为人知的故障，则可能会损害社会公众对该机构的信心，客户可能会争先恐后地去该机构提取资金。最终，即使是未受影响的金融机构的客户在听到这个消息后，也可能会产生恐慌情绪，并急于提取资金，进而会给这些金融机构带来流动性问题。如果这些金融机构被迫折价清算资产以满足提现请求，则可能又面临偿付能力不足的问题。当然，经历过挤兑的金融机构可能会预见到"技术基础设施失效，无法满足日益增加的提现请求"的情况，从而提前作出防范。

不管是什么引发了支付系统的大范围故障，特别是在支付业务量巨大的时候发生故障，都可能会造成比 2008 年金融危机更严重的后果。2008 年金融危机对社会经济造成了广泛影响，使得普通人和公司很难从金融机构借款⑤；肯尼亚 M - Pesa 出现故障的教训告诉我们，支付一旦中断就会造成大量的经济

① Stacy Cowley, *RushCard Ordered to Pay ＄13 Million for Disruption of Prepaid Card Service*, N. Y. Times (Feb. 1, 2017), https://www.nytimes.com/2017/02/01/business/rushcard - cfpb.html.

② Hilary J. Allen, *Payments Failure*, 62 B. C. L. Rev. 453, 470 - 471 (2021).

③ Nat'l Treasury, Republic of Kenya, *Medium Term 2017 Budget Policy Statement：Consolidating Economic Gains in an Environment of Subdued Global Demand* 83 (2016), https://www.treasury.go.ke/wpcontent/uploads/2021/03/2017 - Budget - Policy - Statement.pdf.

④ Thomas M. Eisenbach et al., *Federal Reserve Bank of New York Staff Reports*, No. 909：*Cyber Risk and the US Financial System：A Pre - Mortem Analysis* 8 (2020), https://www.newyorkfed.org/research/staff_ reports/sr909.

⑤ Fin. Crisis Inquiry Comm'n, *The Financial Crisis Inquiry Report：Final Report of the National Commission on the Causes of the Financial and Economic Crisis in the United States* 389 et seq. (2011).

损失。

为了解决信用问题，美国的银行开始寻求破产的替代方案，优先允许破产银行的客户继续支付，但这并不适用于非银行金融机构，也无法解决技术故障。此外，银行之间的支付在后台仍可能面临信用风险，如果银行间支付停止，那么，即使是有偿付能力的银行也可能无法为其客户处理日常支付交易。

当银行间支付没有实时结算时，银行基本上成了彼此的债权人，直到结算完成。例如，在将 A 银行和 B 银行的所有往来支付净额结算后，A 银行可能欠 B 银行数百万美元。如果 A 银行在支付最后一笔款项并结清债务之前破产，B 银行将遭受损失（甚至可能破产）。即使 A 银行仍然有偿付能力，如果 A 银行遇到流动性问题，并且在支付最后一笔款项时没有足够的资金，这可能会转化为 B 银行在等待 A 银行付款时的流动性问题。如果 B 银行不得不开始折价出售资产以在此期间筹集现金，流动性问题最终可能会演变成 B 银行的偿付能力问题。

"9·11 事件"以后，美联储开始担心银行间支付系统会出现上述问题。[①]由于恐怖袭击造成的电信中断、人员伤亡和其他操作风险，部分银行无法将所欠款项支付给其他银行，如纽约银行（Bank of New York）就面临过这样的问题，有报道称其拖欠了 1000 亿美元的款项。在这种情况下，被拖欠大量款项的银行的偿付能力可能会受到质疑，但美联储能够以最后贷款人的身份向这些银行放贷，以满足其流动性需求。这种干预似乎成功地维护了受影响银行的客户和银行交易对手的信心——没有出现挤兑，零售支付业务没有因"9·11 事件"而受到干扰。然而，当社会公众开始担心受影响银行的财务健康状况时，或者当联邦储备通信系统或清算所银行间支付系统受到威胁时，结果可能会大相径庭。幸运的是，联邦储备通信系统或清算所银行间支付系统在"9·11 事件"后几乎没有面临过操作风险。

最近，在一次模拟实验中，研究人员分析了网络攻击可能对银行间支付产

---

① Jeffrey M. Lacker, *Federal Reserve Bank of Richmond Working Paper 03 - 16: Payment System Disruptions and the Federal Reserve Following September* 11, 2001 (2003), https：//www. richmondfed. org/publications/research/working_ papers/2003/wp_ 03 - 16.

生的影响，发现如果清算所银行间的支付系统受到威胁[①]，将造成灾难性后果。此外，研究人员还发现如果清算所银行间支付系统无法执行净额结算功能，银行将不得不通过联邦储备通信系统进行"大量"额外的支付，并在其他可能需要的支付交易中占用资金。[②]

在遭受网络攻击之后，如果一些银行仍然可以使用联邦储备通信系统完成支付，并立即在其美联储的账户上做"借记"，但收款方由于受到网络攻击后实际上已无法提取资金或付款。在这种情况下，社会公众会质疑被拖欠款项的银行的偿付能力，从而可能会引发挤兑。在网络攻击后，美联储提供的任何补救措施可能都不足以帮助已经处于财务不稳定状况的银行渡过难关，同时也无法解决潜在的技术问题。

支付监管

考虑到支付对经济体系的重要性、所涉及的风险以及问题发生后紧急干预的局限性，金融监管机构可以在增强支付系统稳健性方面发挥重要作用。银行在支付体系中起关键作用，这就是现有大部分金融监管都集中在银行身上的部分原因。[③] 监管资本要求、存款保险和中央银行紧急贷款等措施，都旨在降低银行倒闭的可能性。同时，金融监管机构已经设计了破产的替代方案，即使银行真的倒闭了，也优先允许银行的客户继续交易。

技术问题和其他操作风险可能会影响银行提供的支付服务的可靠性。例如，世界各地的大多数金融监管机构都希望其监管的银行遵守巴塞尔银行监管委员会制定的《操作风险健全管理原则》（*Principles for the Sound Management of Operational Risk*），要求银行监测、识别和减轻操作风险，并逐步遵守巴塞尔委员会制定的《操作弹性原则》（*Principles for Operational Resilience*），制订业

---

① 要么是通过直接攻击该系统，要么是该系统无法从受到攻击的银行接收付款。

② Thomas M. Eisenbach et al., *Federal Reserve Bank of New York Staff Reports*, No. 909: *Cyber Risk and the US Financial System: A Pre-Mortem Analysis* 38-39 (2020), https://www.newyorkfed.org/research/staff_reports/sr909.

③ John Armour et al., *Principles of Financial Regulation*, 282-283 (1st ed. 2016).

务连续性计划。[①]

除了银行监管之外，清算所和其他负责清算和结算的机构通常由其所在国家的中央银行根据国际清算银行（Bank for International Settlements，BIS）和国际证券事务监察委员会组织（International Organization of Securities Commissions，IOSCO）联合制定的《金融市场基础设施原则》（*Principles for Financial Market Infrastructures*，PFMI）进行监管。[②] 上述原则与信用风险和流动性风险的管理有关——清算所根据此原则制定具体的监管规则，包括明确“哪些机构可以通过清算所办理业务”“机构何时可以依靠信用完成支付”“机构何时需要用自有资金完成支付”等规则。《金融市场基础设施原则》在很大程度上解决了对清算所出现大范围操作故障的担忧，该原则要求基础设施供应商识别并减轻其操作风险，采用业务连续性计划，并详细说明在服务中断后将如何恢复等。

前面分析了一国范围内的支付风险和支付监管现状，但当付款方和收款方居住在不同国家时，处理支付要复杂得多，也更耗时，还涉及代理银行关系网络和时差，这可能会产生更大的结算风险。不过，支付格局最近开始发生变化。许多金融科技初创公司开始提供更快、更便宜的支付渠道，而银行则开始依靠金融科技简化支付服务，以应对金融科技初创公司带来的挑战和竞争。

旨在提高支付效率的金融科技创新也可以通过缩短结算时间来降低信用风险。[③] 金融科技创新还能够提供现有支付基础设施的替代品，如果现有基础设施遇到技术故障，这一替代品将发挥极其重要的作用。值得注意的是，金融科技创新可能会将新型信用风险、流动性风险和操作风险引入支付系统，在最坏的情况下，这些风险可能会使社会公众的交易能力陷入瘫痪。如果金融科技支

---

① Bank for Int'l Settlements, Basel Comm. on Banking Supervision, *Revisions to the Principles for the Sound Management of Operational Risk* 2（2021），https：//www. bis. org/bcbs/publ/d515. htm. ; Bank for Int'l Settlements, Basel Comm. on Banking Supervision, *Principles for Operational Resilience*（2012），https：//www. bis. org/bcbs/publ/d516. pdf.

② Bank for Int'l Settlements, Comm. on Payment and Settlement Sys. & Tech. Comm. of the Int'l Org. of Securities Commissions, *Principles for Financial Market Infrastructures*（2012），https：//www. bis. org/cpmi/publ/d101. htm.

③ 如果付款可以实时结算，交易对手破产和拖欠的时间就会减少。

付平台成为社会公众的主要交易渠道，平台的瘫痪将引发社会经济的瘫痪。鉴于此，金融稳定监管机构需要考虑如何为防范这些新风险做好准备。

总体来说，金融科技的兴起凸显了目前支付监管的两个问题。首先，如果金融科技创新旨在绕过中央银行、银行和清算所，那么，为管理支付系统中的信用风险和流动性风险而制定的各项法规和框架将形同虚设。特别是，由于金融科技公司无法获得存款保险保障，也无法适用破产银行所采用的破产替代方案，因此，金融科技公司更容易面临挤兑风险。其次，新的金融科技供应商、银行和非银行金融机构正在采用的新型支付技术给现有的操作风险监管带来了挑战。

复杂系统中的操作风险

即使不考虑金融科技创新带来的复杂性，操作风险的潜在系统性后果也很难理解。随着金融业使用的技术变得越来越复杂，可以预期，技术故障爆发的概率将变得更高①，因此，金融监管机构应该更加关注操作故障可能对金融系统稳定性产生的影响。不过，金融监管机构总是将操作风险视为金融机构内部治理和风险管理的问题。

《操作风险健全管理原则》规定："董事会应批准并定期审查操作风险偏好，并发布容忍度声明，阐明银行愿意承担的操作风险的性质、类型和水平。"②《操作弹性原则》要求银行："根据风险偏好和对业务中断的容忍度，制订并实施应对和恢复计划，以管理可能中断关键业务的事件。"③ 如果操作失误的成本由其他人承担，那么，金融机构可能不愿意在保证自身基础设施稳

---

① Andrei A. Kirilenko & Andrew W. Lo, *Moore's Law versus Murphy's Law*: *Algorithmic Trading and Its Discontents*, 27 J. Econ. Perspectives 52 (Spring 2013).

② Bank for Int'l Settlements, Basel Comm. on Banking Supervision, *Revisions to the Principles for the Sound Management of Operational Risk* 8 (2021), https://www.bis.org/bcbs/publ/d515.htm.

③ Bank for Int'l Settlements, Basel Comm. on Banking Supervision, *Revisions to the Principles for the Sound Management of Operational Risk* 7 (2021), https://www.bis.org/bcbs/publ/d515.htm.; Bank for Int'l Settlements, Basel Comm. on Banking Supervision, *Principles for Operational Resilience* (2012), https://www.bis.org/bcbs/publ/d516.pdf.

健性方面进行足够的投资。同样，如果金融机构在其操作失误时期望中央银行提供贷款支持，也会影响其在维持基础设施稳健性方面的投资意愿。[1]

即使金融机构愿意对自己的基础设施进行大量投资，也可能无法完全掌握其操作决策的潜在溢出效应。[2] 金融机构可能不知道其竞争对手会受到其操作决策的影响，即使知道，也没有金融机构能够迫使其竞争对手解决全部问题。然而，金融监管机构能够更广泛地监督并获取机密信息[3]，还可以利用其监督和执行权迫使受监管的金融机构采取行动。

金融监管机构有充分的理由采取更积极的行动来监管操作风险，但却对最新的技术知之甚少，也不清楚最新的技术在何时会发生故障，因此，厘清潜在的技术故障及其溢出效应极具挑战性。幸运的是，复杂性科学[4]可以为金融监管机构提供一种新的方式来探究支付系统中操作风险的传递机制。

支付系统由银行、金融科技公司、清算所、中央银行、公司、消费者以及其他机构组成，受多层法律和规则管辖，是一个非常复杂的系统。[5] 支付系统之所以复杂，不仅是因为它有许多不同的组成部分，也因为这些组成部分之间的交互很复杂，使得支付系统远不只是各组成部分的简单组合。上述交互作用可以提高支付系统的效率，但其他复杂系统的经验表明，"连锁反应"风险不容忽视，在这种情况下，系统中一个组成部分出现了相对较小的问题和反应，可能会引发系统其他组成部分的问题和反应，甚至导致整个系统出现故障。[6]

引发连锁反应的"相对较小的问题"可能就像技术故障一样简单，如软件可能以程序员意想不到的方式来运行，软件错误可能导致内部或外部通信系统故障，或者导致关键数据无法检索或被打乱等。金融稳定监管机构正在关注

---

[1]　Jeffrey M. Lacker, *Federal Reserve Bank of Richmond Working Paper 03 - 16*: *Payment System Disruptions and the Federal Reserve Following September* 33 - 34, 2001 (2003), https://www.richmondfed.org/publications/research/working_ papers/2003/wp_ 03 - 16.

[2]　尤其是在业务连续性计划中作出的"如何在正常基础设施失效时恢复服务"的决策。

[3]　机密信息包括业务连续性计划等。

[4]　复杂性科学旨在研究复杂系统及其组件之间不可预测的相互作用。

[5]　Melanie Mitchell, *Complexity*: *A Guided Tour* 13 (2009).

[6]　Charles Perrow, *Normal Accidents*: *Living with High - Risk Technologies* 5 (1999); Dirk Helbing, *Globally Networked Risks and How to Respond*, 497 Nature 51 (2013).

网络攻击如何引发这类问题①，但却很少关注在非人为情况下网络攻击是如何发生的。

复杂系统中连锁反应的经验表明，不应该认为故障的后果总是很小或是能够得到控制的，因为，故障在复杂系统中会出现转移或传递。例如，发电厂、输电线路、变电站、配电线路和客户的输电系统就是一个复杂系统。输电系统内的故障，会通过系统组成部分之间传递，并在传递过程中放大，从而导致大范围停电。对某个组成部分的攻击肯定会引发连锁反应，但某个组成部分也可能因磨损、维护或操作不当、火灾或天气条件损坏或存在设计缺陷等原因而失效。当某个组成部分发生故障时，能量会从发生故障的某个组成部分分配到系统的其他部分，从而改变系统的运行方式。这些新的、出乎意料的能量可能会使系统的其他组成部分过载，导致更多组成部分发生故障，并使剩余的组成部分进一步过载，形成恶性循环。②

未来，支付系统停摆和其他操作问题的相互作用可能诱发危机出现连锁反应，而不仅仅出现银行挤兑。然而不幸的是，当前的金融监管体系最终可能会为连锁反应的出现提供"便利"。以《操作弹性原则》为例，该原则要求银行"制订并实施应对和恢复计划，以管理可能中断关键业务的事件"。③ 这就会鼓励银行在遇到操作问题时要尽快恢复服务，但这时技术故障可能尚未完全修复，系统可能仍然处于损坏状态，在这种情况下继续提供服务，可能会使银行蒙受更大的操作故障和损失。如果银行发生了更大的故障，则需要支付服务供应商来填补银行支付服务的空缺，突然出现的大量支付业务可能会使支付服务供应商超载，甚至引发系统崩溃……最终，无论剩下的是银行还是支付服务供

---

① Thomas M. Eisenbach et al. , *Federal Reserve Bank of New York Staff Reports*, No. 909: *Cyber Risk and the US Financial System: A Pre – Mortem Analysis* 7 (2020), https: //www. newyorkfed. org/research/ staff_ reports/sr909.

② Ian Dobson et al. , *Complex Systems Analysis of Series of Blackouts: Cascading Failure, Critical Points, and Self – Organization*, 17 Chaos 026103 (2007) .

③ Bank for Int'l Settlements, Basel Comm. on Banking Supervision, *Revisions to the Principles for the Sound Management of Operational Risk* 7 (2021), https: //www. bis. org/bcbs/publ/d515. htm. ; Bank for Int'l Settlements, Basel Comm. on Banking Supervision, *Principles for Operational Resilience* (2012), ht- tps: //www. bis. org/bcbs/publ/d516. pdf.

应商，都会面临进一步超载的巨大风险。

复杂性科学研究表明，为了使系统更具稳健性而采取的某些原则或措施，实际上可能会使系统作为一个整体更容易受到连锁反应的影响。这是因为如果过度执着于追求实现某种稳健性，则可能使整个系统变得更加脆弱。[①]

稳健性的五个维度是可靠性、高效性、模块性、可扩展性和可进化性。过于追求系统的可靠性和效率可能会使系统更加脆弱。效率的提高会导致脆弱性是不难理解的——一个在转移一件东西方面富有效率的系统，也会在传递故障方面更高效。然而，过于关注可靠性给系统带来的脆弱性就不那么明显了。面对已知问题，为使系统的各组成部分更加可靠而采取的增量措施，可以降低已知问题的风险。但在发生故障的情况下，要确保各组成部分也能继续运行，不仅会增加整个系统的复杂性，也可能使得整个系统都出现故障。

如果试图创建一个更稳健的系统，就需要更加关注系统的模块性、可扩展性和可进化性，这三个维度都与系统在意外情况下能够继续正常运行的能力有关。系统的模块性是指系统应对各组成部分变化的能力，模块化系统的各组成部分可以并行工作，也可以在出现问题时重新配置，以避免系统崩溃。可扩展性是指系统应对自身规模和复杂性变化的能力，这在支付系统中尤为重要，因为支付系统在任何时间都可能经历交易量的大幅波动。[②] 可扩展性意味着系统随时间的推移而变化的能力，从这一点来看，稳健的系统可以经受住许多意想不到变化的冲击。

然而，对模块性、可扩展性和可进化性的日益重视并不意味着系统的可靠性和效率就不重要了。如果通过增加系统各组成部分的复杂性来消除故障，或者即使在正常工作情况下各组成部分也以独立的方式来运转，那么，这样的系统将是毫无意义的。然而，如果想避免连锁反应，可能不得不接受系统是

---

① David L. Alderson & John C. Doyle, *Contrasting Views of Complexity and Their Implications for Network-Centric Infrastructures*, 40 IEEE Transactions on Systems, Man & Cybernetics 839 (2010); J. B. Ruhl, *Managing Systemic Risk in Legal Systems*, 89 Ind. L. J. 559, 570 (2014); J. B. Ruhl, *Governing Cascade Failures in Complex Social-Ecological-Technological Systems: Framing Context, Strategies, and Challenges*, 22 Vand. J. Ent. & Tech. L. 407 (2020).

② Bank for Int'l Settlements, Comm. on Payments and Market Infrastructures, *Distributed Ledger Technology in Payment, Clearing and Settlement* 15 (2017), https://www.bis.org/cpmi/publ/d157.htm.

"不完全有效的"这一现实。

移动支付

"移动支付"（Mobile Payments）涵盖了许多不同的服务，为社会公众通过手机进行支付提供了渠道，并利用技术创新了客户访问现有银行账户的方式。各种移动支付服务不尽相同，如 ApplePay 不允许客户存储资金[①]，而其他移动支付服务则为客户提供了数字钱包，客户可以使用该钱包存储资金和进行交易。资金可以在银行账户和数字钱包之间转账，或者可以通过其他方式向数字钱包注入资金，如通过 M-Pesa 信息亭，可以将现金上传到 M-Pesa，更新后的余额记录在客户的 SIM 卡上，整个交易都是通过短信来完成的。

迄今为止，社会公众认为移动支付对金融稳定的影响大多数与移动钱包的挤兑有关。例如，Venmo 是否会出现类似银行挤兑的情况？Venmo 客户可能认为其数字钱包与银行账户是一样的，但 Venmo 却不受存款保险的保护，且无法适用破产的替代方案，以确保如果发生倒闭，客户的资金仍然可用。相反，Venmo 将不得不定期破产，客户可能会发现其资金与 Venmo 的其他资产混杂在一起，在破产解决之前，客户将完全无法使用资金。如果 Venmo 提醒其客户注意这些潜在的结果，客户可能会迅速提取资金，这将损害 Venmo 的支付能力，依赖 Venmo 的商家和服务供应商将难以向债权人和员工付款，也将面临经济困顿的窘境。

从目前的业务规模来看，Venmo 出现问题不太可能对整个社会经济体系产生太大影响，2020 年第二季度，Venmo 完成的支付量只有 370 亿美元，而 Visa 在同一时期完成的支付量高达 2.14 万亿美元。[②] 然而，随着移动支付服务变得

---

① Dan Awrey & Kristin van Zwieten, *The Shadow Payment System*, 43 J. Corp. L. 775 (2018).

② Statista, *Venmo's Total Payment Volume*, available at https://www.statista.com/statistics/763617/venmo-total-paymentvolume/; Daniel Keyes, *Visa's Payments Volume Plummeted in Its Most Recent Quarter Due to the Pandemic*, Business Insider (Jul. 30, 2020), https://headtopics.com/us/visa-s-payments-volume-plummeted-inits-most-recent-quarter-due-to-the-pandemic-business-insider-14682192.

越来越受欢迎，客户开始更愿意将大量资金存储在数字钱包中，这可能会产生系统性的影响。2018 年，中国完成了 41.51 万亿美元的移动支付交易，而且这个数字将继续呈指数级增长。[①] 因为中国移动支付服务供应商支付宝和微信支付的许多客户将资金存储在其移动钱包中，而不是简单地将手机钱包用作从银行账户支付的渠道[②]，这可能会对经济运行产生威胁。认识到潜在的问题后，中国金融监管机构已经对移动支付的监管进行了彻底的改革，支付宝和微信支付已被要求将所有存入数字钱包的资金存放在中国人民银行（People's Bank of China）的特别储备账户中。[③] 如果移动钱包最终在其他国家被广泛使用，那么，移动钱包的挤兑也将是金融监管机构需要面临的主要问题。

虽然像 Zelle 和 ApplePay 这样从银行账户而不是移动钱包进行支付的服务不会带来同样的运行风险，但与所有移动支付服务一样，它们确实带来了新的、未接受监管的操作风险。通过谷歌搜索，会发现大量关于 Zelle、Venmo 等支付服务的故障、停机和其他问题的讨论。有时由于软件缺陷，支付服务可能在需要时根本无法使用；有时支付交易会失败或冻结，由于金融科技平台往往很少安排专人接听电话，可能导致出现的问题无法及时得到妥善处理。[④] 有时，故障甚至会让客户产生负余额——《华尔街日报》（*Wall Street Journal*）的一篇文章称："资金几乎立即出现在收款人的 Venmo 账户中，尽管可能需要一两天的时间才能从汇款人的银行账户中实际取出资金。但如果在此期间出现故障，客户最终可能会欠 Venmo 钱。"[⑤]

当然，传统的网上银行也会遭遇技术故障和业务中断。尽管存在问题，移

① Caixin, *Chart of the Day*：*China's Mobile Payment Volume Hits* ＄41.51 *Trillion in* 2018, Caixin（Mar. 22, 2019）, https：//www. caixinglobal. com/2019 - 03 - 22/chart - of - the - daychinas - mobile - payment - transaction - volume - hits - 4151 - trillion - in - 2018 - 101395789. html.

② Aaron Klein, The Brooking Institution, *Is China's New Payment System the Future*? 7 （2019）, https：//www. brookings. edu/research/is - chinas - newpayment - system - the - future/.

③ Bank for Int'l Settlements, *Annual Economic Report* 70 （June 19）.

④ Amy O'Leary, *Tech Companies Leave Phone Calls Behind*, N. Y. Times （Jul. 6, 2012）, https：//www. nytimes. com/2012/07/07/technology/tech - companiesleave - phone - calls - behind. html.

⑤ Peter Rudegeair, *Venmo to Users*：*If You Owe Us Money, We're Coming for It*, Wall St. J. （Mar. 25, 2019）, https：//www. wsj. com/articles/venmo - to - users - if - you - oweus - money - were - coming - for - it - 11553518800.

动支付服务供应商能否在银行倒闭时提供一种替代支付方式，从而使整个支付系统更加稳健？答案也许是——理论上这是可能的，但移动支付服务供应商和银行之间的关系让它们之间产生了千丝万缕的关系，两者难以完全独立运转。从复杂性科学的角度来看，虽然增加新的供应商可以提升整个支付系统的模块化程度，如果银行倒闭，这些供应商可以作为替代者，但如果新的供应商依赖银行提供的基础设施，那么，所有支付服务供应商可能会随着银行的倒闭而丧失服务能力。由于移动支付服务必须依赖于银行的支付系统，从而削弱了移动支付技术对整个支付系统的可扩展性、可进化性的提升作用，换句话说，与传统银行基础设施的联系，可能会限制新支付服务供应商随着时间的推移而增长和变化的能力。

综上所述，如果移动支付服务供应商运营自己的专有基础设施——全新的渠道——则可以最大限度地减少与银行的关联，从而使支付系统更加强大。然而，Venmo 和其他类似公司最终还是得依靠现有的银行支付基础设施来处理支付业务。这种依赖在一定程度上是由金融监管驱动的，在美国，只有银行才能直接访问用于支付结算的美联储主账户，因此，像 Venmo 这样的非银行机构是无法单独访问结算基础设施的。[1] 理论上，一家支付初创公司可以建立自己的结算基础设施，而不依赖于中央银行的任何账户，但只有当早期使用者能够向关键人群付款时，这种基础设施才会对其产生吸引力，但在实际中，初创公司很难吸引到启动初期所需的关键人群。

Venmo 利用现有的银行基础设施解决了上述问题，从而可以向任何有银行账户的人付款。[2] 支付宝则利用中国电子商务巨头阿里巴巴（Alibaba）庞大的客户网络，推出了自己的专有技术基础设施。[3] 如果基于银行的系统受到威胁，像支付宝这样的服务就可以作为一种替代支付方式。如果发生了无法预期的事件，如联邦储备通信系统或清算所银行间支付系统等基础设施出现故障，

---

① Awrey Dan, *Unbundling Banking, Money, and Payments*, SSRN Electronic Journal 7 (2021).

② Venmo 基于银行支付系统的"网络效应"（Network Effects），如果越来越多的人使用它，它将变得更有价值。

③ Aaron Klein, The Brooking Institution, *Is China's New Payment System the Future*? 7 (2019), https://www.brookings.edu/research/is–chinas–newpayment–system–the–future/.

整个银行系统处于瘫痪，那么，留有一定的冗余将特别有价值。然而，支付宝与阿里巴巴平台的关系也带来了"大而不能倒"的风险，即科技巨头提供金融服务可能带来新型系统性风险。

分布式账本与支付

尽管许多名义上被称为支付科技的加密资产更多地用于投机，而不是用于支付商品和服务，但理论上，其底层分布式账本技术可以用于开发新的支付渠道，有助于建立一个更为稳健的支付系统。分布式账本上的交易可以在验证器节点就借记和贷记达成共识后立即结算①，快速结算可以消除等待结算期间产生的大量信用风险。② 分布式账本的核心技术中内置了一定的冗余，用于应对操作风险。因为分布式账本由许多不同的节点托管，即使其中一个或几个节点出现故障，分布式账本依旧可以继续运行。同样，即使一般的验证器节点无法验证交易，其他节点依然可以执行验证功能。③

尽管如此，支付速度的提升可能会让挤兑更快地发生，这使得紧急干预的窗口期缩短了，如果没有清算所或任何其他机构执行净额结算功能，流动性风险可能会更大。此外，分布式账本技术能否在扩大规模、处理大量支付业务的同时避免出现操作问题？如前所述，私营部门往往不愿意在避免出现操作失败方面进行大量投资，因为操作失败的部分成本将由整个支付系统来承担。

脸书计划将 Diem 在用于国内和跨境支付的专有分布式账本上运营，并提供替代支付基础设施，进而提高全球支付系统的模块化程度。受益于巨大的网络效应，Diem 有可能击败其他支付系统，成为处于主导地位的全球支付基础

---

① 但由于比特币区块规模限制等问题的存在，会在一定程度上减缓结算速度。

② Caitlin Long, *Framework for Understanding Blockchain's Next Chapter: Hybrid Financial Instruments*, Forbes (Nov. 17, 2018), https: //www. forbes. com/sites/caitlinlong/2018/11/17/frameworkfor – understanding – blockchains – next – chapter – hybrid – financialinstruments – part – 1/? sh = 143163445649; Bank for Int'l Settlements, Comm. on Payments and Market Infrastructures, *Distributed Ledger Technology in Payment, Clearing and Settlement* 16 (2017), https: //www. bis. org/cpmi/publ/d157. htm.

③ Bank for Int'l Settlements, Comm. on Payments and Market Infrastructures, *Distributed Ledger Technology in Payment, Clearing and Settlement* 14 (2017), https: //www. bis. org/cpmi/publ/d157. htm.

设施，一旦 Diem 遭遇了操作失败，就将导致全球支付系统的替代方案减少。鉴于此，Diem 协会或是脸书可能会发展成为"大而不能倒"的机构。

即使 Diem 不能超越所有的替代方案，运行 Diem 账本的软件也是开源的，这意味着客户可以创建应用程序编程接口（Application Programming Interfaces，API），允许 Diem 账本使用的软件程序与其他支付系统中使用的软件直接通信。[1] 这些应用程序编程接口可以极大提升工作效率，但复杂性科学研究表明，直接将 Diem 与替代支付处理器连接起来的应用程序编程接口，可能会降低支付系统的模块化程度，并增加了所有支付处理器一起遭受损失的风险。[2]

由于 Diem 协会在管理 Diem 的分布式账本方面缺乏明确性，进而引发了社会公众对其操作风险的担忧——如果没有更多关于该协会"如何运作账本""在何种情况下对账本软件进行更改"的相关信息，则很难判断该账本的可扩展性和可演化性。例如，如果没有清算所提供的净额结算服务来减少需要处理的交易量，分布式账本可能会在高峰期不堪重负。如果分布式账本反复遇到算力不够的问题，是否应该引入净额结算程序？在决定是否进行此类变更时，Diem 协会的成员是应该按照"保障 Dicm 持有人利益最大化"的原则行事，还是根据"实现股东财务收益最大化"的原则行事？[3]

上述问题仍然悬而未决，但前提是 Diem 应该在一个获得许可的账本上运作。"天秤币"协会在 2019 年发布的第一份白皮书中提出要最终过渡到无许可账本的计划，但在 2020 年发布的第二份白皮书宣布该计划已被放弃。[4] 获得许可的账本肯定会更容易管理，但不能保证不同稳定币的运营商将来不会采用去中心化的无许可账本，或者坦率地说，Diem 协会是否会再次改变主意。此外，需要注意的是，一旦使用去中心化的无许可账本，可扩展性和可进化性将

---

① Diem Association, *Welcome to the Official White Paper*, Diem Ass'n 5（Apr. 2020），https：//www. diem. com/en－us/white－paper/.

② Hilary J. Allen, *Payments Failure*, 62 B. C. L. Rev. 453, 473（2021）.

③ *Examining Facebook's Proposed Cryptocurrency and Its Impact on Consumers, Investors, and the American Financial System：Hearing Before the H. Comm. on Fin. Servs. 7*, 116th Cong.（2018），https：//financialservices. house. gov/uploadedfiles/hhrg－116－ba00－wstate－brummerc－20190717. pdf.

④ Diem Association, *Welcome to the Official White Paper*, Diem Ass'n 1（Apr. 2020），https：//www. diem. com/en－us/white－paper/.

变得更加复杂。

正如本书第三章中所讨论的，没有中心机构来控制（运行）去中心化、无许可账本的软件，因此，对该软件的管理可能会非常困难。即使社会公众普遍认为需要对分布式账本的软件进行更改，但由于缺乏集中管理，对分布式账本进行更改需要花费大量的时间和精力。有时，更改分布式账本将更为复杂——围绕比特币分布式账本发生的"内战"就是这一问题的典型案例。如前所述，共识机制用于确定哪些交易应添加到比特币的分布式账本中。但交易并不是一个接一个地添加的。相反，交易被合并成一组区块，一旦达成共识，整个区块就会被添加到账本中，这就是为什么比特币的分布式账本通常被称为区块链的原因。随着比特币越来越受欢迎，这些区块的规模限制减缓了业务高峰时期的交易处理速度，即限制了比特币的可扩展性和可进化性。比特币社区的一些成员希望保持现有的区块规模，而另一些成员则希望增大区块规模，以便更快地处理交易。由于各派无法达成协议，因此在 2017 年 8 月，比特币出现了一个"硬分叉"，这意味着每个分支都使用不同的软件协议，且拥有了各自的分布式账本。①

硬分叉是解决可扩展性和可进化性问题的方案，但其并不是一个好的解决方案。硬分叉将分布式账本分成客户数量较少的、体量较小的支付系统，虽然可以有效适应客户数量和业务量的变化，但却降低了网络效应，从而降低了支付系统的有用性。不过，如果分布式账本由一个中心化的机构来运行，那么，就可以避免可扩展性和可进化性问题，因为有了一个可识别的个人或团体负责协调账本的更改等操作。

摩根币就是这样，它是在其专有的、中心化的、获得许可的账本上运行的，因此，摩根大通有权批准交易，并对账本操作软件进行更改。② 这意味着，在某些方面，与依赖于分布式账本的支付系统相比，摩根币具有更高的可扩展性和可进化性。

① Zheping Huang, *Bitcoin Cash "Hard Fork"*: *Everything You Need to Know About the Latest Cryptocurrency Civil War*, South China Morning Post（Nov. 15, 2018），https：//www.scmp.com/tech/blockchain/article/2173－389/bitcoincash－hard－fork－everything－you－need－know－about－latest.

② Hilary J. Allen, *Payments Failure*, 62 B. C. L. Rev. 453, 496（2021）.

如果一项新技术与传统技术的基础设施联系在一起，当新技术与旧软件系统对接时，故障爆发的概率往往会增加①，这正是银行在采用分布式账本等新技术时面临的挑战。许多传统银行仍然依赖于 20 世纪六七十年代开发的系统，使用名为"面向商业的通用语言"（Common Business – Oriented Language，CO-BOL）来进行编程，但这一计算机编程语言现在已经过时了。② 此外，许多银行通过与其他银行合并或收购的方式而发展壮大，而每家被合或收购的银行都拥有自己的 IT 基础设施，如截至 2015 年，德意志银行（Deutsche Bank）内部一共有 45 种不同的操作系统。③ 这意味着，当银行采用新技术时，很难完全理解这些技术的运行环境，很可能会产生意想不到的后果。

总之，分布式账本很容易受到自身技术故障的影响。任何基于分布式账本的支付平台，都应该加大投资以使其基础设施更加强大，但对于不熟悉新技术的金融监管机构而言，弄清楚平台运营方是否真的在努力管理其操作风险是非常困难的。鉴于此，政府部门和中央银行应该考虑提供新的支付替代方案。

支付的替代方案

最近，业界出现了一些提议，建议由政府部门提供具有较高可获得性的支付服务。其中一些提议的关注点显然不在技术领域——呼吁由邮局来提供支付和其他银行服务；④ 也有人提议允许公司和个人像银行一样在中央银行开立账

① Samuel Arbesman, *Overcomplicated: Technology at the Limits of Comprehension* 39 – 40 （2016）.

② Tom Sullivan, *Looking for Job Security? Try Cobol*, N. Y. Times （Oct. 23, 2008）, https://archive. nytimes. com/www. nytimes. com/external/idg/2008/10/23/23idg – Looking – for – job. html.

③ René M. Stulz, *FinTech, BigTech, and the Future of Banks*, 31 J. App. Corp. Fin. 86, 93 （2019）.

④ Press Release, Office of Kirsten Gillibrand, Senators Gillibrand and Sanders, Representatives Ocasio – Cortez, Pascrell, and Kaptur, *Call on Congress to Implement Postal Banking Pilot Programs* （Apr. 15, 2021）, https://www. gillibrand. senate. gov/news/press/release/senatorsgillibrand – and – sanders – representatives – ocasio – cortez – pascrelland – kaptur – call – on – congress – to – implement – postal – banking – pilotprograms – ; Mehrsa Baradaran, *It's Time for Postal Banking*, 127 Harv. L. Rev. F. 165 （2014）.

户;① 其他提议在技术层面上更为复杂,如美联储开发了一项名为 FedNow 的新型即时支付服务,使美国各地各种规模的社区金融机构能够全天候、实时提供安全高效的支付服务;② 此外,世界各国的中央银行纷纷考虑在分布式账本上运行央行数字货币 (Central Bank Digital Currencies,CBDC)。③

上述提议都有各自不同的目标。有的提议专注于解决经济不平等问题,如由邮政银行提供支付服务、开立中央银行账户等提议旨在帮助没有银行账户的个人以更低成本、更容易获取的方式完成支付。④ 虽然有些人拥有银行账户,但由于在账单日之前缺少资金,所以不得不支付透支费和其他类似的费用,而 FedNow 带来的支付速度提升,能够在一定程度上缓解这一问题。⑤ 此外,研发央行数字货币与其说是为了提供更具包容性的金融服务,倒不如说是为了确保主权货币能够继续与在私人分布式账本上运行的稳定币 (如 Diem)展开竞争。⑥

除了既定目标外,上述提议还关注金融稳定面临的潜在影响。一般来说,政府部门参与支付系统有助于缓解金融稳定面临的操作风险。中央银行比私营部门更有动力投资于基础设施,以增强其弹性。毕竟,当支付服务供应商出现问题时,中央银行必须提供救助。⑦ 尽管可以通过监管和合规手段推动私营部门加大投资力度以管理操作风险,但中央银行在操作基础设施时更容易管理与

---

① John Crawford et al. , *Fed Accounts*:*Digital Dollars*, 89 Geo. Wash. L. Rev. 113 (2021); Saule T. Omarova, *The People's Ledger*:*How to Democratize Money and Finance the Economy.*

② https://www. frbservices. org/financialservices/fednow/about. html.

③ Bank for Int'l Settlements, *Central Bank Digital Currencies*:*Foundational Principles and Core Features* 3 (2020).

④ 这部分人需要用高成本的方式来完成支付,如兑现支票等。Mehrsa Baradaran, *It's Time for Postal Banking*, 127 Harv. L. Rev. F. 165 (2014); John Crawford et al. , *Fed Accounts*:*Digital Dollars*, 89 Geo. Wash. L. Rev. 113 (2021).

⑤ Aaron Klein, The Brookings Institution, *How the Fed Can Help Families Living Paycheck to Paycheck* (2017), https://www. brookings. edu/research/how – the – fed – can – helpfamilies – living – paycheck – to – paycheck/.

⑥ Bank for Int'l Settlements, *Central Bank Digital Currencies*:*Foundational Principles and Core Features* 5 – 7 (2020).

⑦ Peter Conti – Brown & David A. Wishnick, *Private Markets*,*Public Options*,*and the Payment System*, 37 Yale J. Reg. 380, 419 (2020).

基础设施相关的风险。① 任何基于复杂技术的系统都会不可避免地出现漏洞，但政府部门提供的支付替代方案留有的冗余可以提高整个支付系统的模块化程度，使支付系统作为一个整体能够更稳健地应对操作故障。

除了操作风险外，还需要考虑更为传统的挤兑风险问题。2020 年底，国际清算银行发布了一份关于世界各国中央银行发展央行数字货币的报告。② 该报告表达了对发展央行数字货币的担忧——可能对金融稳定产生负面影响，特别是在鼓励银行存款流向央行数字货币方面，即如果允许个人直接在中央银行开立账户，可能会出现挤兑。③ 虽然在理论上，中央银行接管流向其的资金，并基于整个社会的利益进行投资④，但前面提到的大多数提议都认为银行需要"熨平"存款向央行数字货币流动带来的影响。⑤ 例如，如果中央银行将存入其账户的资金借贷给银行，银行就可以将这些资金借贷给消费者和公司，就如同以往利用存款资金放贷一样。⑥

有趣的是，尽管世界各国中央银行已经发现了金融稳定风险，但其仍在探索发展央行数字货币。国际清算银行关于央行数字货币的报告表明，这是一种防御性举措，央行数字货币旨在帮助世界各国中央银行保持对货币供应的控制，否则货币供应的控制权可能会转移到类似 Diem 的稳定币上。⑦ 然而，考虑到技术复杂性的提升会不可避免地增加系统的脆弱性，如果央行数字货币只是一种旨在击败类似 Diem 等稳定币的防御措施，那么，世界各国中央银行最好首先精力集中地探讨"是否应该允许发行类似 Diem 的稳定币？"这一议题。

---

① John Armour et al. , *Principles of Financial Regulation*, 400（1st ed. 2016）.

② Bank for Int'l Settlements, *Central Bank Digital Currencies：Foundational Principles and Core Features* 5 - 7（2020）.

③ John Crawford et al. , *Fed Accounts：Digital Dollars*, 89 Geo. Wash. L. Rev. 142 - 143（2021）.

④ Saule T. Omarova, *The People's Ledger：How to Democratize Money and Finance the Economy*.

⑤ Bank for Int'l Settlements, *Central Bank Digital Currencies：Foundational Principles and Core Features* 8（2020）.

⑥ John Crawford et al. , *Fed Accounts：Digital Dollars*, 89 Geo. Wash. L. Rev. 142 - 143（2021）.

⑦ Bank for Int'l Settlements, *Central Bank Digital Currencies：Foundational Principles and Core Features* 8 - 9（2020）.

其他金融基础设施

金融体系不仅仅提供支付系统这一基础设施，还需要提供其他的基础设施来连接想要交易金融资产的买卖双方，进而处理交易，交易完成后的业务涉及清算和结算系统。分布式账本技术不仅用于支付，也被应用于处理其他类型的金融交易。[1]

买卖股票通常需要通过经纪人提交订单，然后经纪人利用证券交易所找到有意愿的交易对手。一旦买入订单和卖出订单相匹配，交易处理就会启动。国家证券结算公司（National Securities Clearing Corporation，NSCC）验证其收到的交易信息，然后介入交易，这意味着买方和卖方不再面临任何信用风险，所有的信用风险都集中在国家证券结算公司。一旦清算过程完成，就可以通过更新存管信托公司（Depository Trust Company，DTC）的记录来结算交易，以反映股票的新所有权。

然而，存管信托公司的记录并不是实时更新的——交易通常需要几天才能完成结算。在此期间，同一股票的交易将被扣除，从而减少了存管信托公司账簿上实际发生的变更数量，以及需要从相关经纪人向国家证券结算公司（或从国家证券结算公司向经纪人）支付的款项数量。过去，经纪人有三天的时间来结算大多数公开交易（通常被称为"T+3"结算），2017年减少到"T+2"。[2] 尽管如此，"T+2"与当日结算甚至即时结算仍然相距甚远。

在延长的结算期内，清算所承担了交易各方可能违约的风险，交易各方也需要承担清算所可能违约的风险。[3] 清算所违约的可能性会给每个交易对手带

---

① David A. Wishnick, *Reengineering Financial Market Infrastructure*, 105 Minn. L. Rev. 2379 (2021)；Emilios Avgouleas & Aggelos Kiayias, *The Promise of Blockchain Technology for Global Securities and Derivatives Markets：The New Financial Ecosystem and the "Holy Grail" of Systemic Risk Containment*, 20 Eur. Bus. Org. L. Rev. 81 (2019).

② US Sec. & Exch. Comm'n, *SEC Adopts T+2 Settlement Cycle for Securities Transactions* (Mar. 22, 2017), https：//www.sec.gov/news/press-release/2017-68-0.

③ Felix B. Chang, *The Systemic Risk Paradox：Banks and Clearinghouses under Regulation*, 2014 Column Bus. L. Rev. 747 (2014).

来结算风险，但较长的结算期也为交易各方在资产或现金结算周期方面提供了一定的灵活性，这在一定程度上解决了结算面临的流动性风险。① 较长的结算期也为创新性地使用尚未结算的股票提供了机会，如经纪人出于提前获益的目的，可以出售尚未结算的股票。这是完全合法的，意味着一只股票实际上可以同时存在多个所有者。但如果同一只股票被用作多笔贷款的抵押品，就可能会使金融系统的杠杆率成倍增加，从金融稳定的角度来看，这可能是极具风险的。②

此外，股票交易基础设施中固有的操作风险也可能影响结算。从 1987 年股市崩盘的教训来看，操作失败对股市会产生巨大的负面影响——"巨大的交易量堵塞了系统，导致通信和信息处理系统出现故障"，其中最严重的故障是 1987 年 10 月 20 日发生的一次编程故障，导致联邦储备通信系统关闭了两个半小时。如前所述，技术问题很快会转变为受影响交易员和经纪公司偿付能力的问题。③

1987 年，美联储对股市崩盘作出了常规的紧急处置——利用其最后贷款人身份为股市提供了流动性。流动性的注入有助于缓解社会公众对清算和结算链中任何环节偿付能力不足的担忧，但这并不是对技术问题的直接回应。1990 年，本·伯南克（Ben S. Bernanke）认为："困扰股市的通信和信息技术问题虽然严重，但技术本身并没有致使市场崩溃……可能更严重的是金融问题——主要参与者面临破产的可能性。"④ 然而，2021 年，技术问题可能演变成为更为紧迫的问题——分布式账本技术是否有助于解决操作风险？它是否也有助于解决集中在清算所的信用风险？

理论上，分布式账本的应用可以剔除交易所、国家证券结算公司和存管信托公司等中介机构，创建一个包含交易、清算和结算股票等功能的一站式商

---

① 结算期间发生的净额结算程序也是如此，它减少了结算所需的资产或现金量。

② Emilios Avgouleas & Aggelos Kiayias, *The Promise of Blockchain Technology for Global Securities and Derivatives Markets: The New Financial Ecosystem and the "Holy Grail" of Systemic Risk Containment*, 20 Eur. Bus. Org. L. Rev. 83 (2019).

③ Ben S. Bernanke, *Clearing and Settlement during the Crash*, 3 Rev. Fin. Stud. 133, 146 – 147 (1990).

④ Ben S. Bernanke, *Clearing and Settlement during the Crash*, 3 Rev. Fin. Stud. 133, 149 (1990).

店，其结算速度将比目前的"T＋2"快得多。^①在构建这种分布式账本之前，必须提前确定该分布式账本是否用于交易代币，或者是否会交易"原生"股票。如果一只股票是分布式账本上的原生股票，那么，就可以通过智能合约完成向股东支付股息等业务操作。^②

与支付系统一样，将分布式账本技术应用于股票交易系统也会带来操作风险。过去，清算所在管理交易对手违约风险方面相当成功，但也存在引发系统性风险的可能性。目前，分布式账本技术的应用会剔除清算所等中介机构，这在一定程度上消除了与清算所自身故障相关的巨大系统性风险。同时，与交易对手违约相关的信用风险也因实时结算而减少，但可能会增加流动性风险。在以往的交易中，如果在结算时卖方并未持有用于结算的股票，或者买方没有所需支付的资金，该怎么办？实现实时结算以后，可以要求卖家在交易时必须拥有其正在出售的股票，可以防止股票被多次用作贷款的抵押品，能够有效降低金融系统的杠杆率^③，但更快的结算速度意味着有更多交易的机会，随之而来的是出错的概率将大幅上升，且从分布式账本的管理方式来看，撤销有问题的交易在操作上可能非常困难，这将带来新的问题和风险。

事实上，使用分布式账本处理支付业务所涉及的操作风险，都会在使用分布式账本处理股票交易的过程中存在，当交易结算过程涉及不同的基础设施时，会变得更加复杂，因为将传统技术和新技术联系起来会增加问题出现的可能性。如果股票不是分布式账本上的原生股票，那么，交易对象就是代币，在这种情况下，如何确保实际托管的股票与分布式账本上代币的所有权相匹配？

当在传统结算基础设施上交易诸如基础加密资产此类的金融产品时，极有可能引发新的操作风险。由于传统结算系统需要几天的时间才能完成结算，而基础加密资产需要实时结算，因此，时间不匹配和结算失败则肯定会发生，交

---

① J. Travis Laster & Marcel T. Rosner, *Distributed Stock Ledgers and Delaware Law*, 73 Bus. Lawyer 319, 333 – 334 (2018).

② Primavera De Filippi & Aaron Wrigh, *Blockchain and the Law: The Rule of Code*, 93 (2018).

③ Emilios Avgouleas & Aggelos Kiayias, *The Promise of Blockchain Technology for Global Securities and Derivatives Markets: The New Financial Ecosystem and the "Holy Grail" of Systemic Risk Containment*, 20 Eur. Bus. Org. L. Rev. 107 (2019).

易资产和基础加密资产的价格可能会出现显著差异。[①] 在使用传统结算系统时，即使基础加密资产在给定的时间点有多个所有者，结算也可以进行，这就放大了加密资产出现故障的后果。

总之，技术创新将使交易处理在某些方面对金融系统来说更加安全，但也会使某些方面看起来更加糟糕。值得注意的是，随着新技术的应用和普及，操作风险亟须得到更多的关注。

关于支付服务供应商的说明

本节主要探讨第三方技术供应商的重要性。[②] 在金融领域，第三方技术供应商并不陌生，且随着金融科技的兴起，其重要性与日俱增。第三方技术供应商对风险管理、资本中介、支付等金融业务至关重要，如金融机构已经开始使用机器学习技术来帮助管理风险，也准备购买预编程的智能合约和分布式账本来运行其新型金融产品。

与管理操作风险类似，与第三方技术供应商相关的风险主要由金融机构来管理，但这种管理模式存在较大的局限性。从一开始，金融机构可能就没有评估其第三方技术供应商所需的专业技术知识，即使具有相关知识，也可能不想在第三方技术供应商评估方面进行过多的投资以保护整个金融系统。部分金融机构已与金融监管机构展开接洽，就"允许私营的标准制定组织对第三方技术供应商及其技术进行认证"这一议题展开讨论，尽管这可能有助于解决技术问题，但私营的标准制定组织也没有太多的意愿来评估技术可能带来的系统性问题，而且，这样做很可能导致金融机构更集中地依赖少数经过认证的第三

---

① Caitlin Long, *Settlement Risks in Crypto/Legacy Hybrid Instruments*, Forbes（Nov. 19, 2018）, https：//www. forbes. com/sites/caitlinlong/2018/11/19/settlementrisks – in – cryptolegacy – hybrid – instruments/? sh – 786082562422.

② Fin. Stability Bd. , *Regulatory and Supervisory Issues Relating to Outsourcing and Third – Party Relationships*：*Discussion Paper*（2020）.

方技术供应商。①

在对金融机构的监管过程中，金融监管机构可以充分了解第三方技术供应商的引入将如何影响整个金融系统。因此，在某些领域或地区，金融监管机构可以根据授权对第三方技术供应商进行直接监管，但现实并不总是如此。即使金融监管机构拥有对第三方技术供应商的监管权，但却无法监管位于其管辖范围之外的第三方技术供应商，也可能无法监管第三方技术供应商所依赖的技术供应商，此外，金融监管机构在监管第三方技术供应商所需的技术专业知识方面也面临着挑战。

考虑到金融监管的局限性——即使有完善的金融监管，技术故障也不可避免，如果金融机构对第三方技术供应商的依赖不是很集中，那么，金融稳定将从中受益。然而，在现实中，往往只有少数第三方技术供应商可供金融机构选择，如社会公众对云计算行业的集中度表示了很多担忧，少数大型云服务供应商主导着全球市场。②

目前，许多金融机构都在探索云计算服务，允许数据在云端存储。例如，数据可能包括处理交易所需的客户和余额信息，在这种情况下，云服务供应商停机可能会导致很多金融机构无法完成交易，从而可能触发操作故障并引起连锁反应。如前所述，如果过于关注金融系统单个组成部分的可靠性，可能会使整个金融系统更加脆弱，而个别金融机构在其本地数据中心使用的保护措施通常不如云服务供应商使用的保护手段强大，但金融机构本地数据中心停机的危害要比少数云服务供应商停机的危害小得多。事实上，建立众多相对较小的数据中心，会使金融系统更加稳健。

幸运的是，大多数金融机构仍然在本地实体存储了大部分"关键任务"数据。不过，金融机构对使用云存储来实现更多核心功能的意愿似乎越来越

---

① *Comment Letter from Americans for Financial Reform Education Fund & Demand Progress Education Fund regarding Request for Information on Standard Setting and Voluntary Certification for Models and Third – Party Providers of Technology and Other Services*（Sept. 22, 2020），https：//ourfinancialsecurity. org/wpcontent/uploads/2020/09/AFR – Education – Fund – DPEF – Comment – FDICDocket – RIN – 3064 – ZA181. pdf.

② Fin. Stability Bd., *Third – Party Dependencies in Cloud Services：Considerations on Financial Stability Implications*（2019）.

高，但系统漏洞也将随之增加。这一情况也说明了在金融系统中创造冗余的重要性，具体可以要求金融机构维护自己的本地数据中心，要求多个云服务供应商同时提供服务，也可以参与"制定关键客户账户信息的安全数据存储标准，以及在最坏的情况下为客户提供及时访问数据和资金的弹性计划"等。[①]

小结

本章结束了关于金融科技对金融稳定构成的威胁的讨论。许多金融科技商业模式和技术正在提高金融交易的速度、复杂性和协调性，这可能对金融系统的稳定产生破坏性影响。下一部分将基于第二章、第三章和第四章的相关论断，分析金融稳定监管的基础，以应对金融科技创新的兴起。

[①] American Bankers Association, *Sheltered Harbor*, https：//www.aba.com/bankingtopics/technology/cybersecu－rity/sheltered－harbor（June 17, 2021）.

第三部分

金融科技监管与金融稳定

第五章　金融科技和金融稳定监管现状

在第二部分，本书分析了金融科技发展带来的新型金融稳定风险，然而，应对和处置风险比识别风险困难得多。本书第三部分旨在探讨金融科技时代下金融稳定监管框架设计所面临的实际难题。其中，第五章主要分析金融监管机构在应对金融创新时所面临的挑战，并详细梳理金融监管机构迄今为止在金融科技监管方面所采取的方法。不幸的是，金融监管机构在为金融科技寻求新的监管方法时，并没有真正解决金融稳定风险。因此，第六章提出创新的监管方法，从而应对本书前面提到的各种金融风险。[①] 第七章回顾关于金融和科技的争辩，并思考如何将这些争辩与本书所关注的金融稳定问题进行相互印证。

什么是监管？

明确界定"监管"的概念与内涵有助于厘清金融科技给金融监管带来的挑战。与本书使用的其他专业术语一样，"监管"很难定义。[②] "监管"首先包括国家和州立法机构通过的法律，但许多非选举产生的政府机构也有权制定具有法律效力的监管规则。同时，私营部门也可以自由制定和执行针对其成员的规则，甚至在某些情况下，社会公众也可以根据法律授权对私营部门实施"监管"。此外，"法规"虽然通常用于描述规定义务和禁止业务活动的法律和规则，但也可以用于描述鼓励开展业务活动的法律与规则。因此，"监管"的

---

① 当然，新的金融稳定风险并不是科技与金融融合所带来的唯一问题。

② Matthew D. Adler, *Regulatory Theory*, in A Companion to Philosophy of Law and Legal Theory 595 (Dennis Patterson ed., 2nd ed. 2010).

概念非常宽泛，但本书只关注监管活动的一部分。第三部分的重点是金融监管机构及其规则制定、监督和执行等监管职能。此外，可能还需要新的立法，以授权金融监管机构参与新金融技术创新的规则制定、监管和执行。

金融监管机构参与制定规则，可以充实国家和州立法机构的法律体系。金融监管机构制定的规则可以禁止或要求开展业务活动，也可以要求在特定条件下开展业务活动。此外，规则可以直接约束金融产品和服务，例如，可以采取间接的方法禁止金融产品的某些功能，或要求金融机构披露金融产品的某些信息，以便消费者和投资者可以更准确地判断是否需要该产品。

金融监管机构在制定正式规则时须遵循既定的程序，其目的是让社会公众能够影响和监督非民选政府机构的立法过程。例如，在美国行政机构最终确定发布一项规则之前，必须首先发布"拟议规则制定通知"，让社会公众有机会对该规则发表意见和建议，并在充分考虑所有相关的公众意见和建议的基础上确定是否予以采纳。[1] 除正式规则之外，金融监管机构还会发布非正式的、能够较快实施的指导意见，但由于这些指导意见未受到民主程序的保障与监督，所以并不具备法律的全部效力，尽管如此，如果被监管的机构忽视了这些非正式指导意见，则将承担风险。部分金融监管机构试图采用原则导向的监管模式来跨越正式和非正式法规之间的鸿沟。在这种模式下，金融监管机构通过正式规则制定程序提出更高的监管要求，通过非正式指导意见告知被监管机构应如何满足这些监管要求。基于此，被监管机构在确定如何满足监管要求方面将获得更大的灵活性。[2]

除了制定规则，金融监管机构还负责监督规则、法律[3]的落实和执行情况。金融监管机构可以要求被监管机构提交报告或进行现场检查，对被监管机构业务活动的合规性展开评估。如果金融监管机构认为规则没有得到遵守，则

---

① Jeffrey S. Lubbers, *Administrative Law in the United States*, in Administrative Law of The European Union, Its Member States, and the United States: A Comparative Analysis 373 (René J. G. H. Seerden ed., 4th ed. 2018).

② Julia Black et al., *Making a Success of Principles – Based Regulation*, 1 L. & Fin. Mkt. Rev. 191 (2007).

③ 这里是指金融监管机构拥有管辖权的法律。

可以对被监管机构实施从非正式的"强制"措施或正式的制裁（如罚款），甚至可以与执法部门联合实施刑事处罚。总而言之，金融监管机构有多种监管方法可供选择，理想的监管方法组合根据监管对象的不同而发生变化。在应对创新时，寻找正确的监管方法组合特别具有挑战性。

为什么创新难以监管？

第一章分析并否定了"创新总是等于改进"这一传统观点。当然，创新经常会改进现有的产品和服务，但即使是改进，也可能会带来意想不到的副作用。因此，金融监管机构必须对提供金融产品和服务的新方式保持警惕。不幸的是，一些长期存在的挑战使围绕创新来设计和实施监管规则变得非常困难。不仅仅有金融监管机构面临上述挑战，各类监管机构在监督技术创新时都会面临这些困难。[①]

最明显的是，监管机构的资源往往比其监管的私营部门少得多，这可能使监管机构很难关注私营部门正在做什么。即使监管机构发现了新的创新，也可能很难理解这些创新。如果监管机构最终采用的规则阻碍了创新或产生了意想不到的后果，那将非常尴尬且失败。因此，在创新初期，监管机构可能不采取行动，而更倾向于采取"观望"的监管方式，这将更好地避免产生意外后果。然而，这种"观望"的监管方式往往会给社会公众带来不利影响——英国监管机构发现当私营部门技术以指数级速度发展时，"观望"的监管机构基本上是在"加速倒退"。[②]

即使监管机构愿意控制产品和服务的创新问题，也可能缺乏采取正式监管措施的授权或管辖权。新的创新很难融入监管框架，因为监管框架早在创新出

---

① Tim Wu, *Agency Threats*, 60 Duke L. J. 1841, 1847（2011）; Eric Biber et al., *Regulating Business Innovation as Policy Disruption: From the Model T to Airbnb*, 70 Vand. L. Rev. 1561（2017）.

② JoAnn Barefoot, *A Regtech Manifesto: Redesigning Financial Regulation for the Digital Age*, Alliance for Innovative Regulation 10（Jul. 2020）. https://www. dcfintechweek. org/wpcontent/uploads/2020/10/ Barefoot_ Jo - Ann_ AIR - Regtech - Manifesto - July - 2020. pdf.

现之前就已经设计好了。① 虽然可以通过更新法律和法规来赋予监管机构对创新的管辖权，但私营部门创新的速度往往比制定法律或规则的速度快得多。此外，由于制定法律和规则需要很长时间，即使法律和规则已经明显跟不上创新发展的步伐，也很难对其进行修改。

鉴于此，监管机构应该考虑采取折中措施——比正式法律或规则更灵活、比纯粹的"观望"方式更具控制力的监管。例如，监管机构可以使用演讲、声明、新闻稿、警告信、不采取行动信函、解释性指导和非公开会议等方式和工具，对现有法律法规在创新活动中的应用进行解释说明。② 这种非正式的监管措施可以快速实施，也可以很容易地根据情况的变化加以完善和改进。诚然，过多的监管灵活性有时会给监管机构和创新者带来问题，导致监管机构受困于没有法律效力的指导。权衡监管灵活性是既定规则适用性、确定性不足的表现，如果没有明确向消费者和投资者发出允许创新的监管信号，某些创新的市场可能无法发展。监管的不确定性还可能使创新者在监管环境不明朗的情况下面临执行的不确定性，创新者可能因为担心事后会被监管机构处罚或制裁，而不去开发创新项目。监管灵活性和确定性之间的权衡是不可避免的，监管方法应随着时间的推移而作出动态调整。

在面对创新技术时，监管机构可以先发布非正式指导，在创新技术成熟后再制定更为正式的规则。需要明确的是，监管机构不应该认为必须等到其完全理解了一项创新之后才采取更具体的行动。③ 一旦监管机构认为其掌握了足够的信息，就可以对创新的监管采取更明确的立场，并可以采用完全阻止创新的规则，或者采取相反的方法，以消除创新的所有监管障碍。然而，监管机构更有可能采取一种折中的方法，即允许一项创新，同时对其施加一些限制条件。

一旦监管法律法规就位，创新者将相应地调整其业务活动。部分创新者可能会将其业务转移到其他司法管辖区，因为在这些司法管辖区开展业务活动要么不受监管，要么受到不同的监管，这对于科技公司和金融公司来说相对容易

---

① 例如，大部分关于汽车的法规都是在人为驾驶时代制定的，这就使自动驾驶给汽车行业的监管带来了新的挑战。Sarah E. Light, *Advisory Nonpreemption*, 95 Wash. U. L. Rev. 325, 328 – 329 (2017).

② Tim Wu, *Agency Threats*, 60 Duke L. J. 1844 (2011).

③ 坦率地说，创新者是否完全理解了自己的创新也是值得怀疑的。

做到，因为其开展业务活动不需要依赖于大量的物理基础设施。① 部分创新者可能会试图通过重新设计产品和服务来逃避监管，这些产品和服务基于尚未纳入监管框架的业务流程，但却可以与受监管的业务活动产生相同的效果。上述情况都是监管套利，因为这些创新者虽然没有违反法律条文的相关要求，但实际上违反了法律的精神。对于监管机构而言，监管套利给有效应对创新带来了持续的挑战——如果监管机构试图利用制定新规则的方式来应对监管套利，明确法律对特定活动的适用性，那么，创新者可能会尝试进行更新的创新来规避新规则的约束，进而形成新的监管套利。

为什么监管金融创新尤为困难？

由于资源约束、无法有效理解创新等原因，不同类型的监管机构都需要关注监管套利问题。然而，金融监管机构还面临着更具体的挑战，尤其需要关注创新在金融系统中运行带来的高度复杂性。这种高度复杂性给金融监管机构理解创新带来了挑战，也为理解创新与现行金融系统之间的相互作用机制带来了阻碍。此外，金融监管机构还必须认识到金融监管及其可能引发的监管套利，将加剧金融系统的复杂性，而这种复杂性最终可能会给金融监管目标的实现带来负面影响。② 在如此复杂的环境中，结果的不确定性将成为制约金融监管有效性的重要因素。

如果金融监管机构试图实现多重监管目标，则会面临更多的困难。金融监管机构的监管权通常是由国家或州立法机构制定的法律授权的，其监管目标往往不只一个，主要包括维护金融稳定、保护消费者（投资者）、提高金融市场效率和促进金融市场竞争等。③ 任何需要实现多重监管目标的监管机构都必须

---

① Chris Brummer, *How International Financial Law Works（and How It Doesn't）*, 99 Geo. L. J. 257, 266（2011）；Elizabeth Pollman, *Tech*, *Regulatory Arbitrage*, *and Limits*, 20 Eur. Bus. Org. L. Rev. 567, 569（2019）.

② Andrew G. Haldane & Vasileios Madouros, *The Dog and the Frisbee*, at Federal Reserve Bank of Kansas City's 366th Economic Policy Symposium: The Changing Policy Landscape 109（2012）, http://www.kansas－cityfed.org/publicat/sympos/2012/ah.pdf.

③ John Armour et al., *Principles of Financial Regulation* 62－68（1st ed. 2016）.

考虑一个问题——为实现一个监管目标而制定的法规可能会对实现其他监管目标带来负面影响。

目前，法律授权金融监管机构保护消费者和投资者是较为常见的，但很少有法律明确授权金融监管机构促进创新。然而，私营部门却可以通过促进创新来提高金融服务的效率和竞争力。在理想情况下，提高金融服务的效率和竞争力，消费者和投资者也将受益，但受益和受保护并不完全一样。金融创新有着悠久的历史，这些创新从表面上看是为了吸引客户，但最终却损害了消费者和投资者的权益——许多创新型金融产品和服务都有隐藏属性，如果消费者和投资者真正了解了这些属性，可能会拒绝购买。① 通过信息披露规定，可以使金融产品和服务的隐藏属性得以显示。当某个金融产品或服务对消费者和投资者产生了特别严重的不良影响时，金融监管机构则会禁止该产品或服务的销售。② 这类保护性监管可能会降低金融创新带来的效率和竞争力，而具有相互冲突监管目标的金融监管机构则不得不对监管目标的重要性进行排序。在现实金融监管实践中，维护金融稳定的目标可能与通过创新促进效率和竞争的目标相冲突，因为许多高效的金融科技创新都有可能破坏金融稳定。

当金融监管目标发生冲突时，金融监管机构需要考虑优先实现哪个目标。维护金融稳定应该是任何金融监管机构的首要目标，消费者和投资者保护也应成为优先事项，因为弱势的消费者和投资者通常无法保护自己的合法权益。然而，不幸的是，近年来开发的许多针对金融科技的新监管方法都侧重于促进金融产品和服务的效率和竞争力，如创新中心、专项许可和监管沙盒都旨在促进私营部门的金融科技创新，而其他金融监管优先事项则未能得到足够的重视。③

---

① Bar – Gill & Elizabeth Warren, *Making Credit Safer*, 157 U. Pa. L. Rev. 1 (2008); Nicola Gennaioli et al., *Financial Innovation and Financial Fragility* (Fondazione Eni Enrico Mattei Nota Di Lavoro, Working Paper No. 114. 2010, 2010).

② 如英国立法限制高利率的"发薪日贷款"。John Armour et al., *Principles of Financial Regulation* 62 – 68 (1st ed. 2016).

③ UNSGSA FinTech Working Group & CCAF, *Early Lessons on Regulatory Innovations to Enable Inclusive FinTech：Innovation Offices, Regulatory Sandboxes, and RegTech* 30 (2019).

监管机构对创新的支持

金融监管机构认为金融科技创新很难游离于现行金融监管框架之外，而且创新者要调整其金融产品和服务的成本将非常大，因此，世界各国大部分金融监管机构都将促进私营部门金融科技创新作为监管目标之一。鉴于此，事先了解金融监管环境可以为创新者节省大量时间和金钱，因为金融产品和服务的设计必须考虑到监管要求。一方面，风险投资公司通常不会投资未满足监管要求的金融科技业务，初创型公司必须在了解监管要求的基础上才有可能获得资金支持；另一方面，当消费者和投资者知道金融产品和服务受到监管时，通常会更加信任这些金融产品和服务。因此，来自金融监管机构的"祝福"对新金融产品和服务的销售来说是一大利好。

由于各种原因，金融科技创新者自始至终遵守金融监管是很有商业价值的。然而，没有金融从业经验的科技初创公司必须投入大量的时间和金钱来弄清楚哪些法规适用于他们，以及他们的业务需要获得哪些许可和授权，且必须在测试金融产品和服务前完成上述工作。成熟的金融机构比金融科技初创公司更了解金融监管，但由于金融监管机构对创新技术的监管方式还存在不确定性，这最终也可能会阻碍金融机构和金融科技初创公司的创新步伐。

为了减少私营部门创新面临的障碍，世界各国金融监管机构在金融科技监管领域开展了大量创新实践。部分金融监管机构未将现有法规适用于金融科技监管；部分金融监管机构通过发布"不采取行动信函"或"不执行信函"的形式保留监管要求，但同时告知创新者其业务活动不会因违反监管要求而受到处罚；部分金融监管机构还通过非正式的方式提供简单的指导，帮助创新者了解适用于其金融产品和服务的监管要求，并告知创新者需要对其金融产品和服务进行哪些调整以满足监管要求。[①] 最近，许多提供这类指导的金融监管机构

---

① Hilary J. Allen, *Experimental Strategies for Regulating Fintech*, 3. J. L. & Innovation 1, 22 (2020).

纷纷开始将自己标榜为"创新中心"。①

2014 年，英国金融行为监管局（Financial Conduct Authority，FCA）成立了全球首家金融科技创新中心，通过创新计划向英国创新者提供多种形式的支持和服务，其中最知名的当数监管沙盒测试机制（Regulatory Sandbox），并在创新过程中向创新者进行实时反馈。其他许多国家也效仿英国的做法，创建了自己的创新中心。建立了创新中心的金融监管机构正在开展不同类型的外部宣传活动，包括在不同地域举办开放式会议，或在指定的办公时间邀请创新者进入金融监管机构办公场所参观等。在实际操作过程中，金融监管机构需要投入大量的资源来运营创新中心。此外，通常情况下，在创新中心启动之前不需要对现行法律法规进行修订。

部分金融监管机构考虑或采用更为正式的监管方法来应对金融科技创新。例如，美国货币监理署（Office of Comptroller of the Currency，OCC）通过了一项政策，颁发所谓的"金融科技许可"（FinTech Charter，这是一种新的许可证)②，适用于希望被纳入联邦新金融监管制度框架③的非银行类公司。然而，由于以下原因，导致"金融科技许可"难以获得认可。首先，在一系列诉讼中，货币监理署是否有权颁发这一具有特殊目的的许可证饱受质疑，即"金融科技许可"是否具有合法性尚不确定。④ 其次，"金融科技许可"附带着大量的监管规则，而遵守这些监管规则所需的时间和成本可能对许多初创型公司来说是难以承受的。⑤ 从现实情况来看，监管沙盒是一项认可度较高的创新型监管工具，它能够减少创新者必须遵守的监管规则数量。

---

① "创新中心"一词用来描述由金融监管机构设立并向金融科技创新者提供咨询和指导的项目。Ross P. Buckley et al., *Building Fintech Ecosystems：Regulatory Sandboxes，Innovation Hubs and Beyond*，61 Wash. U. J. L. & Pol'y 55, 58 (2020).

② Off. Of Comptroller of Currency, *Policy Statement on Financial Technology Companies' Eligibility to Apply for National Bank Charters*（Jul. 31, 2018）.

③ 以金融科技为核心建立起来的监管制度框架。

④ Lacewell v. *OCC Case* 19－4271 SDNY.

⑤ Gregory Roberts, *OCC Fintech Charter May Be a Poor Fit for Fintechs*, Bureau Nat'l Affairs（Feb. 2, 2017），https：//bnanews. bna. com/tech－and－telecom－law/occ－fintechcharter－may－be－a－poor－fit－for－fintechs? context＝search&index＝3.

监管沙盒

2016 年，英国金融行为监管局率先提出"监管沙盒"这一概念，以期有效解决金融科技创新的监管障碍。[①] 英国金融行为监管局借鉴了软件开发中的思路——"沙盒"用于在隔离环境中测试软件，将监管沙盒设定为"一个'安全空间'，公司可以在其中测试创新型金融产品、服务、商业模式和交付机制，同时确保消费者能够得到适当保护"。在监管沙盒测试中，参与者获得了有限的授权，可以在六个月内与真实客户一起测试金融产品和服务，而无须完全遵守通常适用的金融法规。因此，参与者可以节省大量的时间和金钱，否则将不得不在合规领域花费大量的资源。同时，参与者还可以获得来自金融行为监管局的个性化指导，了解如何在未来优化创新以满足合规要求。参与者以公司为个体向金融行为监管局提出测试申请，并被划分为不同的测试组。金融行为监管局根据具体情况评估每个测试组收到的测试申请，以确定金融产品或服务是否适合参与监管沙盒测试。截至 2022 年 11 月，已有 166 家公司参加了监管沙盒测试，多种不同技术在金融领域的应用得到了测试。其中，分布式账本技术应用和数字身份验证技术测试较为常见。[②]

事实证明，监管沙盒测试在当前非常流行。在过去几年中，世界各国金融监管机构都采用了不同的主题，允许创新者在宽松的监管环境中对金融科技产品和服务进行有限的测试。每个监管沙盒的形式因地域而异，但大多数都体现了英国金融行为监管局监管沙盒的两个重要属性。首先，本应适用的监管规则在测试期内以某种方式未被执行或未被完全执行。其次，一旦测试期结束，金融监管机构通常会就如何设计符合相关监管规则的金融产品和服务向创新者提

[①] Press Release, Fin. Conduct Auth., *Financial Conduct Authority's Regulatory Sandbox Opens to Applications* (May 9, 2016), https：//www.fca.org.uk/news/press-releases/financial-conductauthority's-regulatory-sandbox-opens-applications.

[②] *Regulatory Sandbox*, Financial Conduct Authority, https：//www.fca.org.uk/firms/innovation/regulatory-sandbox (last visited Feb. 22, 2021).

供指导。① 目前，包括马来西亚、毛里求斯、沙特阿拉伯和瑞士在内的众多国家都已经开展了金融科技监管沙盒测试。② 此外，全球金融创新网络（Global Financial Innovation Network，GFIN）正在搭建国际监管沙盒，通过开展跨境测试，允许在多个国家同时测试创新型金融产品和服务。③

开展跨境测试说明目前可用监管沙盒的地域局限性无法有效测试金融科技产品和服务的跨境服务能力。在美国，由于大多数监管沙盒都是在州一级创建的，因此很难为创新型金融科技产品和服务提供进入完整国内市场的机会。④ 实际上，州一级监管沙盒的测试效果并不理想，而且从维护金融稳定的角度来看，也会带来一些令人担忧的问题。州和地方政府不是承担维护金融稳定责任的首选部门，因为金融稳定是一种无法在国界内进行分割的公共利益。对于一个小的区域来说，政府基本没有什么动力去花费资源维护金融稳定，因为金融稳定具有很大的外部性。事实上，每个州都在朝着相反的方向发展——降低金融监管标准，以便吸引新的公司，并从由此产生的税收、费用和就业中获益。同时，这种"竞次"（Race to the Bottom）的现象也存在于国际层面，个别国家可能利用监管沙盒来降低金融监管标准，以提高其国内金融市场的吸引力和竞争力。

从某种程度上说，监管沙盒会降低参加测试的公司遵守金融稳定规则的相关要求，这可以被视为一种放松监管的行为，甚至有可能损害公众利益。不过，可以将更好地保护金融稳定的规则纳入监管沙盒的设计中。⑤ 首先，任何

---

① Hilary J. Allen, *Regulatory Sandboxes*, 87 Geo. Wash. L. Rev. 579, 592 (2019)；Ross P. Buckley et al., *Building Fintech Ecosystems*：*Regulatory Sandboxes, Innovation Hubs and Beyond*, 61 Wash. U. J. L. & Pol'y 59 (2020).

② *Key Data from Regulatory Sandboxes Across the Globe*, The World Bank (Nov. 1, 2020), https：// www. worldbank. org/en/topic/fintech/brief/key – data – fromregulatory – sandboxes – across – the – globe.

③ *GFIN Cross – Border Testing*, Global Financial Innovation Network, https：//www. thegfin. com/cross-border – testing.

④ 在美国，消费者金融保护局通过了一项政策，创建了一个国家级的"合规援助沙盒"，但其合法性和使用范围尚存争议。因此，美国可使用的监管沙盒实际上仅限于州政府支持设立的监管沙盒，如亚利桑那州、犹他州和怀俄明州采用的监管沙盒。Hilary J. Allen, *Experimental Strategies for Regulating Fintech*, 3. J. L. & Innovation 1, 22 (2020).

⑤ Hilary J. Allen, *Regulatory Sandboxes*, 87 Geo. Wash. L. Rev. 579 (2019).

授权监管沙盒测试的法律、法规或政策都可以规定维护金融稳定是监管沙盒运行的首要条件。这可能意味着，如果创新有可能对金融体系产生系统性影响①，或者创新过于复杂且难以理解，那么，这类公司将被排除在监管沙盒测试之外。其次，如果监管沙盒放弃了要求参与测试公司遵守现有维护金融稳定的规则，则会用更具灵活性的要求取代这些规则，要求公司必须明确其创新会对金融稳定产生什么样的影响并采取应对措施。例如，为金融机构提供创新设计服务的公司，不能与任何具有系统重要性的大型金融机构一起测试其产品，因为这会放大测试期内任何错误的影响。最后，一旦发现创新可能威胁金融稳定，则应终止对该金融产品和服务的测试。

事实上，监管沙盒对于维护金融稳定只会产生间接的、偶然的推动作用，因为创新者本身没有意愿和主动性去维护金融稳定，且通过创新来维护金融稳定的能力是有限的。尽管如此，监管沙盒可以帮助金融监管机构了解未来可能需要应对的新技术，也可以向金融监管机构提供早期干预金融产品和服务研发的机会。理想情况下，监管沙盒的设计应最大限度地挖掘并呈现与新技术相关的信息，从而为金融监管机构提供监测和影响这些新技术的机会。然而，在现实中，监管沙盒实际产生的信息和促进干预的效果并不理想。

近几十年来，金融监管机构一直在国内和国际层面就监管最佳实践共享信息。② 共享信息也会涉及部分敏感业务，主要的是对跨区域经营的金融机构财务状况的监管情况。③ 然而，在监管沙盒测试中，金融监管机构了解有关技术发展的敏感信息，不仅是为了履行监管职责，也是为了帮助技术实现成功应用。金融监管机构应该与其他金融监管机构（包括其他区域的金融监管机构）共享有关新技术的信息，从而充分认识新型金融科技风险并形成一系列应对措施。在实践中，一些金融监管机构可能不希望共享有关技术创新的信息，担心

---

① 如果创新者是一家科技金融公司或大型银行，则极有可能出现这种情况。

② Chris Brummer, *How International Financial Law Works（and How It Doesn't）*, 99 Geo. L. J. 274 (2011).

③ 金融稳定委员会提倡使用监督学院作为监督开展重要跨境业务金融机构的最佳方式。这些学院的主要目标是"交流信息并建立对话机制，从而能够识别并解决银行集团面临的主要风险。"Katia D'Hulster, *Cross Border Banking Supervision: Incentive Conflicts in Supervisory Information Sharing between Home and Host Supervisors* 1（World Bank Pol'y Rsch., Working Paper No. 5871, 2011）.

如果一旦实现信息共享，可能会将技术信息泄露给同一测试组的其他公司。如果发生这种情况，每个金融监管机构可能只能了解一小部分金融科技创新，且无法对金融稳定面临的新威胁形成完整的认知。

如果无法在监管区域内普及关于新技术的知识，那么，金融监管机构还能在监管沙盒测试过程中引导、调整这些新技术吗？在实际操作中，很难弄清楚是否存在上述情况，因为监管沙盒实际运行数据是非常有限的。如果金融监管机构低估了监管沙盒运行所需的时间成本和专业知识，就可能无法以有益于社会的方式来指导金融科技创新。有趣的是，许多金融监管机构似乎将监管沙盒当成了一种品牌活动——以低成本的方式向世界传达其监管区域是"对金融科技创新开放的"，却没有充分考虑希望通过监管沙盒测试实现什么样的目标。① 因此，如果发现这些金融监管机构没有考虑到监管沙盒测试可能对保障金融稳定等核心监管目标产生的影响，那也就不足为奇了。②

以"创新者为中心"的监管策略是否合适？

向监管沙盒投入大量关注和资源以促进私营部门创新，这是否实现了公共资源效用最大化？这一问题仍然值得思考。金融监管机构期望通过私营部门的创新为普通公众带来更低成本、更高效率的金融服务，特别是将以前难以享受金融服务的消费者纳入金融服务范围之内。然而，资助私营部门创新是扩大金融产品和服务可获得性的一种非常间接的方式。目前，用于创新中心和监管沙盒的资源很可能主要惠及个人创新者，而不是社会公众。金融监管机构可以考虑直接解决公众未得到满足的金融需求③，而不是采取促进私营部门创新这一间接的方式。

---

① Ross P. Buckley et al. , *Building Fintech Ecosystems*：*Regulatory Sandboxes*，*Innovation Hubs and Beyond*，61 Wash. U. J. L. & Pol' y 72（2020）.

② 金融稳定理事会提出"保障金融稳定往往不是金融科技监管改革近期或计划实现的目标"。Financial Stability Board, *Financial Stability Implications from Fintech*, 5（2017）.

③ 例如，可以采取在本书第四章中提到的"授权中央银行或邮政部门直接提供金融产品和服务"这一直接方式。

　　目前，世界上许多国家都推出了监管沙盒和其他促进金融科技创新的计划，但与之相关的数据却非常有限，因此，无法确定这些监管策略是否在提高效率、促进竞争等方面取得了实效。假如进一步扩大评估范围，分析这些监管策略是否满足保障金融稳定等核心金融监管目标的要求时，那么，金融监管机构就有必要衡量与思考是否需要在这些项目上花费大量的公共资源。更为重要的是，金融科技公司没有义务参与这些计划，且部分公司可能没有意愿也不会参与，但金融监管机构的优惠政策都将偏向于选择参与这些计划的公司，这就可能使金融监管机构无法对技术创新前景形成一个全面的认知。特别是在金融监管资源稀缺的地方，将这些资源用于保障金融稳定是否比促进一小部分私营部门创新更为合适？如果豁免、不采取行动信函和监管沙盒被用来撤销或削弱保障金融稳定的相关规则，真的可以产生积极的政策效果吗？

　　不幸的是，虽然在支持金融科技创新方面有很多积极的声音，但基本未涉及上述问题，也没有讨论过"支持私营部门金融科技创新"这一监管策略是否会对金融稳定产生影响，乍一看，这似乎是合理的。毕竟，当金融科技创新在一小群零售消费者中进行试验时，不太可能产生太大的系统性影响。然而，一旦这些创新的规模化版本投入金融市场，则有可能引发更大的问题。即使在试验中，如果参与试验的是大型金融机构，创新更可能会引发问题。

　　除了需要制定监管沙盒的配套保障措施外，所有支持金融科技创新的监管策略都需要某种类型的"强制清算"程序。一段时间后，监管沙盒、创新中心和类似项目均应自动终止，除非有充分的证据证明继续在这些项目中投入资源是合理的。[①] 启动这些项目最初是源于对金融科技创新的热情，但几年后，应该基于更多的数据来作出更合理的决定，至少要分析这些项目是否能实现促进竞争或提升效率等金融监管目标。

　　几年后，这些支持金融科技创新的监管策略对金融稳定产生的影响可能仍然难以评估。然而，一种预防性的监管方法表明，目前投入在监管沙盒和创新

---

① Roberta Romano, *Regulating in the Dark and a Postscript Assessment of the Iron Law of Financial Regulation*, 43 Hofstra L. Rev. 25, 38-39（2014）.

中心等项目的监管资源，可以更好地帮助金融监管机构维持金融系统[1]的稳定性。首先，需要整合资源以了解金融科技创新是如何破坏那些旨在保护金融系统的监管措施的；其次，应将监管资源用于测试适用于所有人的金融科技监管方法，而不是投入在仅仅适用于参与监管沙盒或创新中心创新者的监管策略上。

金融稳定监管概述

请记住，金融稳定监管的存在是为了确保金融系统能够履行经济运行中不可或缺的风险管理、资本中介和支付等重要职能，在实践中可以通过很多不同的方法来实现这个目标。最常见的金融稳定监管措施主要是为了防止出现银行挤兑，这既是由银行提供基础性金融服务的重要功能决定的，也是由银行体系固有的脆弱性决定的。当客户将资金存入银行时，该客户实际上是在向银行放贷；当客户从银行提取资金时，该客户实际上是要求银行立即偿还贷款。如果有太多的客户同时想提取资金，银行就需要出售资产来缓解现金的即时压力。如果银行被迫以太低的价格出售资产，其整体资产价值可能会被压低。当资产价值低于其未偿债务金额时，银行将无法有效履行其职能。在这种情况下，即使银行幸存下来，其运营资金也会比平时少得多，最终可能也会限制其贷款业务。此外，银行出售资产可能会压低这些资产的市场价格，从而影响其他投资这些资产的金融机构，甚至导致这些金融机构难以履行其风险管理、资本中介和支付的职能。

存款保险制度是美国在大萧条时期首创的，是针对上述问题的一种监管策略。尽管当时许多人担心存款保险会刺激银行采取更为冒险的行为，但鉴于社会公众要求结束银行恐慌的呼声很高，美国于 1933 年成立了联邦存款保险公司。[2] 存款保险计划的内容会随着时间的推移而演变，但其基本原则大致保持不变。对于存款人而言，如果一家投保银行无法将资金退还给他们，政府则将

---

① 受到新技术的影响，金融系统正处在持续的、快速的变化之中。

② Michael S. Barr et al. , *Financial Regulation*: *Law and Policy* 234 (1st ed. 2016) .

取代银行来承担退还资金的义务。例如，根据美国法律规定，每个存款人在同一家投保机构按同一类型账户合并计算的存款保险限额为 25 万美元。[①] 存款保险制度能够激发存款人的信心，使其愿意把资金存在银行，同时也确保银行能够维持稳定的资金来源。

银行通过实施特别处置机制来增强存款人的信心。如果一家倒闭的银行被要求宣布破产，在漫长的法院审理处置程序中，存款人的资金将被冻结。为了避免出现这种情况，存款人可能会从摇摇欲坠的银行中尽快撤出资金，并最终加速银行破产。通过特别处置机制，倒闭的银行可以立即向存款人付款，从而避免出现上面的情况。[②] 中央银行也可以向暂时无法从其他地方借款的银行发放紧急贷款，即中央银行的"最后贷款人"（Lender of Last Resort）职能。数百年来，世界各国中央银行一直在履行该职能，以避免健康的银行被迫廉价出售其资产来满足对现金的即时需求。

由存款保险、特别处置机制和最后贷款人构筑的安全网在防止银行挤兑方面非常有效，这使得银行能够免于承受过多的风险，反而可能导致银行倾向于进行更高风险的投资。[③] 因此，需要实施其他类型的监管措施，以确保银行持续审慎经营。例如，金融监管机构投入了大量时间和精力来跟踪监测银行管理水平，制定审慎规则要求银行保持能够覆盖损失的最低资金水平，以及能够迅速转化为现金的最低资本水平，即监管资本和流动性要求。[④] 监管资本要求背后的主要思想是：如果一家银行使用不需要偿还的资金为其投资提供资金支持，即使所投的资产开始贬值，其负债也不太可能比其资产更大。换句话说，银行不太可能破产。流动性要求（如准备金要求和流动性比率）背后的主要思想是：确保银行手头有一定的现金来应对其即时债务。与存款保险一样，流动性要求将降低银行在恐慌期间通过折价出售资产来筹集现金的可能性。但

---

① Carnell et al., *The Law of Financial Institutions* 226 (6th ed. 2017).

② John Armour et al., *Principles of Financial Regulation* 341 (1st ed. 2016).

③ 这是 19 世纪 30 年代存款保险反对者所持的主要观点。

④ 国家监管资本和流动性要求通常基于巴塞尔银行监管委员会制定的国际标准。该国际标准的最新版本（2010 年首次发布，随后进行了修订）被称为"巴塞尔协议Ⅲ"。Basel Committee on Banking Supervision, *Basel III: A global regulatory framework for more resilient banks and banking systems*, Bank for International Settlements (2011), https://www.bis.org/publ/bcbs189.pdf.

是，有批评人士认为这类监管措施绝非完美，因为它们对金融系统风险和不确定性作出的反应不足。[1]

其他类型的金融机构和市场对金融系统的风险管理、资本中介和支付职能来说也是至关重要的。自1998年金融危机以来，社会公众普遍认为金融稳定监管范围需要从银行扩展到所谓的影子银行，但在如何实施监管方面尚未达成一致。[2] 当前，也有部分观点认为金融监管机构不能孤立地看待单个金融机构，单个金融机构为确保自身遵守监管资本和其他监管要求而采取的行动，可能会以牺牲整个金融系统的稳定性为代价。

金融稳定监管机构需要关注个别银行和影子银行行为的系统性影响，这被称为"宏观审慎"监管方法。自2008年以来，世界各国金融监管机构都采取了具体的宏观审慎监管措施，如提高对最大几家银行的监管资本要求，以及采用新的监管资本"缓冲"措施，使得所有银行在金融危机期间均不再需要寻找新的资本。此外，金融监管机构还通过各种机制将监管资本要求扩大到最大的几家影子银行，并取得了不同程度的成效。[3]

然而，宏观审慎监管措施不仅仅局限于监管资本要求，更需要不同监管领域的金融监管机构开展合作协调，并持续关注"如何将不同的监管措施结合起来？潜在的风险可能隐藏在哪里？"等议题。[4] 在过去的十几年中，宏观审慎监管措施还包括建立具有系统性监督能力的新金融监管机构，如美国金融稳定监督委员会、英国金融政策委员会（Financial Policy Committee，FPC）以及欧洲系统性风险委员会（European Systemic Risk Board，ESRB）。此外，创新型数据收集和分析方法也开始应用于宏观审慎监管，特别是在系统性风险假设

---

[1] Anat Admati & Martin Hellwig, *The Bankers' New Clothes*: *What's Wrong with Banking and what do Hellweg About it* (2013).

[2] John Armour et al., *Principles of Financial Regulation* 434 (1st ed. 2016).

[3] Jeremy C. Kress et al., *Regulating Entities and Activities*: *Complementary Approaches to Nonbank Systemic Risk*, 92 S. Cal. L. Rev. 1455, 1473 et seq. (2019).

[4] Martin Hellwig, *Financial Stability and Monetary Policy*, MPI Collective Goods Preprint 20 (Aug. 2015), https://www.coll.mpg.de/pdf_ dat/2015_ 10online.pdf.

情景下进行金融机构压力测试，从而有效评估其抗压能力。[①]

金融科技是如何破坏金融稳定监管的?

上述措施对于保障金融稳定都很有益处，但宏观审慎监管仍有很大的发展空间。事实证明，如何解决影子银行可能带来的风险是一个棘手的问题，即如何监管非银行金融机构面临诸多挑战。特别是随着金融科技公司、科技金融公司在金融体系中重要性的日益增强，这个问题将变得越发严重。在现有的金融监管体制下，在未获得银行牌照时，金融科技公司将无法获得存款保险和特别处置机制的保护，但获取银行牌照是一个高成本且耗时的过程，许多金融科技公司都在试图回避。[②] 而当金融科技公司获得银行牌照后，由于金融监管机构不熟悉其商业模式，可能会使监管和执法变得更为复杂。

宏观审慎监管也应关注金融市场和机构，因为对金融市场活动的监测有助于发现新的系统性风险。然而，随着金融市场活动越来越受到算法的驱动，金融监管机构面临的不透明性问题将进一步加剧。特别是在高频交易快速发展的背景下，金融市场参与者是否必须向金融监管机构披露其算法已经成为一个备受关注的问题。2015 年，美国商品期货交易委员会计划制定一项规则，拟为其提供访问高频交易公司交易算法源代码的权利。[③] 但是，这一做法遭到了行业内那些不愿共享"算法机密"的公司的强烈反对，最终导致美国商品期货交易委员会放弃了制定此项规则。然而，目前尚不清楚，源代码披露是不是一项有效的金融监管措施。随着机器学习变得越来越普遍，与可供学习的数据源相比，教算法如何学习的源代码将变得更不相关。此外，即使是经验丰富的软件工程师也很难仅仅通过查看源代码来发现算法的缺陷，但不可否认的是，查

[①]　Viral Acharya et al. , *Testing Macroprudential Stress Tests：The Risk of Regulatory Risk Weights*, 64 J. Monetary Econ. 36 （2014）.

[②]　Rory Van Loo, *Making Innovation More Competitive：The Case of Fintech*, 65 UCLA L. Rev. 232, 244 （2018）.

[③]　最初提出的规则要求高频交易公司确保美国商品期货交易委员会可以访问公司的源代码库。该源代码库用于管理源代码的访问权限、长期保存源代码、保留实际运行的源代码副本及其调整优化的记录等。参见 *Regulation Automated Trading*, 80 Fed. Reg. 78, 857 （Dec. 17, 2015）.

看源代码可以帮助金融监管机构、软件工程师通过模拟运行算法来了解其工作原理。[①] 因此，金融监管机构可能不需要通过源代码来了解金融市场活动，但如果想要发现金融市场的新漏洞，则可能需要提出披露训练数据、开展算法测试等要求。但遗憾的是，当使用这些算法的金融市场参与者不是银行时，金融稳定监管机构缺乏管辖权。

在最好的情况下，弄清楚金融资产的风险有多大并明确其适用的监管资本和流动性要求，是一项具有挑战性的工作。加密资产的兴起可能使这项工作变得更加困难。在分布式账本和智能合约出现之前，金融资产无法脱离实物而独立存在，即价值形式的资产必须依赖于实物形式的资产。然而，金融科技的创新催生了摆脱这种限制因素的加密资产。如果可以创建无限数量的加密资产，拥有这些资产的机构所需要维持的监管资本和流动资产水平将面临很大的不确定性。

如果传统资产意外地与加密资产相关联，原本适用于传统资产的监管资本和流动性要求也可能会被证明是错误的。检测这些相关性的一种方法是让银行接受压力测试，但如果压力测试所用的场景是基于传统金融系统的经验的，测试可能无法告诉金融监管机构当出现问题时该系统将如何运行。例如，压力测试可能无法预测——算法可能导致客户以前所未见的速度和规模在金融产品之间"高速切换"，从而使挤兑情况比过去更严重。[②] 在金融科技时代，如果监管资本和流动性要求没有得到有效的调整，将增加金融机构在金融冲击中难以为继的可能性。

金融监管机构对银行管理层的监管也必须进行调整，应重点关注银行董事和高级管理人员在金融科技背景下管理银行所面临的挑战。在银行的高级管理人员中，大多数人在人工智能、分布式账本和数据驱动技术等方面没有太多的专业知识，但这些技术对银行的业务越发重要。鉴于此，金融监管机构必须评估银行管理人员是否有足够的专业知识来正确地管理银行的业务运营。如果银行将关键职能外包给第三方技术供应商，可能导致金融监管机构有必要去监督

---

① Joshua A. Kroll et al., *Accountable Algorithms*, 165 U. Pa. L. REV. 633, 638, 647 (2017).

② Rory Van Loo, *Digital Market Perfection*, 117 Mich. L. Rev. 815, 879 (2019).

这些技术供应商，但这可能已经远超金融监管机构所能监管的范围。最终，金融监管机构可能会发现自己无法监管这些管理人员，而是去监督自动化合规系统的运行。

银行文化问题与银行监管问题密切相关。法律在控制不稳定金融风险方面的作用有限，因为法律不可能详细地列举银行从业人员在每一种潜在情况和意外情况下应如何采取行动，因此，世界各国中央银行和金融监管机构越来越多地试图改革银行业文化，以鼓励银行从业人员对其作出的可能产生广泛经济影响的决策负责，尤其是要对风险决策承担责任。[1] 然而，试图改变一个行业的文化是非常具有挑战性的，而且随着该行业越来越依赖最新的技术，这项任务只会变得越来越难。

随着风险管理决策越来越依赖于算法，让金融行业从业人员相信其个人决策对保障金融系统稳定至关重要，将变得更加困难。行业文化基于人类的情感和体验，通过谴责不遵守文化规范的行为、从社会层面认可遵守文化规范的行为来影响个人决策。但随着决策自动化越来越普及，良好公司文化的纪律约束将有所减弱。目前，算法本身并不具备人类的同理心或羞耻感。[2] 制定算法的人可能会将其工作视为是纯粹技术性的，从而在心理层面上将自己与算法可能产生的结果区分开来。那些基于算法开展工作的人一般认为那些值得怀疑的、冒险的风险决策行为是由算法带来的，因为这样可以使其避免受到问责。[3] 因此，随着金融机构越来越依赖算法来管理风险，忽视金融稳定受到的潜在影响

---

[1]　John M. Conley, *Can Soft Regulation Prevent Financial Crises：The Dutch Central Bank's Supervision of Behavior and Culture*, 51 Cornell Int'l L. J. 773, 777；780 (2019). 例如，英国金融行为监管局认为："如果公司采取措施帮助员工更好地理解其工作对现实世界的影响……让员工不再将其工作视为简单的'屏幕上的数字'，并充分理解健康运营的金融机构对于整个经济社会运行的重要性，那么，金融行业将能够更好地实现公共利益。" *Behaviour and Compliance in Organisations*, Financial Conduct Authority 35 (Dec. 2016), https：//www. fca. org. uk/publication/occasional – papers/op16 – 24. pdf.

[2]　但部分算法已经开始学习、模仿人类的同理心或羞耻感。Natasha Lomas, *Can an Algorithm Be Empathetic? UK Startup EI Technologies Is Building Software That's Sensitive to Tone of Voice*, TechCrunch (Aug. 4, 2013), https：//techcrunch. com/2013/08/04/empathy/.

[3]　Ann E. Tenbrunsel & David M. Messick, *Ethical Fading：The Role of Self – Deception in Unethical Behavior*, 17 Soc. Just. Rsch. 223, 224 (2004)；Daniel A. Effron & Paul Conway, *When Virtue Leads to Villainy：Advances in Research on Moral Self – Licensing*, Current Op. In Psych. 6 (2015).

可能会变得更加普遍。

文化改革、监管资本和流动性要求被称为事前监管,因为这些监管策略试图从银行展业之始就防止问题发生。事前监管本质上是预防性的,但并不一定会成功。预防性措施要求提前计划,即如果事前监管失败,应采取什么样的应对措施。这些应对措施被称为事后监管。中央银行的最后贷款人职能就是保障金融稳定的事后监管措施。但不幸的是,金融科技的兴起可能会对这一职能以及银行、非银行机构和金融市场的其他事后应对措施造成严重破坏。

中央银行和其他金融监管机构在金融危机中采取的紧急事后应对措施旨在平息金融市场动荡,并激发社会公众对金融体系的信心。过去,仅仅传达即将给予紧急支持的信号就足以恢复金融市场信心并防止恐慌。[①] 然而,如果算法将在未来作出大部分金融决策,那么,尚不清楚算法将如何解释旨在吸引客户的沟通策略,也不清楚算法将如何看待旨在增强公众对银行信心的其他监管措施(如存款保险和特别处置机制)。甚至,也不清楚算法将如何看待已经实际实施的紧急措施,假设要让算法倾向于政府干预,就首先需要在算法中编入"政府干预是有益的"这一程序,或者在机器学习算法中增加"政府干预是有益的"这一学习数据。

金融市场监管机构掌握着不同种类的事后应对措施,其中最常用的是熔断机制(Circuit Breakers)。在股市中,熔断机制被用来暂停恐慌交易,给予市场参与者集体缓冲期以重新设定错误的股价。[②] 从金融稳定的角度来看,这样的暂停可能很重要,因为如果股价大幅下跌并持续低迷,流动性和偿付能力问题可能随之而来,持有大量股票的金融机构可能需要折价出售其他类型的资产,以筹集现金满足其迫切需要,这可能会损害其自身的偿付能力,并压低资产价格。然而,算法交易的速度太快了,这意味着当决定熔断时可能为时已晚,可能无法避免地将危机和风险从股市传递到其他金融市场和金融机构。

上面仅列举了金融科技崛起可能破坏现有金融稳定监管的部分情况。金融

---

① Douglas R. Holmes, *Communicative Imperatives in Central Banks*, 47 Cornell Int'l L. J. 15 (2015).

② Bradley Hope & Dan Strumpf, *The Problem with Circuit Breakers*, Wall St. J. (Jan. 7, 2016), https://www.wsj.com/articles/the-problem-with-circuit-breakers-1452205576.

监管机构应该始终对金融系统的运行保持清醒的认知——金融科技的发展很可能会给维护金融稳定措施的顺利实施带来更多意想不到的障碍。然而，随着对金融科技监管的日益深入，金融稳定监管机构会发现其将越发"力不从心"，亟须重新评估其对当前金融机构和金融市场运行的认知。此外，金融监管机构还面临着更大的困难，因为金融行业正越来越依赖所谓的"合规科技"（Regulation Technology，RegTech）解决方案，以确保其能够自动遵守现有的法律法规。

合规科技对金融行业的重要性

在金融行业，合规人员负责了解和解释金融监管要求，并确保金融机构在业务活动中符合监管要求。合规人员还负责确保金融机构所采用的策略和程序达到预期的合规结果，并处理可能出现的任何失误。[1] 在过去几年中，金融行业为改善金融产品和服务而部署的人工智能、云计算和其他技术创新也被应用于自动化合规领域。在这种情况下，该技术通常被称为"合规科技"而不是"金融科技"。[2]

合规科技解决方案可以提高金融机构遵守法律法规的效率[3]，还可以有效减少传统合规工作中的人为失误。[4] 除了节省与合规职能相关的人力成本外，使用合规科技解决方案的公司还能够避免与违规行为相关的罚款。但是，自动化合规也存在一些缺点。这些缺点与潜在的技术缺陷有关：如果金融机构最终采用了由不同技术供应商联合开发的合规科技解决方案，并将其集成到现有系

---

[1]　Geoffrey P. Miller, *The Law of Governance, Risk Management, and Compliance* 4 (2019).

[2]　Luca Enriques, *Financial Supervisors and RegTech: Four Roles and Four Challenges*, Revue Trimestrielle de Droit Financier 53 (2017).

[3]　尤其是在信息报送要求方面，在过去十年中，金融监管机构关于信息报送的要求显著增加。

[4]　JoAnn Barefoot, *A Regtech Manifesto: Redesigning Financial Regulation for the Digital Age*, Alliance for Innovative Regulation 23 – 24 (Jul. 2020). https://www.dcfintechweek.org/wpcontent/uploads/2020/23 – 24/Barefoot_ Jo – Ann_ AIR – Regtech – Manifesto – July – 2020. pdf.

统中，不同系统之间可能会出现不兼容，从而导致运营问题。① 开发能够与金融监管机构系统相交互的合规科技解决方案是很有意义的，这种交互不仅会带来很多好处，也可以提供让金融监管机构与私营部门之间、私营部门之间共享可能面临的技术故障的途径和渠道。

即使合规科技解决方案在技术方面按照预期发挥了作用，金融机构也应该对部署合规科技保持谨慎。虽然自动化合规可以避免某些类型的人为错误，但也可能在编程阶段引入其他类型的错误。例如，一家金融机构使用机器学习来确定应该向金融监管机构报告哪些数据，如果机器学习算法没有经过正确的训练，该金融机构可能无法向金融监管机构报送所需的重要信息。正如本书在第二章中所探讨的那样，机器学习错误比人为错误更难纠正，如果许多金融机构从同一家技术供应商购买合规科技解决方案，这种"内生"错误可能会造成普遍的不良影响。

合规科技的另一个缺点是可能会产生自动化偏见，即试图劝阻合规人员了解合规软件的运行过程，因为这意味着"内生"错误更容易被发现。一位合规科技的支持者热情地谈到了自动合规系统的好处，他认为："不论我们是否清楚合规科技是如何运行的，它都可以产生很好的合规效果。"但是，完全依赖于模型输出的结果是有风险的。将责任下放给自动化流程也会削弱员工对工作的责任感，并阻断其全面了解合规职能的机会。因此，当需要购买新的合规科技解决方案时，合规人员可能对"需要该解决方案做什么"这一问题缺乏基本了解，也可能缺乏关于"解决方案应如何实现预期合规效果"的专业技术知识。如果出现这种情况，主要合规责任则将由技术供应商来承担，但技术供应商在"技术"方面比"合规"方面更有经验，可能在某些情况下逃避监管。

鉴于上述原因，合规科技解决方案可能无法确保完美合规，因此，对金融机构开展监管是不可或缺的。然而，对合规科技的监管与金融监管机构在过去几十年中总结出来的监管专业知识有质的不同。虽然金融机构长期以来一直使

---

① JoAnn Barefoot 提出："即使是一次性的，为了方便比较，金融机构可以同时从多个技术供应商采购，从而获取更多信息，避免'一刀切'模型中固有的缺陷。"

用计算机建模来协助其遵守监管要求，但最终是否满足监管要求是由人来判断的，而金融监管机构在监督这些判断者方面是有经验的，判断者能够解释和分析自己的行为，且金融监管机构不擅长监督机器学习和纯技术输出的结果，也很难监管金融机构在合规技术解决方案方面作出的选择。

在决策自动化的背景下，对未能满足监管要求的金融机构采取处罚和制裁行动也将变得更为复杂。对于"谁应该对算法得出的结果承担法律责任"这一问题，仍然存在很多不确定性。假设人类没有给出任何直接指令，而算法通过机器学习自动得出结果，将使这一问题显得尤为突出。[①] 如果一家金融机构基于有缺陷的机器学习算法得出结果，作出了违反法律法规的决策，那么，金融监管机构应该作出什么样的处罚和制裁呢？应该由制定算法的程序员来承担责任吗？还是由选择用于训练算法的数据集的数据科学家来承担责任？抑或是应该由第三方技术供应商来承担责任？

虽然还有很多重要问题需要厘清，但金融行业对合规科技的兴趣和投资热情依然未减。尽管存在困难，金融监管机构的监督和执法工作不得不被动地去适应合规科技的发展和应用，否则，将不可避免地出现大量基于技术创新的新型监管套利。为了了解这种监管套利可能带来的影响，可以回顾一下2008年国际金融危机中大型银行用来确定覆盖损失所需监管资本的计算模型。这些大型银行使用 VaR 模型计算监管资本要求。VaR 模型给出了一个数字，该数字代表了银行在指定置信水平下其投资可能面临的损失。VaR 模型关于"指定置信水平"的设定是导致监管套利的原因。如果 VaR 模型设置了99%的置信水平，那么，银行则有99%的机会拥有足够的监管资本来覆盖损失，但银行仍有1%的可能在其投资上损失更多。金融监管机构最终都会接受 VaR 模型得出的结果，银行则在99%的置信水平下计算其监管资本要求[②]，也愿意进行损失概率低于1%的投资。

事实上，银行寻求低损失概率的投资似乎是一个理想的结果，但 VaR 模

① David C. Vladeck, *Machines Without Principals*：*Liability Rule and Artificial Intelligence*, 89 Wash L. Rev. 117（2014）.

② Erik F. Gerding, *Code, Crash, and Open Source*：*The Outsourcing of Financial Regulation to Risk Models and the Global Financial Crisis*, 84 Wash L. Rev. 127, 155（2009）.

型却很难确定这些低概率损失的潜在规模。因为承担更大的风险意味着将会得到更高的回报，所以许多银行通过投资可能面临巨大损失的资产来赚钱。[1] 在2007年到2008年，当金融危机与全国范围内房地产崩溃同时爆发时，一些银行没有足够的资本来覆盖其投资损失，而是需要国家的救助才能维持运营。

下一代支持机器学习的合规科技工具可能会以金融监管机构完全无法理解的方式来计算监管资本要求。金融行业从业者都知道，金融监管机构在理解机器学习风险管理模型的逻辑方面面临重大困难，因此，金融机构可能会尝试选择性地将忽略尾部风险的数据集代入模型，从而试图在监管资本要求方面寻求监管套利。鉴于此，金融监管机构不得不开发自己的机器学习应用程序来检查用于训练金融行业算法的数据集，并评估这些训练数据是否充分考虑了可能会影响整个金融系统安全的尾部风险，进而判断金融机构是否存在套利行为。

这只是基于先进技术的合规科技应用程序利用金融监管漏洞的一个案例。金融行业从业者希望确认"通过创新型合规科技实现的监管套利"的合法性，从而迫使金融监管机构承认特定合规科技工具计算结果的合规性。然而，金融监管机构在审核特定合规科技工具时必须谨慎，因为一旦获准，金融机构将广泛采用该工具，导致该工具中存在的任何错误都可能产生系统性影响。[2] 同时，由于自动化偏见是根深蒂固的，由金融监管机构认可的合规科技工具计算得出的结果，毫无疑问地将不被金融机构接受。此外，尽管金融监管机构对任何一种合规科技工具的使用仍持"犹豫不决"的态度，但金融机构对合规科技的深度依赖似乎是不可避免的。[3] 鉴于此，金融监管机构必须据此作出相应的改变。

---

① 巨大损失出现损失的概率是极小的。Joe Nocera, *Risk Mismanagement*, N. Y. Times Mag. （Jan. 2，2009），https：//www. nytimes. com/2009/01/04/magazine/04risk – t. html.

② Roberta Romano, *For Diversity in the International Regulation of Financial Institutions：Critiquing and Recalibrating the Basel Architecture*, 31 Yale J. on Reg. 1 （2014）.

③ JoAnn Barefoot, *A Regtech Manifesto：Redesigning Financial Regulation for the Digital Age*, Alliance for Innovative Regulation 98 （Jul. 2020）. https：//www. dcfintechweek. org/wpcontent/uploads/2020/10/Barefoot_ Jo – Ann_ AIR – Regtech – Manifesto – July – 2020. pdf.

监管科技带来的挑战

随着合规科技越来越受欢迎，金融监管机构越发想尝试将技术解决方案融入金融监管实践中。在此，本书用"监管科技"（Supervisory Technology，SupTech）一词来描述金融监管机构对机器学习、大数据和分布式学习等技术的应用。尽管目前真正实现应用的监管科技工具尚比较少，但2019年10月进行的一项调查研究发现，大约有20家金融监管机构正在积极参与某种类型的监管科技试验，而且预期将有更多的金融监管机构加入该试验。[①]

迄今为止，监管科技实验的重点是开发数据收集和分析工具，以便有效处理金融机构通过合规科技应用程序生成和提交的海量数据。[②] 金融监管机构希望通过监管科技工具，推动金融监管从传统的"事后处理"向"更具预测性、前瞻性"的监管策略演变。例如，金融监管机构对开发金融市场实时监控应用程序非常感兴趣，因为这可以使金融监管机构能够在相关交易完成之前就采取干预措施，以防止欺诈和洗钱。

目前，使用监管科技来应对金融稳定威胁的尝试还不多，主要包括应用人工智能技术来检测压力测试模型的缺陷[③]、分析房地产广告以预测房价和通货膨胀等。[④] 金融监管机构正在尝试通过整合新的数据源并应用机器学习分析技术，开发能够检测对金融机构、整个金融系统产生安全威胁的技术工具。此外，监管科技创新还可以催生新的监管方式，从而减少对规则的依赖，更多地依靠技术进行干预，这些监管方式可以植入金融科技产品和服务，以确保它们以符合金融监管目标的方式运行。然而，迄今为止，尚未出现任何关于此类干

---

① UNSGSA FinTech Working Group & CCAF, *Early Lessons on Regulatory Innovations to Enable Inclusive FinTech: Innovation Offices, Regulatory Sandboxes, and RegTech* 8 (2019).

② Dirk Broeders & Jermy Prenio, *Innovative Technology in Financial Supervision (Suptech) —The Experience of Early Users*, Bank for International Settlements 1 (2018).

③ Yueh - Ping (Alex) Yang & Cheng - Yun Tsang, *RegTech and the New Era of Financial Regulators: Envisaging More Public - Private Partnership Models of Financial Regulation*, 21 U. Pa. J. Bus. L. 354, 367 (2018).

④ Simone de Castri et al., *The Suptech Generations*, Bank for International Settlements 14 (2019).

预技术的实验。谈到维护金融稳定，监管科技的潜在作用几乎完全被忽视了。

造成"与金融稳定相关的技术试验很少"这一问题的原因是多方面的。[1]首先是资源问题。金融监管机构要么通过内部研发来开发监管科技工具，要么外包给第三方技术供应商来开发。从实际情况来看，大多数金融监管机构尚不具备内部研发监管科技工具所需的专业技术和知识。专门从事监管科技研发的供应商非常少，即使金融监管机构可以找到合适的第三方技术供应商，监管科技工具的技术质量也取决于金融监管机构的预算，以及金融监管机构监控技术供应商制定算法和程序的能力。实际上，金融监管机构必须拥有掌握足够技术知识的人员，才能够与第三方技术供应商的技术专家沟通，才能对监管科技工具研发的过程进行监控。

对第三方技术供应商的技术依赖也可能为监管套利开辟新的途径。与金融监管机构建立关系对技术供应商来说可能不是特别有利可图，而且金融机构向技术供应商支付的费用更多，因此，提供监管科技工具的技术供应商可能会通过提供合规科技工具，帮助金融机构来寻找金融监管机构的监管漏洞，即技术供应商有可能以有利于合规科技客户的方式来扭曲监管科技解决方案的设计。[2] 部分金融监管机构表示担心采用监管科技解决方案将导致更多监管套利。如前所述，嵌入技术工具中的复杂套利策略可能特别难以检测。[3]

金融监管任务冲突也是监管科技发展过程中面临的一个问题。尽管某些类型的监管科技，如使用生物识别技术和大数据分析来更有效地检测洗钱行为，能够实现金融行业和金融监管机构之间的"双赢"，但从监管科技整体层面来看却并非如此。与金融稳定相关的监管科技干预可能会降低金融机构技术的运行效率，这可能与金融监管机构的效率要求相冲突。例如，代码数量的减少使

---

[1]　国际清算银行认为金融监管机构对试验监管科技持犹豫态度主要包括以下几方面的原因：首先，金融监管机构对监管科技的不确定性和可能造成风险（特别是操作风险）感到担忧；其次，资源限制；最后，提供监管科技解决方案的第三方技术供应商很少，而且相关的监管科技产品也很少。此外，金融监管机构正在使用的传统 IT 系统存在的固有惯性（新老系统不兼容问题）也是一个重要的影响因素。

[2]　Geoffrey P. Miller, *The Law of Governance, Risk Management, and Compliance* 55 (2019).

[3]　UNSGSA FinTech Working Group & CCAF, *Early Lessons on Regulatory Innovations to Enable Inclusive FinTech: Innovation Offices, Regulatory Sandboxes, and RegTech* 2 (2019).

算法运行更快,但在智能合约中添加熔断机制等技术要求可能会降低其运行速度。

监管科技创新也可能产生意想不到的后果,最终可能破坏其旨在保护的金融稳定。例如,如果金融监管机构要求使用能够识别尾部风险的标准化数据集,对所有能够进行机器学习的风险管理算法进行训练,结果可能是所有这些算法在低概率事件中将以相同的方式进行操作,这可能会反过来使恐慌变得更加严重。

简而言之,当金融监管干预措施不仅仅是文字内容,而是一项特定技术时①,资源限制、目标冲突以及对意外后果的担忧将使得对新技术的应用变得更加困难。目前,上述挑战的存在使得金融监管机构仅对监管科技发展提供有限的支持,但依靠传统的金融监管方法来保护金融系统免受金融科技和合规科技创新的影响,就显得远远不够。

监管科技正在成为一种现实必需品,其发展关键在于时间。金融行业才刚刚开始将机器学习和智能合约等技术应用于金融服务,因此,金融监管机构仍有很大的空间可以将监管科技干预措施纳入金融机构开发的金融产品中。然而,如果耗时过久,金融监管机构对技术创新的干预将更加困难,更可能产生意想不到的、潜在的、负面的结果。如果金融监管机构等到新技术与金融市场深度融合后再采取行动,那么,还将面临更为激烈的金融行业政治斗争。

鉴于现有资源的限制,金融监管机构应优先考虑开展监管科技试验,而不应在促进金融机构创新方面付出更多的努力。金融监管机构还应考虑与拥有强大数据科学和软件工程部门的大学合作,开发监管科技解决方案:与这些具有社会公益性质的机构建立合作关系,可以让金融监管机构获得其原先无法负担的先进技术。学术界能够对金融监管机构选择、优先获得监管科技支持提出富有成效的意见和建议,当然,金融监管机构在选择辅助自身履职的工具类型方面也有自己的想法。

然而,开发监管科技工具只是第一步。更为重要的是,金融监管机构必须

---

① 这项技术旨在与金融机构开发的技术之间实现互动。

弄清楚如何使用监管科技。在监管科技时代，金融监管机构将需要投入更多的资源来管理自己的内部操作风险。第四章探讨了复杂技术系统所带来的各类操作风险，金融监管机构也无法幸免。特别是技术驱动的金融监管工具可能会特别吸引黑客的关注，因为黑客希望在破坏金融市场的过程中获利——2016年，发生过一次针对美国证券交易委员会金融信息披露数据库的网络攻击。在这次网络攻击中，黑客主要想寻求并窃取可用于交易的市场独家信息。①

除了确保技术的安全性，金融监管机构还需要重新评估其组织文化，以确保新技术被适当地使用。与所有人一样，金融监管机构容易受到自动化偏见的影响，因此必须积极采取措施，对监管科技解决方案保持一定程度的怀疑，要根据自身对金融系统和金融监管目标的理解，定期检查和重新评估监管科技工具的有效性。如果某个监管科技工具显然未能实现金融监管目标或需要进行实质性修改，则必须作为优先事项予以修复或弃用，否则，该工具可能巩固有缺陷的监管方法并将其制度化。此外，金融监管机构也必须学会接受试验和失败，这对于开发监管科技工具至关重要。

小结

目前，金融监管体系尚不足以应对金融科技和监管科技崛起带来的挑战，监管沙盒和创新中心等新的监管策略也无法有效解决这一问题。如果金融监管机构希望继续保持金融系统的稳定性，那么，探索金融稳定监管的新方法就显得至关重要。尽管实施这些新的监管方法将充满挑战，但让金融科技行业获益、由其他人来承担风险的做法是不可接受的。因此，第六章将为探索金融稳定监管的新方法提供一些建议。

---

① "2017年8月，美国证券交易委员会获悉，2016年之前发现的一起事件可能为通过交易获取非法收益提供了基础。具体而言，该委员会的 EDGAR 系统测试存档组件中的一个软件漏洞被利用，黑客凭借此漏洞访问了非公开信息。但该漏洞在被发现后立即得到了修补。"参见 Jay Clayton, Chairman, US Sec. & Exch. Comm'n（Sept. 20, 2017）（on file at https：//www. sec. gov/news/public – statement/ statement – clayton – 2017 – 09 – 20）.

第六章　金融科技的预防性监管

要判断金融科技对金融稳定造成的威胁并不容易，然而，制定有效的金融监管解决方案则更加困难。鉴于此，本章提出了预防性监管建议，以应对金融科技创新可能带来的风险挑战。在此基础上，本章还会针对"将监管建议转化为现实监管措施需要解决的资源困难和管辖权问题"展开讨论。

本章提出的建议都是实验性的，欢迎讨论和批评，这将有助于进一步完善建议，并提出更好的替代方案。但需要注意的是，不要让完美成为优秀方案的"敌人"。当面对重大的不确定性时，任何金融监管措施都会不可避免地带来一些意想不到的结果，不能让对意外结果的恐惧影响早期的金融监管，因为早期的金融监管很有可能防止或遏制最坏的结果。请记住，金融并不是一个中立的竞争行业：如果没有金融监管，金融技术很可能会以有利于创新者的方式发展，而这往往是以公众利益为代价的。本章讨论的预防性监管建议试图确保在金融技术发展过程中，公众对稳定金融系统的关注不会被忽视。

金融科技创新的预防性监管可以采取多种形式，可以在特定的时间点发挥作用，如新技术许可程序或者开展持续跟踪监管；预防性监管可以是有针对性的，如利用监管科技对特定金融产品进行干预。不同形式的预防性监管将适用于不同类型的技术、商业模式和金融机构。然而，当技术仍处于开发阶段时，所有的监管方法都应尽可能地为金融监管机构提供早期干预的机会。因此，金融稳定监管机构需要专业知识来评估技术及其可能产生的影响，并获得采取行动的法律授权。然而，在金融稳定监管机构利用专业知识进行评估和行使行动权之前，必须首先弄清楚技术创新发生的时间和过程。

信息的必要性

金融行业必须向金融监管机构提供有关新技术的信息，而不是要求金融监管机构去核查金融机构是否采用了新技术或者采用了什么样的技术。创新中心和监管沙盒等金融科技监管策略可以向金融监管机构提供部分信息，但这只有在创新者选择与金融监管机构合作的情况下才能发挥作用，因此，这些策略充其量就是一种向金融监管机构提供新技术相关信息的随意的、不完整的方法。相反，金融监管机构需要付出努力，对创新者使用的新技术形成一个全面的认知。为了完成这项工作，金融监管机构需要一种全新的信息披露方式——"表格T"[①]，要求受监管的金融机构披露其提供金融服务所依赖的所有技术信息，以及用于内部管理的所有技术系统，如用于风险评估的机器学习系统或用于数据存储的云计算技术等。表格T还要求金融机构披露其董事会成员和高级管理人员所持有的技术资格，以便金融监管机构评估金融机构是否有能力监督其使用技术的行为。

表格T经过金融机构首席技术官确认后按季度向金融监管机构提交。[②] 同时，金融机构在使用任何新技术系统时，都应该提交补充报告。[③] 对于一家金融机构来说，第一次准备表格T可能是一项耗时且成本高昂的工作，但后续的更新报送工作则不会那么繁重。从好的方面来看，第一次准备表格T实际上可能会给金融机构带来意想不到的好处，能够为其提供更好地了解自身技术系统的机会。此后，金融机构甚至可以简化其技术系统。金融机构为降低自身技术

[①] 目前，"表格T"仅仅是一个设想和建议，尚未付诸实施。

[②] 建议由首席技术官确认表格信息，是根据美国上市公司要求首席执行官和首席财务官确认财务信息的准确性来提出的。Lisa M. Fairfax，*Form Over Substance?：Officer Certification and the Promise of Enhanced Personal Accountability Under the Sarbanes – Oxley Act*，55 Rutgers L. Rev. 1 (2002).

[③] 表格T关于补充报告的要求是以"8 - K"报告为模型的，当出现表格"8 - K"中规定的任意一种情况时，美国上市公司必须提交"8 - K"报告。Cox et al.，*Securities Regulation：Cases and Materials* 557 (9th ed. 2020).

复杂性而采取的任何行动，都将有助于增强整个金融体系的稳定性。[①]

　　在确定表格 T 要求披露的信息时，最困难的可能是确定信息的粒度。例如，技术系统的构成要素是什么？具体需要提供什么级别的信息？对现有技术系统作出什么样的改变才能触发报送补充报告的要求？在第五章，本书解释了披露算法源代码不太可能对金融监管机构形成特别有效的帮助，即不建议表格 T 披露那么详细的信息。尽管如此，金融监管机构需要掌握数据科学家在训练机器学习算法时所做选择的信息，或了解智能合约在测试模式下运行的机理。金融监管机构可能还需要深入了解现有技术系统的增量变化，因为这些增量变化会加剧技术系统的复杂性，增加意外交互和问题出现的概率。

　　表格 T 的研发人员可以利用生物学规律来确定何时需要报告增量变化以及现有技术的创新应用，并完成金融技术的定义和分类。作为一门科学，生物学掌握着一个比金融科技更复杂的生物世界，并设法将不同类型的生命予以分类，并为新事物预留空间。当新事物被发现时，它们会被分类，以显示其与已发现事物的相似之处和不同之处。表格 T 借鉴林奈生物分类学（Linnaean biological taxonomy），使用界（kingdom）、门（phylum）、纲（class）、目（order）、科（family）、属（genus）和种（species）等分类单位以显示事物的相似之处和重要差异。[②] 例如，机器学习可能是一个技术"界"，有监督或无监督的算法是该界中的一个"门类"。不同类型的算法（如神经网络、决策树随机森林、偏最小二乘法和支持向量机）可以在"纲"里分类，然后在"目、科、属、种"等级别中区分数据、训练、测试策略之间的差异。

　　在理想情况下，表格 T 中提供的信息应足够详细，以便让金融监管机构

---

　　① 可以用《多德—弗兰克法案》第 165 条（d）款规定的美国最大银行集团的"生前遗嘱"进行类比。银行集团被要求解释如何在破产情况下进行处置，希望这一要求能鼓励银行集团自愿简化、合理化组织结构。一位观察者在 2014 年提出（有讽刺意味）："我怀疑具有系统重要性的金融机构认为他们已经在组织结构治理方面取得了实质性进展——至少我在会议和其他公共活动上听到的是这样的。" Stephen J. Lubben, *Do "Living Wills" for Banks Even Make Sense?*, N. Y. Times（Aug. 11, 2014）, https://dealbook.nytimes.com/2014/08/11/do‐living‐wills‐for‐banks‐even‐make‐sense/. 此外，金融机构组织结构的优化有助于保障金融稳定，同样，合理地使用技术系统也能达到类似的效果。

　　② Jim Chen, *Biolaw*: *Cracking the Code*, 56 U. Kan. L. Rev. 1029, 1030（2008）.

寻找需要进一步调查的地方，但也不能过于详细，以免给金融机构带来沉重负担。实现恰当的平衡可能需要反复尝试，因此，表格 T 的要求应随着时间的推移而动态调整。同时，金融监管机构应对金融机构报送的表格 T 严格保密，因为使用先进技术的金融机构和其他公司不希望向竞争对手"披露"此类信息。

监管实践与文化

除非金融监管机构在软件工程和数据科学方面具备一定的专业知识，否则表格 T 所披露的信息对他们来说基本上都是无用的。如果未掌握这方面的专业知识，金融监管机构就不得不依赖金融机构对技术作出的解释说明。此外，创新者没有动机去寻找和报告技术可能对金融稳定带来的影响和问题。为了对新技术实施预防性监管措施，金融监管机构需要了解技术及其风险，并将技术纳入实际业务情境之中予以考量。目前，金融监管机构工作人员主要由经济学家、律师和会计师组成，想要吸引不同类型的专业人才仍然面临着诸多障碍，其中最大的障碍来自政府部门工资水平的约束。

机器学习和分布式记账都是新的、热门的技术，这意味着了解这些技术的人相对较少，因此雇用高科技人才的成本很高。在高科技人才竞争中，金融监管机构将与传统金融机构、科技金融公司、金融科技初创公司直接竞争。虽然金融科技初创公司提供的工作不如政府部门稳定，但却能够为员工提供更多的成就感，并为员工的创新能力、创造能力提供转化渠道，而且初创公司本身也具有一种现实的吸引力，如果其业务顺利，很可能会为早期入职的员工带来巨大回报。与金融科技初创公司一样，科技金融公司也可以为员工提供发挥其创新能力、创造能力的机会，同时还可以提供更稳定的工作和更高的薪资。传统金融机构可能在创新领域不如金融科技初创公司和科技金融公司具有吸引力，但工作稳定性相对较高，且可以提供远超政府部门的薪资水平。

来自金融机构的巨大需求意味着计算机和数据科学领域的专业人才是非常

紧缺的，而能够为金融监管机构工作的这类人才就更少了。[①] 然而，如果金融监管机构能提供更高的工资和创新的机会，那么，其对这类人才的吸引力就会提高。金融监管机构也可以利用代际转换，吸引既了解相关技术又热衷于公共服务的年轻人才。[②] 因此，对于金融监管机构来说，雇用数据科学、计算机科学人才并非不可能，只是可能会比较困难。

金融监管机构需要制订能够充分发挥人才作用的计划。在美国，这意味着需要将相关专业知识整合在一家金融监管机构中，而不是将其分散在不同的金融监管机构之间，因为金融监管机构有时会试图相互挖走人才。[③] 将专家们整合到一个机构能够促使其相互合作，而将专家们分散在不同机构，则很少会有人去了解或重视他们的工作。将专业知识整合在一家金融监管机构也更有可能实现对相同技术的一致性监管，因为当每家金融监管机构分别依靠内部专家制定新技术的监管方法时，很难实现一致性监管。[④] 最后，创建一个真正的专业知识中心也可以作为金融监管机构的引才亮点——承诺与一个由科学家、技术专家组成的学术团体合作并全面研究前沿金融技术，这将更容易吸引高科技人才。

在美国政府机构中，金融研究办公室（Office of Financial Research，OFR）是比较权威的科学和技术创新中心，为许多美国金融监管机构提供了跨学科资源。[⑤] 虽然金融研究办公室成立的初衷是承担数据收集和分析工作，但目前其研究领域非常广泛，可以根据授权调查研究金融科技对金融稳定带来的威胁，

---

① 2020 年，仅高盛一家公司就雇用了大概 10000 名软件研发人员，占其员工总数的四分之一左右。Jia Len Low, *Developers Now Make Up a Quarter of Goldman Sachs' Workforce*, TechHQ（Feb. 14, 2020），https：//techhq. com/2020/02/developers – now – make – up – quarter – of – goldman – sachs – workforce/.

② *The Millennial Problem—Banks Are Finding It Harder to Attract Young Recruits*, The Economist（May 4, 2017），https：//www. economist. com/special – report/2017/05/04/banks – are – finding – it – harder – to – attract – young – recruits.

③ Reuters, *US Banking Regulators Hire Quants of Their Own*, Newsweek（Aug. 5, 2014），https：// www. ne – wsweek. com/us – banking – regulators – hire – quants – their – own –250375.

④ Andrew Tutt, *An FDA For Algorithms*, 69 Admin. L. Rev . 83, 114（2017）.

⑤ Hilary J. Allen, *Resurrecting the OFR*, 47 J. Corp. L.（2021）.

能够参与监管科技创新并测试创新型金融监管策略。[①] 金融研究办公室还根据授权与学术机构开展合作，极大地推动了先进监管科技工具的开发。[②] 在特朗普执政时期，金融研究办公室的人员编制和资源遭到了大量裁减，这意味着在未来可能有机会重建该机构，并将工作重点放在科学和技术研究上。如果以这种方式重建金融研究办公室，将为美国金融监管机构提供有价值的咨询建议，并可以在关键领域实现监管合作。

除了掌握必要的专业知识，金融稳定监管机构还必须培养与预防性监管策略相适应的组织文化。由于新技术对金融系统的影响存在不确定性，因此，金融稳定监管机构仅仅掌握专业知识是不够的，还需要保持谦卑、好奇和对传统经验怀疑的态度。此外，金融稳定监管机构还应努力培养创新文化，为金融监管问题提供"开箱即用"的解决方案。总之，为了有效应对金融系统日益成熟的技术带来的挑战，有时可能需要金融监管机构采取技术干预而非规则形式的金融监管。

金融机构对能够促进创新的制度文化进行了大量的探索与思考。[③] 来自金融机构的经验可以为金融监管机构高级管理人员提供思路和借鉴。例如，金融监管机构可以建立在硅谷较为盛行的"敏捷"化工作流程，即"将复杂项目分解为多个小项目，组建跨学科团队，快速构建解决方案"。[④] 创新友好型文化最重要的要素就是对失败的容忍，这意味着金融监管机构无法独立创造支持创新的文化。同样，金融稳定监管机构需要来自社会公众的包容度——允许其进行试验、失败或采取不符合公众期待的立场，允许其有时只是观察和研究而不实施具体行动。

---

① 金融研究办公室根据《多德—弗兰克法案》第 153 条（a）（3）款授权从事"应用研究和基础性长期研究"，根据《多德—弗兰克法案》第 153 条（a）（5）款要求"提供其他相关服务"。此外，《多德—弗兰克法案》第 154 条（c）（1）（c）款提出，金融研究办公室下设的研究和分析中心要"掌握关键领域的专业知识，以满足金融监管机构提出的咨询与协助请求"。

② 根据《多德—弗兰克法案》第 152 条（i）款规定，金融研究办公室有权雇用学术人才。

③ *Inspiring Innovation*, Harv. Bus. Rev.（Aug. 2002），https：//hbr. org/2002/08/inspiring – innovation.

④ JoAnn Barefoot, *A Regtech Manifesto*：*Redesigning Financial Regulation for the Digital Age*, Alliance for Innovative Regulation 63（Jul. 2020），https：//www. dcfintechweek. org/wpcontent/uploads/2020/10/Barefoot_ Jo – Ann_ AIR – Regtech – Manifesto – July – 2020. pdf.

虽然金融监管机构可以不受短期政治压力的影响，但金融监管独立性在2008年金融危机后开始"失宠"。[1] 民选官员及其任命者正在世界各国金融监管中发挥积极作用，但这一趋势引发了一些担忧。如前所述，金融机构既缺乏维护金融稳定的动机，也没有维护金融稳定的能力；专注于下一次选举的民选官员及其任命者可能过于关注短期目标，而无法计划和完成长期工作，因此，很难防止未来多年可能发生的危机。然而，如果金融监管机构不采取措施维护金融稳定，就没有其他机构能够承担此重任了。鉴于此，社会公众需要更好地理解金融稳定监管机构的立场和监管行为，并给予其更多的时间和包容度。目前，在监管技术创新领域，金融稳定监管机构应该将注意力放在金融监管权限之上，即具体的金融监管行动是否具有法律授权。

金融监管权限——法律授权

即使是最专业、最具创新精神的金融监管机构，如果不具备对机构[2]的管辖权，那金融监管行为必将受限。金融法律法规总是存在限制和差距，而这些限制和差距在美国显得尤为突出，因为美国的金融监管机构体系是"支离破碎"的。[3] 不同类型金融机构和市场的金融监管机构是不同的，当然金融监管的方式也不尽相同，而且金融监管机构之间的监管尺度也存在差异，这显然为监管套利提供了空间和可能，各类机构必然会采用特定的商业模式或使用特定的技术以避免最严格的金融监管要求。例如，对银行的监管通常比对证券市场的监管更为严格，这就导致在证券产品的设计过程中，往往会包含银行的相关

---

[1] Stavros Gadinis, *From Independence to Politics in Financial Regulation*, 101 Calif. L. Rev. 327, 332 (2013).

[2] 正在开发或使用创新技术的机构。

[3] 美国至少有八个联邦级金融监管机构，州一级的金融监管机构则更多。美国联邦级金融监管机构包括美国联邦储备委员会、货币监理署、证券交易委员会、商品期货交易委员会、联邦存款保险公司、消费者金融保护局、国家信贷管理局和联邦住房金融管理局。此外，金融研究办公室、金融稳定监督委员会、联邦保险局也可以列入这一名单。关于美国金融稳定监管"多头领导"的相关研究。Hilary J. Allen, *Putting the "Financial Stability" In Financial Stability Oversight Council*, 76 Ohio St. L. J. 1087, 1120 et seq. (2015).

业务职能，却不用接受相应的金融监管。影子银行带来的风险直接导致 2008 年金融危机的爆发①，但十多年后，在确定金融稳定监管机构对影子银行的监管权限方面，仍没有取得太大的进展。特别是随着金融科技的异军突起，这个问题将变得更加复杂。

金融机构是否会通过将部分业务外包给第三方技术供应商来规避金融监管？目前，第三方技术供应商通常受到间接的金融监管，金融机构负责管理与这些供应商合作所产生的各类风险。由于过度依赖第三方技术供应商，金融系统可能面临系统性风险的威胁，而金融机构通常缺乏应对这些风险的主动性和管理能力。在这种情况下，除非金融监管机构对第三方技术供应商拥有直接管辖权，否则系统性风险可能会被忽视。随着谷歌、亚马逊、苹果和脸书等科技金融公司开始提供支付和其他金融服务，也可能导致风险被忽视。这些科技金融公司不是受监管的金融机构，但其庞大的规模使其能够迅速扩张，对金融稳定构成重大威胁。

监管套利也可能是区域性的。金融体系是全球性的，但金融监管通常局限于国家层面。如果一个国家采用了特别严格的监管规则，该国将面临金融机构和金融科技创新者将其业务转移到其他国家的风险，但由于这些活动存在溢出效应，其产生的风险仍可能损害这个国家，这就会导致个别国家不愿意采取严格的金融监管措施。特别是在全球经济崩溃时，为什么要对本国金融科技行业进行限制？② 为了克服这种情况，世界各国有时会对金融监管规则进行协调，最突出的例子就是巴塞尔银行监管委员会制定的监管资本制度。然而，金融科技监管的跨境协调进程才刚刚开始。

2019 年，英国金融行为监管局牵头成立了由部分国家金融监管机构组成的"全球金融创新网络"，为"支持金融创新"的金融监管机构提供了可供交

---

① Fin. Crisis Inquiry Comm'n, *The Financial Crisis Inquiry Report: Final Report of the National Commission on the Causes of the Financial and Economic Crisis in the United States xviii* (2011).

② Chris Brummer, *How International Financial Law Works (and How It Doesn't)*, 99 Geo. L. J. 257, 267–268 (2011).

流、讨论的网络和论坛。① 目前，全球金融创新网络的工作重点是开展跨境监管沙盒测试和制定其他金融监管策略，以鼓励金融机构开展创新。② 金融稳定委员会已将金融科技作为评估金融稳定威胁的影响因素之一。③ 不过，金融稳定委员会尚未就如何在国际层面应对金融科技威胁提出建议。

由于金融科技监管缺乏国际层面的协调，因此，对金融科技实施预防性监管的国家可能面临风险，即创新者可能将其业务转移到金融监管相对宽松的国家。当然，在国际层面转移业务并不总是切实可行的，因为这样做可能会使创新者与其渴望进入的金融市场脱节，也可能无法在新的国家雇用到必要的人才，或者其实际未产生转移业务的想法。④ 此外，创新者也可能会发现在相对宽松的金融监管环境下，会失去严格金融监管环境带来的运营合法性和监管认可。区域性监管套利、金融科技业务风险的跨国溢出效应是真实存在的，因此，金融稳定监管机构在计划实施预防性监管措施时，尝试与其他国家金融监管机构进行协调是非常有意义的。从目前来看，各国金融监管机构可以在金融稳定委员会提供的体制框架内进行合作和协调。

总体来看，区域性监管套利和溢出效应很难杜绝，但这不应成为放弃金融科技预防性监管的理由。国家金融体系面临着国内金融风险、其他国家金融科技风险溢出效应的威胁，实施预防性监管就是要谨慎行事，无论其他国家做什么，金融稳定监管都应致力于保护本国经济免受内部问题引发的冲击和威胁。更进一步来看，这也将有助于维护国际金融稳定。

目前，尽管创新者可以利用金融监管的漏洞，但许多金融科技创新是由受监管的金融机构直接实施的，因此，预防性监管的重点可以先放在这些金融机

---

① *Terms of Reference for Membership and Governance of the Global Financial Innovation Network*（*GFIN*），Global Financial Innovation Network（GFIN）3，https：//www.fca.org.uk/publication/mou/gfin-terms-of-reference.pdf.

② Hilary J. Allen，*Sandbox Boundaries*，22 Vand. J. Ent. & Tech. L. 299，317（2020）.

③ Fin. Stability Bd.，*Financial Stability Implications from Fintech*（2017）；Fin. Stability Bd.，*Artificial Intelligence and Machine Learning in Financial Services*（2017）；Fin. Stability Bd.，*Fintech and Market Structure in Financial Services：Market Developments and Potential Financial Stability Implications*（2019）；Fin. Stability Bd.，*Bigtech in Finance：Market Developments and Potential Financial Stability Implications*（2019）.

④ Elizabeth Pollman，*Tech，Regulatory Arbitrage，and Limits*，20 Eur. Bus. Org. L. Rev. 567，570（2019）.

构的金融科技创新行为上。

新技术的预防性监管策略

有了必要的金融监管权限、专业知识和信息，金融稳定监管机构就可以开始设计针对金融科技创新的新型监管方法。如果金融监管机构在创新技术研发的过程中就采用了新型监管方法，将取得很好的监管成效。如果金融监管机构在金融科技产品被投放到金融市场前未采取行动，那么，一个由供应商、客户组成的既得利益团体，就会努力维持该金融科技产品不受金融监管的现状。除了上述挑战外，试图监管一项已经"完全成熟"的技术也面临挑战——与在初始设计过程中采取干预措施相比，在技术后续开发中改变其程序不仅成本更高，而且可能产生意想不到的后果。因此，预防性监管策略应尽可能地针对技术初始开发阶段，预审或许可程序是实现这一目标的最佳方式，例如美国食品和药物管理局用于批准药品和医疗器械等产品上市的程序。①

受监管的金融机构在启用新技术系统之前需要获得许可证。有时，金融监管机构会拒绝发放许可证，从而将最有可能产生问题的技术完全排除在金融系统之外。较为常见的情况是，金融监管机构许可金融机构使用设置了"保护金融稳定"相关条件的技术，这些条件可以在技术设计过程中设置并得到强化。当然，如果技术没有明显问题，也可以授权使用"无条件"的技术。实施金融技术许可制度会对维护金融稳定带来额外的好处。例如，如果创新者知道其技术必须首先通过许可程序，则可能会更主动地进行彻底的技术测试并寻找潜在的错误，甚至可能会消除技术中不必要的、潜在的、不稳定的复杂性，以使审批过程更为顺利。②

建立金融技术许可证制度是很有必要的，但在现实操作中，很难将所有技术都置于这种制度之下，因为金融监管机构根本没有足够的资源去寻找技术中

---

① Saule T. Omarova, *License to Deal*: *Mandatory Approval of Complex Financial Products*, 90 Wash. U. L. Rev. 64, 90 – 93 (2012).

② Hilary J. Allen, *A New Philosophy for Financial Stability Regulation*, 45 Loy. U. Chi. L. J. 173, 222 – 224 (2013).

存在的所有问题。如果许可证制度不可行或不合适，金融监管机构就需要在传统金融监管职能中增加预防性监管措施。例如，当金融机构使用技术来管理内部操作流程时，或使用机器学习来管理投资组合风险时，金融监管机构可以针对这些技术实施预防性监管措施。然而，很难通过制定详细的规则来明确受监管的金融机构应如何使用不断发展的新技术，相反，基于原则的策略往往较为有效。① 在基于原则的金融监管中，可以通过制定正式规则来提出更高的金融监管目标，而金融行业在实现金融监管要求方面则享有一定的灵活性。② 过去，基于原则的金融监管通常被视为"轻描淡写"的监管方式，但事实并非如此。基于原则的金融科技监管的首要目标是保护金融稳定——如果金融机构或金融市场帮助客户持续管理风险、投资、借贷和支付的能力面临来自新技术的威胁，那么，干预就是有必要的。技术研发人员和使用者应该在满足这一监管要求方面获得一定的灵活性，同时，金融监管机构也将为其提供非正式的指导。

　　基于原则的金融监管本质上给金融监管机构提供一个"伞式"框架。在此框架下，随着新技术的出现，金融监管机构可以灵活地实施新型金融监管策略，从而最大限度减少监管套利，因为从原则要求上套利往往比从具体文字规则上套利更难。当然，没有任何一种金融监管方法是完美的，基于原则的金融监管也存在缺陷。如果原则未经过反复研究推敲，如果金融监管机构没有严肃处理未能遵守原则的金融机构，基于原则的金融监管最终将会沦为"放松管制"。此外，对违反高级别原则的行为的处置往往是事后的、非正式的和不透明的，这对受监管的金融机构来说是不公平的。③ 进一步来看，事后处置和非正式指导为实施"基于规则的金融监管"开辟了"后门"，这会对金融监管制

---

① Chris Brummer & Daniel Gorfine，*Fintech：Building a 21st - Century Regulator's Toolkit*，Center for Financial Markets 7（Oct. 2014）），http：//assets1c. milkeninstitute. org/assets/Publication/Viewpoint/PDF/3. 14 - FinTech - Reg - Toolkit - NEW. pdf.

② Julia Black et al.，*Making a Success of Principles - Based Regulation*，1 L. & Fin. Mkt. Rev. 191（2007）.

③ Hilary J. Allen，*Regulatory Sandboxes*，87 Geo. Wash. L. Rev. 579，601 - 602（2019）.

度的灵活性产生负面影响。①

尽管存在上述缺点，但如果金融监管机构拥有必要的技术、专业知识且致力于维护金融稳定，那么，基于原则的金融监管就是监管新技术的最佳方式。因为正式的规则修订速度跟不上新技术更新换代的步伐，而替代方案则很可能是完全放弃金融监管的。如果金融监管机构掌握了足够的专业知识，能够持续跟踪、评估金融机构遵守原则的情况，实施事后处置的可能性就会降低，也能够将新技术的开发与维护公众利益的要求相融合。随着技术的不断成熟及其优劣的进一步显现，金融监管机构可以构建更为正式的金融监管制度，从而排除更多的不确定性。

更为正式的金融监管制度可以以制定详细的规则为主，但金融监管机构也需要探索其他监管方式。例如，当金融交易发生得太快而无法进行人为干预时，金融监管机构则需要实施非人为的干预，如技术性干预等。试图用一大堆文字规则来解决风险问题可能会为监管套利提供空间，那么，金融监管机构就需要考虑设计金融监管干预措施，可以尝试开发一种更具有针对性的技术干预手段，从而降低金融系统的复杂性。

风险管理算法的预防性监管

金融机构将机器学习技术应用于内部风险管理时可能出现问题，因为基于机器学习的模型很可能会忽视尾部风险，使过度依赖这些模型的金融机构在面临压力时容易遭受巨大损失。虽然其他金融建模技术也会低估尾部风险，但基于以下几点原因，本书认为应该特别关注基于机器学习的模型。

一个原因是基于机器学习的模型得出的结果可能无法立即使用，因为很难了解该模型得出结果的过程，即自动化偏见是难以避免的。另一个原因是在尾部风险爆发期间，金融机构会协调投资决策，如果金融机构纷纷使用相同或相似的机器学习算法，且这些算法使用相同或相似的数据进行训练，那么，他们

---

① Julia Black et al. , *Making a Success of Principles – Based Regulation*, 1 L. & Fin. Mkt. Rev. 198 (2007).

可能都会以相同或相似的方式处理类似的金融资产。如果金融机构依赖机器学习进行风险建模，不仅忽略了尾部风险，还协调了投资行为，就必然会放大忽略尾部风险的后果，进而可能会对金融系统的稳定性构成重大威胁。

如果使用这类模型的金融机构雇用了专业的技术人才，并能够了解模型得出结果的过程，且能够在适当的时点调整结果，那么，自动化偏见和破坏性协调的影响将会大大降低。因此，金融监管机构应要求金融机构证明其具备了使用这类模型所需的组织能力和技术水平。对于金融机构来说，仅仅雇用软件工程师和数据科学家来维护模型是不够的，还需要聘请一位既懂技术又有金融背景的高级经理。当然，只有在风险管理模型与交易执行算法相联系时，人为监管才能有效发挥作用，才能使该算法根据风险管理模型输出的结果自动调整金融机构的投资组合。需要强调的是，交易执行算法不应自动与风险管理算法相关联，必须给人为干预或中断资产的自动购买和销售留有空间。事实上，在所有风险管理决策中，人为干预都是非常必要的。①

如果风险管理模型能够解释其是如何得出结果的，那么，风险管理模型的人为监管也会变得更加容易。金融监管机构可以采用一种监管原则，要求金融机构在风险建模中使用机器学习，并在选择和训练算法时考虑算法最终输出的"可解释性"。这可以使金融稳定监管机构、金融机构了解算法作出风险决策的过程和理由。

目前，在提高算法可解释性方面大部分工作都集中于通过突出变量以及算法赋予的权重来解释决策。② 虽然这对其他类型的金融监管很有帮助，例如，分析金融机构拒绝放贷的决定是否取决于贷款申请人的种族、宗教或性别等因素，这对于执行反歧视法律来说很重要，但在维护金融稳定方面，算法对决策过程和理由生成的解释不能用于预测算法在未来可能如何作出决策。对于金融

---

① 强调"人为干预"旨在表明："人为监管是积极的、必要的，人应负责控制模型，而人工智能只负责输入数据或提供建议。如果没有人的同意或认可，建议或决策就无法被执行。"这就强调了人为控制的重要性，即人应扮演掌控或监督的角色，且在人工智能模型遇到意外或不可抗力事件时，人应该具备接管控制权的能力。InfoComm Media Development Authority & Personal Data Protection Commission of Singapore, *Model Artificial Intelligence Governance Framework* 30（2nd ed. 2020）.

② David Lehr & Paul Ohm, *Playing with the Data: What Legal Scholars Should Learn About Machine Learning*, 51 U. C. Davis L. Rev. 653, 708-709（2017）.

稳定监管机构而言，其他的解释方法可能更为有效。例如，可以绘制输入变量和结果变量之间的关系图，以识别算法在作出决策时学会依赖哪些相关性，但部分机器学习算法不适用此类分析方法。因此，为了提高模型的可解释性，金融机构需要选择更具兼容性的机器学习算法，但这样做可能会降低准确性。鉴于此，虽然鼓励金融机构使用具有一定可解释性的算法是有意义的，但金融监管机构不能制定要求金融机构最大限度解释其风险管理算法的原则。相反，可解释性应该是金融监管机构在选择机器学习算法时必须考虑的众多因素之一。

基于原则的监管制度应要求使用机器学习模型的金融机构优先关注尾部风险，以便模型学习如何应对意外事件。例如，对负责训练算法的数据科学家提出要求，防止其从用于训练的数据集中排除导致金融系统不稳定的异常事件。[①] 随着机器学习在风险管理中的应用逐渐被认知和了解，金融监管机构也可以制定更为具体的规则，要求数据科学家在调整算法的过程中关注尾部风险，强制设置非对称的成本比，从而使风险模型尽量去低估损失。

针对机器学习的监管科技干预

基于原则的监管可以使机器学习算法不再忽略数据集中的尾部风险。如果这些数据集来自历史经验，那么，最优方式是让算法学习如何应对过去的金融风险事件。机器学习算法只能在有可借鉴经验的情况下进行学习，但对过去的学习不太可能用于预测未来。在高度自动化的金融世界中，缺乏关于金融危机是如何爆发并演变的历史经验。同样，缺乏历史先例也是人类学习面临的一个问题。法学教授约翰·克劳福德（John Crawford）提出："当金融危机频繁爆发时，金融监管机构很难学会如何采取最有效的应对措施。"[②] 鉴于此，约翰·克劳福德提出了一种解决人类经验不足的方法（也可以适用于机器学习算法）——通过设定未来危机的假设场景来训练人类或算法。

---

① 也要防止数据科学家不标记异常事件，或调整算法以忽略异常事件等。

② John Crawford, *Wargaming Financial Crises: The Problem of (In) experience and Regulator Expertise*, 34 Rev. Banking & Fin. L. 111, 111 (2014-2015).

未来的假设训练场景可以借鉴军方的战争模拟来开发。战争模拟传统上是由真人进行的，并在假设场景中告诉其未来将如何面对真正的战争。不过，真人参与的战争模拟耗时且运行成本高昂，而机器学习算法则需要大量数据来完成学习。通过反复进行战争模拟，生成足够的数据来训练机器学习算法可能会产生高昂的成本。一个成本更低、更具创新性的替代方案是使用基于代理的模型来进行战争模拟——创建一个假设的压力情景，将决策制定规则编入"代理"的程序中，以计算机化的"代理"取代人类对情景作出应对。[①] 然后，根据需要进行重复，以生成更多数据。

不幸的是，基于代理的模型中存在大量对压力情景类型和代理行为的假设，而这些假设往往是不现实的。在可以获取丰富的现实数据的情况下，机器学习可能比基于代理的模型在预测未来行为方面做得更好。[②] 然而，在缺乏现实数据的情况下，基于代理的模型可能就是唯一的选择，而且其输出的结果可能并不是那么不切实际。在某些情况下，个体代理人的行为实际上非常具有可预测性——历史经验表明，当员工或公司以个体理性但集体破坏性的方式行事时，就会出现金融不稳定。[③] 如果目的是弄清集体行为是如何导致问题出现的，基于代理的模型可以得出大量的可预测的应对措施，并使应对措施与假设情景进行交互、对比，然后输出结果。[④] 如果基于代理的模型不能总是很好地模拟人类对假设情景的应对行为，那么，则有可能会更好地模拟算法在相同假设情景下的应对行为。

基于代理的模型得出的结果，可以突出金融系统在尾部风险事件期间可能发生的、未预料到的关联性和溢出效应，因此，可以作为训练机器学习算法的数据，以避免低估金融风险带来的影响。当然，使用基于代理的模型，并不是

---

① Joshua M. Epstein, *Agent Zero: Toward Neurocognitive Foundations for Generative Social Science* (2014).

② Tommaso Venturini et al., *Fill in the Gap. A New Alliance for Social and Natural Sciences*, 18 J. Artificial Societies & Soc. Simulation 11 (2015).

③ Robert C. Hockett, *Recursive Collective Action Problems: The Structure of Procyclicality in Financial and Monetary Markets, Macroeconomies and Formally Similar Contexts* 3 J. Fin. Perspectives 1 (2015).

④ John Crawford, *Wargaming Financial Crises: The Problem of (In) experience and Regulator Expertise*, 34 Rev. Banking & Fin. L. 111, 166 (2014–2015).

应对机器学习算法忽略尾部风险的完美解决方案，因为金融机构在运行基于代理的模型时可能花费高昂的成本。因此，最终的解决方案是金融监管机构将机器学习算法以监管科技的形式推荐给金融机构广泛使用。如果每个金融机构都依赖相同的数据来训练其机器学习算法，就会产生投资行为中的破坏性协调，如果多个算法以相同的方式运行[1]，那么，算法对尾部风险的理性反应可能会对金融稳定产生严重的负面后果。金融监管机构应提醒金融机构谨慎使用基于代理的模型得出的结果，并给予一定的灵活性，以找出如何解决算法缺陷的途径，而不是将模拟得出的结果作为算法的训练数据。

提升机器学习算法应对尾部风险的水平是非常复杂的，而用简单的监管规则来支持创新的、技术驱动的监管干预将是一个好主意。对于机器学习驱动的风险管理模型来说，最简单的金融监管策略可能是限制金融机构对算法的依赖程度。正如著名的金融稳定监管专家安德鲁·霍尔丹（Andrew Haldane）所说："就像你不用火来救火那样，也不应该以复杂性来应对复杂性。因为复杂性会产生不确定性，所以需要以简单的金融监管策略应对复杂性问题。"[2]

安德鲁·霍尔丹特别批评了复杂的监管资本法规，他认为法规允许金融机构使用其内部风险管理模型来确定投资中自有资金的比例（而不是借贷资金的比例），这使金融机构在 2008 年国际金融危机前过度依赖借贷资金，导致其在金融危机爆发时不堪一击。[3] 他还认为监管资本根本不应使用金融机构的内部风险管理模型[4]，至少金融监管机构不应该让金融机构监管资本的确定与基于机器学习的内部风险管理模型输出的结果挂钩，因为基于机器学习的风险管理模型甚至比 2008 年使用的最复杂的 VaR 模型还要复杂，从而使情况变得更

① 例如，算法都学会了同时抛售相同种类的资产。

② Andrew G. Haldane & Vasileios Madouros, Speech at the Federal Reserve Bank of Kansas City's 366th Economic Policy Symposium, "The Changing Policy Landscape" titled The Dog and the Frisbee (Aug. 31, 2012).

③ Erik F. Gerding, Code, Crash, and Open Source: The Outsourcing of Financial Regulation to Risk Models and the Global Financial Crisis, 84 Wash. L. Rev. 127, 181 (2009).

④ Deloitte, In Defence of VaR: Risk Measurement and Backtesting in Times of Crisis, Deloitte 3 (June 1, 2020), https://www2.deloitte.com/content/dam/Deloitte/uk/Documents/risk/deloitte-uk-risk-in-defence-of-var.pdf.

糟。然而，如果没有注意到这一点，且机器学习已经被用于确定监管资本要求，那么，金融监管机构至少应该采取原则性或其他创新性的方法，以确保机器学习算法更加关注尾部风险。

操作风险的预防性监管

以原则为基础的金融监管策略辅以监管科技干预措施，将有助于解决金融技术复杂性带来的各类操作风险。虽然，目前尚未出现过由于技术故障引发的金融危机，但其他复杂系统的历史经验表明，随着系统各组成部分技术复杂性的增加、各部分之间相互联系的日益频繁，整个金融体系将变得越发脆弱。[①]

虽然复杂性的增加在很大程度上是金融机构创新的结果，但金融监管的介入也是复杂性增加的原因之一。特别是侧重于单个金融机构、未考虑对金融体系其他部分影响的金融监管措施，可能会使整个金融体系变得更加脆弱。在过去十年中，金融监管机构重点对金融机构的信贷和流动性风险实施了更为系统的监管，但依然在很大程度上让金融机构管理自身操作风险。这一做法亟须改变，目前需要更加关注金融机构操作风险的相互作用是如何影响金融服务渠道的。

如果复杂系统能够适应变化，那么，它将更加可靠、稳健。因此，金融监管机构需要了解金融机构是如何使用技术系统的，并及时发现可能出现的问题。如前所述，金融监管机构通过表格 T 可以掌握金融机构所使用技术系统的类型，同时，也需要搭建事故报告系统——开发事故实时报告系统，能够在发生停机和其他技术故障时向金融监管机构发出警报，这应该成为监管科技创新的优先事项。金融监管机构应该采用基于原则的监管策略，要求金融机构使用该系统进行报告，因为事先无法列举可能发生的所有技术故障的类型，因而无

---

① 研究复杂性的科学家 Alderson 和 Doyle 发现，具有大量不同组成部分的复杂系统以及这些组成部分之间的复杂交互是"稳健但脆弱的"。如果要增加复杂系统各组成部分的稳健度，则有可能在不经意中使整体系统变得更为脆弱，详见 David L. Alderson & John C. Doyle, *Contrasting Views of Complexity and Their Implications For Network – Centric Infrastructures*, 40 IEEE Transactions on Systems, Man & Cybernetics 839, 839 – 840（2010）.

法制定详细的规则。鉴于此，金融机构应该将其认定为重大的问题向金融监管机构报告，同时，金融监管机构也应该就"如何界定重大的、需要报告的技术问题"向金融机构提供指导。

借助报告系统，金融监管机构可以采取实时行动以应对随时可能出现的风险。监管技术创新手段——熔断机制可以作为实时干预的主要形式，一旦出现问题，熔断机制就可以阻止金融服务供应商改变服务渠道或将金融服务转移至其他供应商或系统。在更极端的情况下，如果整个系统负担即将超过承受上限，金融监管机构可能需要考虑在短时间内关闭特定金融服务的所有供应商。2021 年 2 月，美国得克萨斯州电力可靠性委员会（Electric Reliability Commission of Texas，ERCOT）就面临过类似的情况——不得不在停电数天和基础设施起火并彻底损毁之间作出选择。[1] 最终，电力可靠性委员会选择了停电，这是一个正确的决定，但对得克萨斯州社会公众来说，这一决定付出了巨大的代价。[2]

与断电事件类似的金融危机是"银行假期"事件。1933 年，为了平息全美范围内的银行恐慌，时任美国总统富兰克林·罗斯福（Franklin Roosevelt）下令实施为期一周的"银行假期"——银行被迫暂停营业的委婉说法，这是一个必要的决定，但也暂停了社会公众所依赖的金融服务。[3] 大面积暂停金融服务必然会造成严重破坏，这种措施只能在极端情况下部署，但与更有针对性的应对措施相比，它有两个优势：第一，这将避免出现分配问题，因为无法决定"关闭哪些客户的金融服务或继续哪些客户的金融服务"。"允许非民选官员决定哪些人可以继续获得关键服务，哪些人不能获得该服务"会引发最大争议。如在 2019 年美国加利福尼亚州火灾期间，太平洋燃气电力公司

---

① Erin Douglas, *Texas Wwas "Seconds and Minutes" Away From Catastrophic Monthslong Blackouts*, Officials Say, Tex. Trib. （Feb. 18, 2021）, https：//www. click2houston. com/news/texas/2021/02/18/texas – wasseconds – and – minutes – away – from – catastrophic – monthslongblackouts – officials – say/.

② Shawn Mulcahy, *Many Texans Have Died Because of the Winter Storm. Just How Many Won't Be Known for Weeks or Months*, Tex. Trib. （Feb. 18, 2021）, https：//www. texastribune. org/2021/02/19/texaspower – outage – winter – storm – deaths/.

③ Richard Scott Carnell et al. , *The Law of Financial Institutions* 216 （6th ed. 2017）.

（PG&E）选择性地切断了部分客户的供电，造成了严重的负面影响。① 第二，有选择地关闭一部分系统，前提是金融监管机构了解风险传播的所有途径，并能够将风险问题隔离在复杂系统的某个部分中，但这非常具有挑战性，一旦金融监管机构忽略了某些信息，那么，即使关闭了整个系统，金融体系还是会不可避免地遭受损害。

　　除非实时报告系统成为现实，否则暂停和其他实时干预都会受到限制。技术事故报告只能在事后提交，但金融监管机构仍可以根据报告调查技术风险问题究竟是如何在系统内传播的。凭借这些信息，金融监管机构能够更好地了解未来技术故障可能产生的影响，并制定应对未来故障的应急措施。

　　目前，金融危机期间的主要紧急应对措施是由中央银行向境况不佳的金融机构提供贷款，但依靠中央银行贷款是无法解决纯技术性问题的。这就需要新型的应急响应措施，金融监管机构可以制定假设情景，就技术故障对系统的影响进行压力测试，以确定这些应急响应措施的具体内容。在金融系统之外，许多技术供应商正在试验如何测试技术故障，其实验和方法可以为金融机构的技术压力测试提供借鉴。例如，美国奈飞公司（Netflix）使用"混乱猴子"（Chaos Monkey）来随机关闭其系统的部分服务节点，以便更多地了解其系统各组成部分之间的相互关系，以及将风险问题从系统的一部分传递到另一部分的可能性。② 实际上，关闭部分金融系统会带来严重后果，因此，金融监管机构不能完全照搬美国奈飞公司的经验，不过，这种测试确实有助于发现风险问题在金融系统中的传染途径。例如，金融监管机构在奇异值检测（Novelty Detection）领域取得突破——利用人工智能技术寻找系统中意想不到的结果。当然，金融监管机构不能完全信任奇异值检测技术输出的结果，但仍可以将该结果作为开发压力测试假设的基础。

　　从事后检查、压力测试和其他模拟中得出的经验教训，可以为制定新的应急响应措施提供借鉴，以备不时之需。上述经验教训表明金融监管机构还需要

---

① Annie Lowrey, *Alone in the Dark in the Bay Area*, The Atlantic （Oct. 12, 2019）, https://www.theatlantic.com/ideas/archive/2019/10/californiaspower-outage/599935/.

② Samuel amuel Arbesman, *Overcomplicated: Technology at the Limits of Comprehension* 107 （2016）.

实施金融监管改革，以降低金融系统出现故障的概率。然而，值得注意的是，实施金融监管改革也将增加金融系统的复杂性，并使得金融系统在某方面更加脆弱。正如本书在讨论机器学习算法时提出的，金融监管机构应优先考虑进行简单的金融监管改革，如果金融监管只是为了使金融系统各组成部分更安全、稳健，却增加了整个金融系统的复杂性，那么从金融稳定的角度来看，金融监管就显得不是那么必要。

考虑到所有宏观监管措施最初都是创新型和试验性的，金融监管机构应确保金融系统中留有一些冗余，以弥补关键基础设施出现故障时的不足。例如，在支付方面，为了应对金融机构处理零售支付交易能力受损的情况，中央银行可能需要创建一个"最后的支付系统"。中央银行还可以选择不完全依赖技术的替代方案，通过制定法律强制公司接受实物现金支付，并提供战略现金储备，如美联储为应对"千年虫"问题（Year 2 Kilo，Y2K）所采取的准备措施。[1] 这将避免向无现金社会的演变，从而杜绝出现交易能力完全依赖于技术的问题。[2]

许可证制度的管辖范围

本章提出的基于原则的监管方法和监管科技创新等建议可以有效缓解金融科技对金融稳定造成的威胁，但这也将不可避免地增加金融系统的复杂性。然而，金融技术许可制度可以限制整个系统的复杂性——如果特别担忧新技术与金融系统相互作用带来的意想不到的后果，许可制度可阻止新技术进入金融系统。即使在许可制度授权金融机构使用新技术之后，许可程序也可以提供调整新技术的窗口期，以确保该技术在初始阶段就符合金融监管要求，从而避免因根据金融监管要求更改技术所带来的复杂性。

虽然金融技术许可证制度会带来很多好处，但要确定这种制度的适用范围

---

[1] *Fed's Banks Budget Includes Money for Y2K – Related Currency Demands*，Wall St. J.（Jun. 25, 1999），https：//www. wsj. com/articles/SB930183857689183884.

[2] Ginia Bellafante，*How the Cashless Economy Shuts Out the Poor*，N. Y. Times（Dec. 6, 2018），https：//www. nytimes. com/2018/12/06/nyregion/how – the – cashlesseconomy – shuts – out – the – poor. html.

是很有挑战性的。追溯、审查受监管金融机构已经使用的技术有很大的破坏性，同样，审查受监管金融机构未来可能使用的新技术也是不可行的，因为金融监管机构没有足够的资源来这样做。那么，金融技术许可证制度管辖范围的边界应如何确定呢？

美国国会正逐步对美国食品和药物管理局管理的药品、医疗器械、食品添加剂、色素添加剂和烟草制品制定新的批准要求。在一定过渡期内，美国国会制定的要求因产品类型而异：一是部分类型的产品全面豁免了新批准要求的约束；二是部分产品在新批准程序未完成前不得上市销售；三是在未提交需要说明事项相关材料的情况下，部分产品不得进入新的审批流程。[①]

立法机构和金融监管机构可以参考上述方法，以审查现有的金融技术。在许可证制度建立之前，可以对金融机构已使用的技术给予临时授权。这项临时授权将持续到金融监管机构有机会审查该技术为止。美国食品和药物管理局花了几十年的时间来审查已经投入使用的药物和医疗器械[②]；而对金融技术的临时授权通常会成为事实上的永久授权。尽管如此，由于对现有技术的授权名义上仍然是暂时的，这将保留金融监管机构审查、监管甚至在出现问题时禁止使用该技术的权力，而审查的可能性一直存在，也能够鼓励金融行业更负责任地使用技术。

当涉及新技术的使用时，金融监管机构更容易开展技术审查工作，但由于资源限制，必须首先确定技术审查的优先顺序。此外，金融监管机构还需要关注现有技术的增量变化和新用途——因为增量变化会加剧金融系统的复杂性，增加意外情况出现的概率。因此，金融监管机构必须关注这些变化，并通过制度要求受监管的金融机构为其使用的技术申请许可证。然后，金融监管机构可以给予临时授权，并保留技术审查的权力。

目前，最值得关注的新技术是包含机器学习技术的智能投资模型和加密资产。智能投资平台能够以前所未有的规模协调投资者行为——如果这些平台依

---

① Peter Barton Hutt et al., *Food and Drug Law: Cases and Materials* 775 – 786 (4th ed. 2014).

② Peter Barton Hutt, *The State of Science at the Food and Drug Administration*, 60 Admin L. Rev. 431, 447 – 450 (2008).

赖于机器学习技术，尾部风险的爆发极有可能带来灾难性后果。在加密资产领域，超大规模带来的影响也是一个令人担忧的问题——因为可以创建的加密资产数量没有限制，完全不受现实约束，从而可能使金融系统中风险发生的概率倍增。通过许可证制度可以限制加密资产数量，有助于维护金融稳定。如果某项技术能够有效控制特定类型加密资产的数量，那么，金融监管机构就可以考虑授权使用该技术。同时，许可程序也为金融监管机构采取监管科技干预创造了机会，可以为加密资产的运营带来一些灵活性，进而维护金融稳定。

许可审查流程

对于正在接受审查的技术，许可程序应包含哪些流程？几位法律专业的教授根据美国食品和药物管理局的经验，提出了金融产品预审批程序的框架。[①] 由于这一框架的提出早于金融科技的兴起，因此，该框架的重点不在提供金融产品和服务所使用的技术之上，而是主要集中在信贷违约互换等金融产品上。尽管如此，这一框架的提出对研究金融监管制度仍有所助益——金融监管制度可以授权金融监管机构禁止或有条件地许可使用新金融技术。

在这一框架中，设计者认为最大的挑战之一就是如何准确地确定预审批程序的具体内容。[②] 本书建议，金融机构使用的所有技术都应置于许可证制度的管辖之下。除非某项技术的应用引发了显著的金融稳定性威胁，否则，金融监管机构应迅速、毋庸置疑地对该技术给予临时授权，避免社会公众认为政府在"挑选赢家"。关于审查过程，美国康奈尔大学（Cornell University）法学院教授索莱·奥玛洛娃（Saule Omarova）建议对创新技术进行三项测试：经济目的

[①] Saule T. Omarova, *License to Deal*：*Mandatory Approval of Complex Financial Products*, 90 Wash. U. L. Rev. 64, 90–93 (2012)；Eric A. Posner & E. Glen Weyl, *An FDA for Financial Innovation*：*Applying the Insurable Interest Doctrine to Twenty–First–Century Markets*, 107 Nw. U. L. Rev. 1307 (2013).

[②] Saule T. Omarova, *License to Deal*：*Mandatory Approval of Complex Financial Products*, 90 Wash. U. L. Rev. 64, 124 (2012)；Eric A. Posner & E. Glen Weyl, *An FDA for Financial Innovation*：*Applying the Insurable Interest Doctrine to Twenty–First–Century Markets*, 107 Nw. U. L. Rev. 1352 (2013).

测试、机构能力测试和系统效应测试。① 这些测试非常适合评估新的金融技术。

经济目的测试旨在表明某项技术能够满足某种真实的经济需求，换言之，即技术的使用不应仅仅是为了帮助金融机构盈利。因此，对于特定技术而言，其应该服务于管理风险、资金融通、支付或其他金融交易的需求，但满足这些需求并足以成为技术通过审批的理由。

随着金融机构管理人员专业知识水平与技术专业性之间差距的扩大，机构能力测试显得越发重要。当金融机构无法证明其"有能力理解、识别、衡量、监控和管理某项技术对其自身财务健康、客户财务健康和整体金融市场稳定带来的潜在风险"时，金融监管机构就应该通过预审批程序阻止金融机构使用该技术。

三项测试中的最后一项是系统效应测试。鉴于金融系统未来发展的不确定性，试图预测新技术应用对金融系统造成的确切影响是很困难的。众所周知，某项技术应用得越广泛，其系统性影响就可能越大。本书认为，金融系统复杂性、交易速度和协调性行为的增加可能会影响金融稳定。对于那些"进一步增加金融系统复杂性、交易速度和协调性行为，而无法提高金融系统管理风险、资金融通、支付等能力"的技术而言，金融监管机构不应允许其通过预审批流程。特别是有些技术已经被广泛使用，但使用该技术的机构对其并不了解，在这种情况下，金融监管机构应给予重点关注。

如果某项技术的应用存在系统性风险，但其能够服务于经济目的且机构能力很强，则金融监管机构将很难决定如何处理该技术。通常，金融监管机构可能会授权金融机构在满足某些条件的前提下使用该技术。或者，如果仍担心某项技术可能造成的风险，金融监管机构可以通过进一步的测试和审查，可能允许一小部分客户一起参与测试以限制影响，来决定是否批准金融机构使用该技术。虽然监管沙盒测试可能不是金融监管资源的最优利用方式，但沙盒中用于测试金融产品的流程，可以作为新金融产品在满足一定条件下上市销售的审批

---

① Saule T. Omarova, *License to Deal*: *Mandatory Approval of Complex Financial Products*, 90 Wash. U. L. Rev. 64, 67（2012）.

模式。

针对智能投资的许可证制度

智能投资模型基于机器学习技术，能够实现客户风险评估和资产分配等功能，金融监管机构应如何使用经济目的、机构能力和系统效应测试对其进行评估呢？基于智能投资模型，金融机构能够进一步降低投资成本、提升投资效率，并向以往难以获得金融服务的群体提供投资建议，因此，从经济目的测试的角度来看，智能投资模型是合格的。在机构能力测试方面，如果使用机器学习算法的金融机构缺乏一定的监督、持续调整和使用该技术的能力，智能投资模型就无法通过审核流程。最后，即使金融机构具备了技术能力，金融监管机构仍需要关注智能投资模型在金融行业中应用可能带来的系统性影响。需要强调的是，金融监管机构在批准金融技术应用时都会附带很多条件，其目的是降低金融系统复杂性、交易速度和协调性行为对金融稳定产生的影响。

在上述附加条件中，一个重要的条件就是"人为干预"要求——评估客户和推荐投资组合的机器学习算法，不应与自动执行或再平衡算法自动关联。在购买或出售任何资产之前，都应该为人为干预留有空间，以确保机器学习算法不会产生严重的失误。但人为干预将以一定的效率为代价，但也比让更多的资产承受价格剧烈波动要强。如果智能投资实现了大规模应用，其带来的协调交易行为对金融机构和金融市场的溢出效应可能比以往要明显得多。

在应用规模和协调性行为方面，可以对单个算法负责管理资产的数量进行限制，这将给基于机器学习的智能投资模型产生的协调效应带来外部限制。在算法监管方面，谨慎的做法是持续开展基于原则的金融监管，以确保算法经过训练，能够更好地关注尾部风险事件。需要明确的是，任何使用机器学习算法为智能投资模型提供技术支持的金融机构，都必须先通过机构能力测试。鉴于此，金融机构不仅需要具备一定的技术能力，还必须接受基于原则的金融监管。

针对加密资产的许可证制度

目前，许多加密资产形式的金融产品可能无法获得许可证。智能合约和分布式账本技术的使用可能不会为加密资产通过经济目的测试带来太多增益，因为，使用这些技术带来的效率增量收益，可能会被随之产生的产品复杂性和交易过快带来的负面影响所抵消，这将在机构能力测试、系统效应测试中给加密资产带来"毁灭性打击"。总体来说，加密资产最终还是可能会被禁止，因为，即使加密资产能够产生足够多的效用并获得许可证，金融监管机构也可以通过许可程序对其采取干预措施。

金融科技产生的部分风险是由自动化金融交易的潜在速度带来的。如果与金融资产相关的权利越来越多地由分布式分类账本上的智能合约来管理，则可以通过监管智能合约和（或）分布式分类账本来减缓交易速度。在智能合约监管方面，可以要求在合约程序中设置由相关金融监管机构控制的"外部预言机"（External Oracle）① 来提供验证服务。根据金融市场的性质，验证的频率将由金融监管机构决定，在某些市场，资产交易只需完成每日验证可能就足够了，但在某些市场，资产交易验证的频率可能更高。通常，预言机不会向智能合约提供任何信息，这将允许智能合约在没有金融监管干预的情况下处理交易。然而，在出现系统性风险的时候，金融监管机构可以激活预言机，以便在智能合约进行验证时，可以命令其停止执行常规程序。在这种情况下，预言机就像智能合约的熔断机制，避免出现任何可能损害金融稳定的自动执行操作。

与托管加密资产的分布式账本相关的法规，可以通过防止问题交易来维护金融稳定。需要强调的是，在不更新分布式账本转账记录的情况下，任何加密资产都无法进行转移，点对点的转账交易也同样无法完成。因此，如果负责验证分布式账本的节点拒绝更新能够反映已执行交易的账本，那么，交易将永远不会发生。作为阻止交易执行的替代或补充方案，有一些机制可以用来撤销在

---

① 从应用层面上来看，预言机可以使智能合约从外部接收数据。换句话说，预言机是连接分布式账本与现实世界的桥梁，可以查找和验证真实世界的数据。

分布式账本上运行的、由智能合约执行的指令。虽然智能合约的支持者声称交易是不可变的、不可被撤销的，但这种不可变只有在验证节点拒绝改变或撤销交易时才成立。事实上，只要足够多的验证节点同意，就可以"重写"分布式账本以撤销"不想要的"交易。

如果通过建立分布式账本来允许匿名节点验证交易，通过验证机制取得共识可能会非常耗时耗力。然而，可在分布式账本中进行设置，使交易只能由一组可识别的验证节点来验证，在必要时，就可以依靠这些验证者来防止或快速纠正错误的交易。因此，金融监管机构应考虑制定规则，规定如果托管加密资产的分布式账本由可信任的、获得许可的验证机制控制，或者至少由可信任的、获得许可的验证节点控制。同时，所有被授权验证（也被授权撤销）分布式账本交易的节点，都是易于识别的、能够响应金融监管要求的受监管机构。

为了以上述方式管理分布式账本和智能合约，金融监管机构需要获得授权，允许其在异常和紧急情况下暂停或撤销交易。然而，也需要对金融监管机构提出一些要求和限制，以缓解社会公众的担忧——金融监管机构可能会在不必要时停止或逆转交易。但从另一个角度来看，金融监管机构也有可能在必要的情况下不采取干预措施，因为担心受到来自各方的抵制或社会公众的批评，或者害怕金融监管干预会引起金融市场的恐慌。[1] 在美国股市，上述问题可以通过使用熔断机制来解决，当标准普尔500指数在一天内下跌超过设定百分比时，熔断机制就会自动启动。[2] 由于熔断机制与市场指标挂钩，而非金融监管机构的自由裁量权，因此更具客观性，从而使金融监管机构免受批评。那么，是否可以采取类似的方法来停止或逆转涉及加密资产的交易呢？可行的方法是将金融监管机构的干预权与市场指标挂钩，如 VIX 指数（CBOE Volatility In-

---

① Richard Scott Carnell et al. , *The Law of Financial Institutions* 270（6th ed. 2017）.

② 熔断机制分三个级别：标准普尔500指数下跌7%，触发第一级熔断，暂停交易15分钟；标准普尔500指数下跌13%，触发第二级熔断，同样暂停交易15分钟；标准普尔500指数下跌20%，触发第三级熔断，当天交易终止，详见 Bradley Hope & Dan Strumpf, *The Problem with Circuit Breakers*, Wall St. J.（Jan. 7, 2016），https：//www.wsj.com/articles/the－problem－with－circuit－breakers－1452205576.

dex，用于反映市场对波动性的预期）。① 尽管 VIX 指数等市场指标反映了私人市场参与者的情绪，但由于私人市场参与者对系统性风险的理解不全面，因此，基于市场的指标并不是预测金融系统风险的完美指标。在理想情况下，风险触发因素应与公共部门管理和维护的指标相挂钩。

金融研究办公室开发的金融压力指数（Financial Stress Index）能够呈现全球金融市场压力的实时情况，可以作为公共部门管理和维护的指标之一。② 虽然金融压力指数完全依赖于公开的信息，但如果建立了鼓励金融监管机构共享信息的机制，则可以利用机密信息对指数进行更新。③ 目前，报告的滞后性束缚了指标实时反映金融系统压力情况的能力，但随着实时报告和分析技术的进步，这一问题将得到有效解决，这也是金融监管机构利用监管科技创新来维护金融稳定的实例。④

无论使用何种指标，金融监管机构都不希望在系统性风险加剧的情况下自动暂停或撤销所有交易。金融压力指数可以作为决定是否需要授权金融监管机构采取干预措施的"门槛"，如确实需要，则金融监管机构可以根据授权进行干预。但此方法并不完美——金融监管机构即使获得授权，也可能仍然不会采取必要的干预措施，因为担心其决定受到阻碍。此外，使用披露性指标也可能会引发问题市场行为——如果该指标呈现出金融监管措施即将到来的趋势，市场参与者可能会感到恐慌，并试图在金融监管措施正式落地前完成交易。⑤ 这个问题可以通过指标保密化来解决，但将金融监管措施与保密性指标联系起来，又会引发金融监管合法性的问题。

总体来看，将金融监管机构与指标挂钩总会引发一些问题，其中最重要的

---

① VIX 指数（芝加哥期权交易所波动率指数），又称市场恐慌性指数，用以反映 S&P 500 指数期货的波动程度，测量未来三十天市场预期的波动程度，通常用来评估未来风险，因此也有人称其为恐慌指数。

② Office of Financial Research, *Annual Report to Congress*：2017，11（2017）.

③ Phillip J. Monin, *The OFR Financial Stress Index*，7 Risks 1，2（2019）.

④ Greg Feldberg, *Don't Dismantle the Post - Crisis Early Warning System*，Brookings，11 - 12（Nov. 21，2018），https：//www. brookings. edu/research/dont - dismantle - the - post - crisis - early - warning - system/.

⑤ Hilary J. Allen, *Cocos Can Drive Markets Cuckoo*，16 Lewis & Clark L. Rev. 125，156 et seq. （2012）.

一点是，指标未必可以持续呈现系统性风险。然而，在应对棘手的、多样化的系统性风险时，要做到完美是不可能的，而在特定情况下使用熔断机制和监管分布式账本将缓解金融稳定面临的威胁。需要强调的是，如果加密资产无法通过经济目的、机构能力和系统效应测试，那金融机构则不应被允许发行加密资产。

如果加密资产不是由受监管的金融机构发行的，那么，该加密资产根本不受许可证制度的约束。鉴于此，金融监管机构应认真考虑严格限制受监管的金融机构直接或间接投资加密资产的能力，至少应禁止加密资产被用作银行间贷款或回购的抵押品。为了防止加密资产泡沫、恐慌和甩卖等问题，从而避免破坏金融体系向经济体系提供金融服务的能力，采取预防性监管措施就显得尤为必要。

小结

实施预防性金融监管措施可能会面临与现实性情况相背离的风险，因为在现实中，金融技术的开发和应用基本上没有处在任何监管、监督措施的约束之下。尽管实施预防性金融监管措施将给金融监管带来重大转变，但并不能完全解决因金融科技兴起所暴露出的金融监管缺陷。展望未来，推动金融监管制度改革、实施预防性金融监管措施还有很长的路要走，同样，解决金融科技对金融稳定产生的影响也任重而道远。

第七章　与金融科技发展相关的其他议题

在第六章，本书讨论并提出了一系列建议，旨在解决金融科技对金融稳定构成的威胁。但这些建议都需要经过反复论证和推敲才能付诸实施。部分措施是技术性的，但具有浓厚的政治性。肯定会有人出于意识形态的理由（认为政府是"问题"而不是"解决方案"的人）、愤世嫉俗的理由（从推广无管制技术中获利的人）和胆怯的理由（认为这些建议有用但"管得太宽"的人）提出反对意见。那么，金融监管机构需要强有力的社会公众支持来克服这些阻力。如果缺乏这种支持，本书提出的任何建议都将无法实施。

19 世纪 60 年代出版的《菲尼亚斯·芬恩》（*Phineas Finn*）一书中有一段经典的描述，可以呈现公众舆论是如何演变的："从前，可能很多人认为针对某一问题进行立法只是'空想'；但现在，人们可能会认为这样做存在风险，或认为这样做可能并不困难；随着时间的推移，针对这一问题进行立法将被视为可能，然后被视为是具有可行性的；最终，针对这一问题进行立法可能成为国家意愿，并被列入'绝对有必要'实施的少数措施清单。这就是公众舆论演变的方式。"①

本书旨在帮助社会公众认识金融科技创新是如何影响金融系统安全的，并展示金融监管解决方案是如何发挥作用的。换言之，本书是为了帮助金融监管解决方案远离"空想"，更加接近"绝对有必要"。但公众舆论并不总是朝着一个方向发展。随着时间的推移，那些致力于排斥金融监管的人，其想法和意愿可能更加根深蒂固。因此，尽管目前监管金融科技所面临的政治挑战是艰巨

---

① Anthony Trollope, *Phineas Finn* 556（2011）.

的，但技术的创新性意味着所谓的既得利益者在一两年后可能也无法继续获得收益。鉴于此，尽快厘清金融科技和金融稳定之间的关系是非常重要的。

本书第六章提出的建议仅侧重于解决金融稳定问题，但事实上，金融科技的兴起使社会公众发现了政府官员专业知识的局限性，特别是政府专家在鼓励公共服务创新方面的能力不足，这也是对"公共部门与私人部门在金融体系中应扮演什么样的角色？"这一争论的回应。[①] 此外，新技术和新型金融服务主体进入金融体系，加剧了金融监管机构管辖权方面所面临的难题，这些难题与新型市场主体和竞争有关。最后，本章还将探讨金融服务数字化带来的隐私保护和网络安全问题。

公共部门的创新

从表面来分析，监管科技体现了防御的必要性——金融监管机构监管着一个基于复杂技术的行业，假设其没有自己的技术，就会像"持刀参加枪战"一样。而更深层的答案是，技术是一种手段，而不是目的，因此，技术研发主体关注的优先事项不同，其技术研发必将产生截然不同的影响。为了实现金融稳定这一金融监管目标而开发的技术，与私营部门旨在实现短期利润最大化而研发的技术是大相径庭的。

事实上，很难准确预测监管科技带来的影响，因此，本书建议对监管科技创新持保留态度，最理想的情况是用模拟监管的形式对监管科技创新予以支持。为实现公众目标而进行的技术创新更能帮助金融监管机构维护金融系统稳定，而私营部门的科技创新一般不会考虑金融稳定问题。金融监管机构研发的新技术应控制技术复杂性，并避免与私营部门金融科技创新产生协调性。例如，如果要对高频金融交易产生影响，那么，监管科技需要与金融科技一样实现快速更新迭代。然而，只有破除了阻碍公共部门创新的障碍，监管科技创新才能取得实效。

---

① Saule T. Omarova, *New Tech v. New Deal: Fintech as a Systemic Phenomenon*, 36 Yale J. Reg. 735, 739（2019）.

经济学家玛丽安娜·马祖卡托（Mariana Mazzucato）在其著作《创新型政府：构建公共与私人部门共生共赢关系》（*The Entrepreneurial State：Debunking Public vs Private Sector Myths*）中指出："创新的许多辛苦工作都落在了国家而非私营部门身上，但私营部门却往往会获得声誉和利润回报。"[1] 玛丽安娜·马祖卡托基于"互联网技术发展""新型药物问世"等大量历史经验对此作出了解释，但她同时也指出，这一现象并不是不可避免的。"创新"一词有很多积极的含义，因此，将某种行为定义为"创新"是很有意义的。[2] 鉴于此，公共部门理应扮演创新者的角色，而不是将这一权力拱手让给私营部门，这样做可以形成一个良性循环，有利于扭转社会公众对政府的看法——将政府当作"解决方案"而不是"问题"。

事实上，许多公共部门都不敢在其影响范围内采取积极主动的措施进行创新，也许其已经将罗纳德·里根（Ronald Reagan）的名言"英文中最恐怖的九个字是：我是政府派来帮你的。"（"*I'm from the Government，and I'm here to help*" *are the nine most terrifying words in the English language*）内化到了组织文化中。[3] 如果金融监管机构确实担心其造成的错误会比私营部门的错误更严重，在这种情况下，公共部门"裹足不前"[4] 也就不足为奇了，即公共部门宁可观察并试图了解私营部门的发展，也不愿意积极寻求通过"实现金融稳定和其他金融监管目标"的方式来影响私营部门的发展。

如果要构建能够解决新型金融稳定风险的监管方案，并以一种包容的方式使整个社会受益，那么，金融监管机构必须成为监管科技解决方案的积极创新者。经济学家使用"公共产品"一词来描述"具有消费或使用上的非竞争性和受益上的非排他性的"产品（如清洁空气和金融稳定）。由于私营部门生产和提供公共产品的成本无法获得补偿，因此，其通常缺乏生产和提

---

①　Mariana Mazzucato，*The Entrepreneurial State：Debunking Public vs. Private Sector Myths*（2015）.

②　Cristie Ford，*Innovation and the State* 220（2017）.

③　Ronald Reagan，*President's News Conference*（Aug. 12，1986），https：//www.reaganfoundation.org/media/128648/newsconference2.pdf.

④　Mariana Mazzucato，*The Entrepreneurial State：Debunking Public vs. Private Sector Myths*（2015）.

供公共产品的积极性，这意味着政府必须肩负起生产和提供公共产品的责任。[1] 公共产品问题不是一个新问题，但当涉及必须通过技术手段来提供公共产品时，问题就会发生变化——需要公共部门通过技术创新来提供这些公共产品。

政府机构有时可以将公益性技术的研发外包给私营供应商，但技术外包并不是一个完美的解决方案。仅仅为一两个金融监管机构提供技术解决方案对任何供应商来说，都不可能是有利可图的商业模式，因此，供应商往往需要通过私营部门来获得更广泛的客户群体。私营部门服务的客户远比公共部门服务的客户多，因此，为公共部门提供技术解决方案的供应商，往往会更多地考虑私营部门客户的需求，并以更加有利于私营部门客户的方式来扭曲技术解决方案。[2] 因此，金融监管机构需要具备一定的技术研发能力。

为了打造技术研发能力，金融监管机构需要具备一定的专业知识。然而，政府机构僵化和官僚作风的刻板印象，使其很难吸引创新型人才。这就是为什么玛丽安娜·马祖卡托关于"将公共部门重塑为使命驱动型和创新型"的观点如此重要的原因所在。公共部门在人员薪酬方面将始终难以与私营部门形成竞争，但肯定也有一些具有公共服务意识的技术专家愿意拿着低薪为政府机构工作。如果能够从事真正有意义的工作且可以专注于研发新技术，而不仅仅是应对私营部门创新，那么，技术专家可能更有意愿去公共部门工作。此外，如果公共部门正在进行创新技术项目研发，可以在此过程中向员工教授新的专业知识。

创新、专业知识和"允许失败"

从实际来看，金融监管机构专业性不足，很难应对金融科技带来的金融稳

---

[1] Matthew D. Adler, *Regulatory Theory*, *In Dennis Patterson*（ed.）, A Companion to Philosophy of Law and Legal Theory 598－599（2d ed. 2010）.

[2] Luca Enriques, *Financial Supervisors and RegTech：Four Roles and Four Challenges*, Revue Trimestrielle de Droit Financier 53, 55（2017）.

定风险，其专业性还需要进一步培养。① 金融监管机构应该如何掌握专业知识？在技术难度高企的情况下，社会公众什么时候应该相信金融监管机构的专业性，什么时候应该对其持怀疑态度？这些问题不仅与维护金融稳定有关，更关乎专业知识在社会发展过程中的重要作用。考虑到当今社会的复杂性，依靠个人很难对社会发展和运行形成完整的认知，因此，为了使社会正常运转，就需要对专业知识有一定的信任程度。② 但是，这种信任也不是无条件的，社会公众在获得充分教育的基础上，就会知道什么时候不需要盲目听从专家的意见。

2008 年国际金融危机的爆发损害了社会公众对金融监管机构专业性的信任，但并非所有金融监管都遭受了质疑。为了让金融稳定监管机构提升专业性，就需要对低级失误保持一定的容忍度——专家永远不可能做到尽善尽美。尤其当专家预测不确定的未来时，更难以做到完美，但如果专家们放弃了规划不确定未来的责任，整个社会都会陷入困境。专业性可能需要几十年的时间来培养，因此，在问题出现时，可以肯定专家的专业性是滞后的，这就需要专家付出巨大的努力提升专业性，以便在出现问题时及时作出反应。对于专家来说，有必要通过试验的方式不断汲取解决问题所需的专业知识。这一试验将不可避免地涉及一个反复的过程，如果专家失误的唯一负面影响是浪费了时间和金钱，那么，可以认为这是培养专业性的合理代价。失败是创新和培育专业知识过程中不可或缺的部分，因此，失败应当被视为公共部门创新过程中的一部分。即使是私营部门的创新者，大多数时候也会失败，而公共部门的创新者往往试图解决棘手的长期问题③，因此，可能会面临更多的失败风险。

简而言之，要允许为政府工作的创新者和专家出现失败，但不能允许无限失败。在这一过程中，政府机构可以借鉴私营部门经验，了解如何开发"敏

---

①　Peter Conti - Brown & David A. Wishnick, *Technocratic Pragmatism, Bureaucratic Expertise, and the Federal Reserve*, 130 Yale L. J. 636, 645（2021）.

②　Tom Nichols, *The Death of Expertise: The Campaign Against Established Knowledge and Why It Matters*, 216（2017）.

③　Mariana Mazzucato, *The Entrepreneurial State: Debunking Public vs. Private Sector Myths*, 29 - 30（2015）.

捷工作流程"。在敏捷工作流程中，失败可能来得很快，并被接受为学习过程的一部分。[1] 然而，与私营部门不同的是，政府必须对社会公众负责，只要公共部门的专家和创新者能够从失败中吸取教训，就应该给予其一定的容忍度。此外，还需要通过组织结构设计来保护公共部门的专家及其试验，在理想情况下，需要营造最佳工作氛围，使公共部门的专家和创新者免受错误的负面影响，但如果其未能纠正或适应这些错误，则需要承担相应的后果。

针对为政府工作的金融监管机构专家和创新者，已经有了一部专门的法律（即行政法，*Administrative Law*），试图在督促金融监管机构履行职责的同时，允许其在履职和自主性之间实现平衡。即使是这样，在技术快速变革的时期，金融监管机构也很难弄清楚法律授权的边界在哪里。例如，如果金融监管机构具有监管"证券"的长期授权，那么监管权是否应该包含加密资产领域？但行政法对金融监管机构提出的要求不仅仅局限于建立监管权威，还需要完成更多的职责。

金融监管机构有必要开展"成本效益分析"，需要量化其监管的成本和收益，并证明金融监管带来的收益能够覆盖成本。不幸的是，金融稳定等公共产品的收益往往难以量化，而当选择监管科技或其他创新技术作为实现监管收益的方法时，其量化工作可能将变得更加困难。本书第五章和第六章解释了为什么需要利用监管科技创新来应对金融科技的兴起，但如果没有人确切地知道监管科技将如何运作，如何评估其产生的效益呢？[2]

对于金融监管机构而言，监管科技创新将是一个反复试验的过程，肯定会面临失败的风险。即使私营风险投资公司 90% 的投资都失败了，也是完全可以接受的，但失败的政府投资却可能会演变成一场公共关系危机——即使政府正试图完成更大的、更困难的任务，且这些任务比风险投资公司的投资工作重要得多，也无法改变社会公众对政府无能和浪费的固有印象。鉴于此，金融监

---

① JoAnn Barefoot, *A Regtech Manifesto*: *Redesigning Financial Regulation for the Digital Age*, Alliance for Innovative Regulation 63 (Jul. 2020), https://www.dcfintechweek.org/wpcontent/uploads/2020/10/Barefoot_Jo-Ann_AIR-Regtech-Manifesto-July-2020.pdf.

② Mariana Mazzucato, *The Entrepreneurial State*: *Debunking Public vs. Private Sector Myths*, 42 (2015).

管机构需要重点关注以下几个议题：一是应如何将金融监管框架作为对市场失灵的回应，并将其重塑为保护社会公众免受金融崩溃影响的有效创新？二是应如何让社会公众认可试验性的科技创新是合法的金融监管形式？

　　社会公众只有在对监管科技运作方式有一定了解，且有能力参与相关技术的情况下，才能评估监管科技带来的效益。这就要求监管科技具有一定的透明度，且不再像从前发布规制和条例时征求社会公众意见那样简单；未来，透明度可能要求披露源代码或公布测试版技术模型，但事实上大多数人并不具备参与这种披露所需的专业知识和技术能力。随着世界各国政府开始使用技术手段来规范各类行为，"如何使技术的运作更容易被社会公众所接受"这一议题与国家民主体制运行之间的联系越发紧密，但遗憾的是，目前还没有找到能够很好回应这一议题的方法。在现实操作中，金融监管机构仅仅在首次使用监管科技进行干预时，向社会公众披露监管科技的相关信息是远远不够的。技术在其开发和实施的过程中是不断完善的，因此，社会公众需要持续了解监管科技的运行情况，即要求监管科技应持续性保持透明度，而这种持续的透明度要求对于金融监管机构来说是一项挑战，因为许多金融监管机构已经习惯于以更隐秘的、不公开的方式开展工作。[①]

　　在早期试验中，通过透明度要求暴露出来的失误或失败可能更容易为社会公众所接受，如前所述，其带来的唯一负面影响就是浪费资源。一旦试验性的监管科技策略开始要求金融机构和社会公众采取特定行动时，其带来的风险就会更大。[②] 如果监管科技的研发与应用遵循以下几条经验法则，则可以加强社会公众对其信任程度。一是不要随意扩大监管科技的使用范围。监管科技应尽可能针对当前面临的问题，而其他问题则应由更成熟的监管措施来处理。这将限制专家开展监管科技试验带来的影响，并可以将意外后果限制在一定范围内，同时也为未来的监管创新保留空间。二

---

　　① Peter Conti – Brown & David A. Wishnick, *Technocratic Pragmatism*, *Bureaucratic Expertise*, *and the Federal Reserve*, 130 Yale L. J. 636, 640 (2021); Richard Scott Carnell et al., *The Law of Financial Institutions* 353 – 354 (6th ed. 2017).

　　② Peter Conti – Brown & David A. Wishnick, *Technocratic Pragmatism*, *Bureaucratic Expertise*, *and the Federal Reserve*, 130 Yale L. J. 636, 664 (2021).

是确保技术专家和决策者的思想和步调保持一致，使技术能够真正反映决策者试图实现的目标。[①] 在实现这一目标之前，决策者需要对利益冲突的价值观——维护金融稳定与保证效率进行非常慎重的权衡，并将其传达给社会公众和技术专家。

金融在社会中扮演的角色

如果社会公众认为中央银行和金融监管机构应积极、主动创新和发展专业知识，这就引出了一个问题——中央银行和金融监管机构是否也应该以其他方式在经济发展中发挥更积极的作用。一想到政府要直接参与经济发展，社会公众往往会本能地感到紧张。但是，如果在金融行业未能有效满足社会需求的情况下，是否可以由公共部门直接提供金融服务呢？

在金融科技创新领域，私营部门解决方案的局限性尤为突出，因为，创新的动力在于向服务不足的社区提供金融服务。价格合理的、可负担的风险管理、资本中介和支付服务对于社会公众来说非常重要，但仅仅依靠私营的金融科技公司来开发和提供这些服务是否合适？

正如发薪日贷款和支票兑现服务等金融创新一样，私营部门很有可能开发新的金融科技产品来服务弱势群体。[②] 国家可以考虑为金融服务创造新的市场，以作为对金融包容问题的直接回应，而不是通过创新中心和监管沙盒来支持私营部门开展金融科技创新等间接的方式来促进金融包容。如果政府机构提供金融服务的方式能够比私营部门更简单，那么，不仅以前难以享受金融服务的群体将受益，金融系统整体稳定性也将有所提升。

如果上述公共解决方案取得成功，公共部门以其他方式直接参与金融市场

---

① Deirdre K. Mulligan & Kenneth A. Bamberger, *Saving Governance – by – Design*, 106 Calif. L. Rev. 697, 755 (2018).

② Nakita Q. Cuttino, *The Rise of "FringeTech"*: *Regulatory Risks in Earned – Wage Access*, 115 Nw. U. L. Rev. 1505 (2021).

的行为将在政治层面上免受阻力。① 例如，针对"世界各国中央银行是否应该购买绿色债券，以创造一个用于支持环境可持续项目的债务市场"这一议题有很多讨论。② 这一建议能否带来好处尚需讨论研究，但在开展讨论之前，需要弄清楚社会公众对中央银行在资本市场投资选择的认可程度。

伴随着金融科技的兴起，社会公众对公共部门在金融市场中应发挥多大的作用产生了怀疑，也引发了另一个问题——私营部门提供金融服务的行为是否应该受到限制？不幸的是，收益私有化和损失社会化在金融系统中普遍存在。如前所述，本书提到了金融部门应履行的风险管理、资本中介和支付服务等对社会有用的职能，但这些职能并非天然对社会有用。如果这些职能能够带来经济的增长，就是有用的；但如果这些职能主要用于为金融部门创造利润，可能就不会给社会公众带来什么好处。甚至在出现经济泡沫时，如果公共部门需要为金融部门纾困，这些职能将是有害的。

正如本书在第三章中所探讨的那样，随着新型加密资产的出现，投资和赌博之间的边界正在逐步消失。加密资产可能与真实的经济功能没有任何关联，且多数似乎是为了投机而存在的。狗狗币（Dogecoin）就是这种荒谬的加密资产的典型代表，2013 年它的诞生就是一个笑话，但不知怎么就演变成了一种合法的金融资产。③ 需要注意的是，投机者和金融部门一直从加密资产交易中攫取利润，而相应的风险却由公共部门承担，这种现象何时才能停止？

本书已经回答了上面这个问题，并建议使用许可证制度，公共部门可以拒绝向某些类型的加密资产颁发许可证。但应该如何看待其他金融产品呢？是否也需要将它们与现实世界的经济功能联系起来，以避免出现金融资产太多、相

---

① 包括为金融资产创造市场，这些金融资产将提供长期回报，但不会带来私营部门投资者通常要求的短期利润。Robert C. Hockett & Saule T. Omarova, *Public Actors in Private Markets：Toward a Developmental Finance State*, 93 Wash. U. L. Rev. 103（2015）；Robert C. Hockett & Saule T. Omarova, *The Finance Franchise*, 102 Cornell L. Rev. 1143（2017）；Saule T. Omarova, *The People's Ledger：How to Democratize Money and Finance the Economy*, 75 Vand. L. Rev.

② Christina Parajon Skinner, *Central Banks and Climate Change*, 75 Vand. L. Rev.

③ Jen Wieczner, *Why Dogecoin, the Joke Crypto, Is Forcing People to Take It Seriously*, N. Y. Mag.（Apr. 17, 2021）, https：//nymag. com/intelligencer/2021/04/why – dogecoin – is – forcing – people – to – take – it – seriously. html.

关风险太大的情况？是否应该采取能够减少交易而非增加交易的政策？如针对金融交易收税等。回答这些问题是复杂的，但广泛地采取预防性监管措施是重新平衡公共部门和私营部门之间权力的一种方法，实施预防性金融稳定监管是强调社会公众福利远比金融行业利润重要的一种方式。

金融稳定并不是金融科技威胁公共福利的唯一领域。据估计，2021 年全球比特币挖矿消耗的电力比阿根廷整个国家使用的电力还要多①，在世界各国努力应对气候变化的大背景下，出现这种情况是令人担忧的。在很多情况下，如果加密资产投资仅仅是赌博和投机，那这种程度的环境破坏、资源浪费行为怎么可能合理？这些环境破坏、资源浪费行为可能通过转移到获得许可的区块链或"股权证明"验证过程来解决，但却会给社会带来其他难以解决的问题。此外，随着金融科技的兴起，金融行业不仅雇用了经济学家和数学家，还吸引了数据科学家和软件工程师，但是"为什么大量的、聪明的人都在金融行业工作，而金融行业发展与经济增长之间的关系却越来越脆弱呢？"②这一问题值得社会公众关注并反思。

国际边界和网络边界

关于应该如何监管金融科技，世界各国的社会舆论和政治态度各不相同。鉴于此，在国际层面应对金融科技给金融稳定带来的威胁就变得极其复杂。金融体系是全球性的，国家法律体系必须尽最大努力与之相匹配。不幸的是，金融科技监管的国际协调正面临新的挑战，而这些挑战在以往的国际金融监管协调中并不存在。首先，金融科技存在于网络空间。与传统形式的金融业务相比，金融科技更不受地域管辖权的限制。其次，金融科技监管的协调要求世界各国在金融、科技相关问题上达成共识，需要更多不同类型的专家来解决更多

① Christina Criddle, *Bitcoin Consumers "More Electricity Than Argentina"*, BBC（Feb. 10, 2021），https：//www. bbc. com/news/technology－56012952（reporting on the University of Cambridge Bitcoin Electricity Consumption Index）.

② Noah Smith, *The Riddle of the Wall Street Brain Drain*, Bloomberg（Aug. 17, 2016），https：//www. bloomberg. com/opinion/articles/2016－08－17/the－riddle－of－the－wall－street－brain－drain.

不同类型问题。最后，金融科技的发展催生了新的力量，在制定监管资本要求过程中已经建立起来的政策制定者和金融监管机构之间的平衡关系，尚不足以达成必要的共识。

当金融监管机构管辖权面临地域限制且不能适应金融系统的国际性时，或在某个地域内武断地确定受监管金融机构或金融服务的数量时，则有可能出现监管套利。金融科技的兴起使金融监管机构管辖权问题变得更为复杂，因为它创造了第三种边界——网络空间和现实世界之间的边界。[①] 以分布式账本技术和云计算技术等为代表的技术创新，使金融交易可以在无明显管辖权的网络空间中进行。然而，网络空间中的交易可能在现实世界中产生溢出效应，正如在一个国家开展的活动可能在另一个国家产生溢出效应一样。

跨越现实世界与网络空间的边界实施监管套利可能对许可证制度产生影响。如果一个国家[②]通过许可证制度禁止了某些类型的加密资产，该禁令能否在网络空间发挥其影响力？许可程序能否发挥作用取决于国家司法部门，例如，司法部门将拒绝认可任何涉及未经许可的金融产品的合同。[③] 但是，如果加密资产受智能合约控制，且智能合约是自动执行的，这就超出了司法部门的管辖权限，那么，司法部门监管的缺位将导致未经许可的加密资产进入市场。

如果投资者知道某种加密资产在国家层面被禁止，那借此就可能使该加密资产在网络空间中失去合法性，从而将其归类为可能不会损害金融稳定的边缘投资。然而，由于投资者行为的不可预测性，完全依靠市场原则是不明智的。那么，国家法律体系应如何将其监管触角延伸到网络空间呢？从理论上看，个人交易被禁止的加密资产是可以被追踪和惩罚的，但就像追捕非法下载受版权保护的电影和音乐的人一样，司法部门可能会无休止地使用"枪打出头鸟"的方式来应对，但这只能治标而不能治本，即这种直接执法的方式可能成功阻

---

① Jason Grant Allen & Rosa Maria Lastra, *Border Problems：Mapping the Third Border*, 83 Mod. L. Rev. 505 (2020).

② 或是多个国家在国际层面协调一致并同意采取特定行为。

③ Eric A. Posner & E. Glen Weyl, *An FDA for Financial Innovation：Applying the Insurable Interest Doctrine to Twenty – First – Century Markets*, 107 Nw. U. L. Rev. 1307, 1348 (2013)；Saule T. Omarova, *License to Deal：Mandatory Approval of Complex Financial Products*, 90 Wash. U. L. Rev. 64, 134 (2012).

止了受监管金融机构投资被禁止的加密资产，但却会对执法资源造成一定程度的浪费。

另一种方法是直接监管互联网服务供应商、云服务供应商和搜索引擎等中介机构。理论上，上述互联网基础设施供应商可以作为金融监管的着力点，但试图将其纳入加密资产的监管范畴，将打开政府干预互联网发展的"潘多拉魔盒"。① 还有一种较为温和的监管方法，即专门监管与加密资产相关的新型中介机构，包括负责验证分布式账本上的交易并维护支持该账本的软件的人员。然而，当加密资产托管在一个去中心化的、未经许可的分布式账本上时，负责验证和维护的人员可能会像加密资产投资者一样分散，想要锁定监管目标将变得非常困难。因此，受监管金融机构投资的加密资产，必须托管在由可信的、经许可的验证机制维护的分布式账本上。对于去中心化的、未经许可的分布式账本，最简单的监管方法是锁定用于存储加密资产的电子钱包服务供应商，以及用于将加密资产转换为法定货币的交易所。2015 年，美国纽约金融服务部（New York Department of Financial Services，NYDFS）实施"BitLicense"监管策略——虽然一些电子钱包供应商和交易所通过不间断地运营以逃避金融监管，但可以重点监管那些较为成熟的机构，如 2021 年 4 月上市的加密货币交易所 Coinbase。

加密资产的出现和发展对金融监管权提出了严峻的挑战，即使金融监管机构不需要将监管延伸至网络空间，但随着金融科技的兴起，也将出现新的金融监管权限问题。法学教授耶莎·亚达夫（Yesha Yadav）在其文章中梳理了在金融和科技因素相互交织的背景下，开展国际监管协调所面临的新挑战。② 其中一些挑战与科技的内在文化特性有关，例如，一些符合国际标准的科技在较小的国家中运行得很好，但在较大的国家中实现大规模应用后可能会出现问题，引发无法预见的风险。或者使用某国数据训练的机器学习算法，在应用于其他国家数据时可能无法很好地工作，如日常购买香烟和酒精在某些国家的文

① Primavera De Filippi & Aaron Wright, *Blockchain and the Law: The Rule of Code*, 177 – 178, 189 – 192（2018）.

② Yesha Yadav, *Fintech and International Financial Regulation*, 53 Vand. J. Transnat'l L. 1109（2020）.

化中可能是完全可以接受的，但在其他国家中可能会对个人名誉产生负面影响。

此外，在制定国际标准时也面临一个问题——随着金融科技的兴起，传统的力量平衡发生了变化。历史上，美国和欧洲在制定国际金融标准方面的影响力最大，但其金融科技的发达程度远不及中国、印度和肯尼亚等国家，这并不是偶然的，因为金融科技公司通常会在传统金融行业较不发达的国家找到更大的发展空间。基于美国和欧洲金融监管机构、中央银行之间的"俱乐部式"关系，在国际层面形成了很多金融领域的协议和标准，但在金融科技时代，这样做明显是不行的，应该吸引中国、印度、肯尼亚和其他国家参与制定金融科技国际标准，即真正的国际标准必须由文化和政策目标迥异的多个国家来共同制定，特别是针对网络空间金融监管权限缺位这一问题，理应吸引更多的国家共同参与标准制定工作。

但事实上，在广泛参与的基础上是很难形成国际共识的，监管套利行为将持续存在。如果在较小的范围内制定和使用标准，则有可能减少监管套利。或者世界各国可以单独制定和使用标准，但必须首先认识到无论溢出效应如何，国家内部产生的金融风险都会损害本国经济发展。鉴于此，世界各国的金融稳定监管机构将肩负起制定金融科技新监管方法的重任。

美国的金融稳定监管

本书一直在研究金融稳定监管机构，但有时很难确定谁是金融稳定监管机构。在采用"双峰"监管模式的国家更容易定位金融监管机构——这些国家一般有两个主要的金融监管机构，一个机构负责所有金融服务供应商的一般审慎监管，另一个机构专注于金融市场行为问题。负责审慎监管的机构就是金融稳定监管机构，通常与中央银行合作，关注系统性问题以及个别受监管金融机构的偿付能力。[①]

---

① Hilary J. Allen, *Putting the "Financial Stability" in Financial Stability Oversight Council*, 76 Ohio St. L. J. 1087, 1140 et seq. (2015).

澳大利亚和英国采用了"双峰"监管模式。澳大利亚审慎监管局（Australian Prudential Regulatory Authority，APRA）和英格兰银行（Bank of England）下设的审慎监管局（Prudential Regulatory Authority）负责监督本国所有受监管金融机构的安全性和稳健性，承担着维护金融稳定的法定责任。[1] 在美国，包括美联储在内的大多数金融监管机构都没有明确的法定授权来维护金融稳定[2]，只有2008年国际金融危机后成立的金融研究办公室和金融稳定监督委员会才有维护金融稳定的法定授权。

虽然金融研究办公室在某些方面发挥了重要作用，但它归根结底只是一个研究机构，既不能单独执行许可证制度，也不能单独对违规行为采取强制措施。金融稳定监管机构必须具备对受监管金融机构采取强制措施的权力，显然，金融研究办公室没有这种权力。不幸的是，金融稳定监督委员会同样没有这种权力。金融稳定监督委员会是一个由金融监管机构组成的委员会，其职责是关注金融稳定面临的新威胁，但其监管权限非常小，也缺乏监管资源。因此，如果不利用其他金融监管机构的权力和资源，金融稳定监管委员会很难开展工作，但这些机构都没有维护金融稳定的法定授权。更为麻烦的是，组成金融稳定监督委员会的不同金融监管机构有时很难就金融稳定监管方法达成一致。

从全局和长远考虑，对美国金融监管架构进行彻底改革，使其朝着"双峰"监管模式的方向发展将是可取的。但不幸的是，过去多次重组美国金融监管体制的努力都失败了——现行金融监管体制似乎存在着太多根深蒂固的利益，因而无法对其作出重大的改变。不过，金融科技创新的出现可能会是一个契机，至少在应对复杂技术时，可以在众多金融监管机构之间尝试协调金融稳定监管措施。

金融技术许可证制度必须在多个金融监管机构相互协调配合的基础上才能运转。举例来说，出现一种新的智能咨询服务，该服务依赖于机器学习技术，

---

[1] 分别根据《澳大利亚审慎监管局法案》（*Australia Prudential Regulatory Authority Act* 1988）、《英国金融服务法》（*UK Financial Services Act*）、《金融服务和市场法》（*Financial Services and Markets Act*）相关要求承担维护本国金融稳定的责任。

[2] Hilary J. Allen, *Putting the "Financial Stability" in Financial Stability Oversight Council*, 76 Ohio St. L. J. 1091 et seq.（2015）.

根据金融消费者财务状况，向其提供量身定制的金融产品和服务建议。如果该服务提供的建议涉及抵押贷款、共同基金、加密资产、存款凭证和人寿保险等投资领域，那么，证券交易委员会、商品期货交易委员会、联邦储备委员会、货币监理署、联邦存款保险公司、消费者金融保护局以及其他国家银行、保险和证券监管机构都可能对这项服务的运作方式感兴趣，并会在该项服务的许可证申请程序中提供意见和建议。

金融稳定监督委员会可以成立一个由上述金融监管机构代表组成的新委员会，该委员会将确定主要负责监管特定技术许可程序的金融监管机构。如果这种"委员会加授权"的监管模式在特定技术的许可过程中能够发挥作用，那么，就可以将其作为未来监管协调的基础。金融研究办公室可以向新委员会提供技术支持，这种技术支持有利于促使新委员会中各金融监管机构开展协同合作。认识金融科技需要具备软件工程、数据科学等领域的专业知识，而从目前的实际来看，金融监管机构在上述领域的知识储备明显缺乏。对于金融监管机构来说，要想在软件工程、数据科学等领域积累起丰厚的知识储备将耗费大量资金。但是，对于金融研究办公室这样一个研究机构来说，储备上述知识可能不会很困难。

尽管重组美国金融监管架构仍然难以实现，但如果每个金融监管机构在监管新技术时都寻求金融研究办公室的帮助，可以预期，不同金融监管机构会对技术创新作出更加一致且连贯的回应。此外，设立金融研究办公室的初衷在于监测金融稳定面临的各种风险和威胁，对金融稳定的担忧将被其纳入对新技术的分析中。如果证券交易委员会和消费者金融保护局等重点关注金融稳定问题的金融监管机构也参与了关于新技术的监管和审查，那么，投资者和消费者保护等其他金融监管目标也将得到关注。[1]

竞争与科技金融

随着亚马逊、谷歌、苹果和脸书等科技金融公司的快速发展，社会公众对

---

[1]　Hilary J. Allen, *Resurrecting the OFR*, 47 J. Corp. L.（2021）.

于竞争的担忧越发严重。虽然本书将这些公司界定为"科技金融公司",但大多数人都不会使用这个称谓,毕竟这些公司在金融领域之外的业务要大得多,也带来了许多与金融稳定无关的问题。上述公司不仅资产规模庞大,也可以收集社会公众的数据信息,还能决定社会公众所接收的信息,其对经济和政治的影响力令人担忧。同时,为了避免新生竞争对手在未来挑战其主导地位,上述公司也具备强大的扼杀新生竞争对手的能力。[①] 单纯地从金融稳定的角度来看,如果亚马逊、谷歌、苹果或脸书等公司成为金融服务的主要供应商或金融服务所依赖的基础设施的主要供应商,这种垄断将带来严重的问题。

基础设施可替代供应商的缺失可能引发更大的风险问题。例如,亚马逊网络服务(Amazon Web Services,AWS)已经控制了云计算市场的大部分份额。这意味着亚马逊一旦停机,必然会产生严重影响。[②] 如果金融机构严重依赖亚马逊网络服务来存储其核心数据,那么,服务一旦中断将带来重大金融稳定问题。例如,服务中断会影响大型银行账户数据存储,造成客户无法取款,如果客户在很长一段时间内无法取款,最终该银行和其他依赖亚马逊云服务的银行可能面临挤兑。出于对上述风险的担忧,社会公众呼吁金融监管机构将亚马逊网络服务作为具有系统重要性的金融市场工具,并对其进行监管。[③] 此外,其他类型的基础设施垄断可能间接地影响金融稳定。例如,谷歌是占据主导地位的搜索引擎,其搜索结果理论上可以引导消费者和投资者转向或远离某些金融服务和供应商,进而使投资者行为加剧金融稳定问题产生的后果。

因此,金融行业在很大程度上依赖于少数科技公司提供的基础设施是非常危险的。如果大型科技公司成为金融服务的主要提供者,则将带来更大的风险。脸书尝试通过发行稳定币进军金融行业已引发广泛的争议,但其他科技公司依然对于提供金融服务非常感兴趣。在中国,巨型电子商务平台阿里巴巴推

---

① Lina M. Khan, *The Separation of Platforms and Commerce*, 119 Colum. L. Rev. 973 (2019).

② 每年都会出现几次"亚马逊网络服务停止服务使互联网面临大面积瘫痪"的报道。Jay Peters, *Prolonged AWS Outage Takes Down a Big Chunk of the Internet*, The Verge(Nov. 25, 2020), https://www.theverge.com/2020/11/25/21719396/amazon-web-services-aws-outage-down-internet.

③ Press Release, Velázquez, *Porter Urge FSOC to Oversee Tech Giants*(Aug. 23, 2019), https://velazquez.house.gov/media-center/press-releases/velazquez-porter-urge-fsoc-oversee-tech-giants.

出了"无处不在、利润丰厚"的支付宝。在美国，亚马逊、苹果和谷歌等①联合成立了游说团体"金融创新现在时"（Financial Innovation Now），并号称是"致力于使消费者行为、资金管理方式、商业活动方式实现现代化的技术领袖联盟"。② 上述科技公司对金融服务感兴趣并不奇怪——它们已经拥有庞大的客户群体，随着客户数量的增加，金融服务往往会变得更有价值。③ 支付服务具有特别强大的网络外部性——当有越来越多的人使用支付服务时，支付服务会变得更好。因此，已经拥有庞大客户群体的公司在这一领域具有显著优势。

从实际情况来看，支付服务是许多科技公司进军金融领域的第一步，而后可能向其他金融领域拓展业务。随着越来越多的客户使用支付服务，关于客户及其交易的数据量也开始增长，科技公司不仅可以利用数据来实现精准营销或识别潜在客户，还可以基于风险评估结果提供金融产品和服务。金融服务及其供应商的多样化将催生一个新的网络，并在一个对科技公司有利的循环中生成更多的客户数据，但这不一定能给促进金融市场竞争或维护金融系统稳定带来好处。

科技金融公司甚至比大型银行都具有潜在的优势，因为其可以利用非金融活动收集大量的客户数据，如社交媒体、搜索历史或购物记录等。在美国，银行被禁止从事非金融活动，因此银行可以收集的数据类型较为有限，如高盛集团无法购买搜索引擎，花旗银行也无法经营电子商务平台等。然而，这种法律上的区别对待只会使银行及其附属机构无法从事商业活动④，但却没有什么可以阻止科技金融公司提供贷款或支付等金融服务。

数据垄断地位给科技金融公司带来了巨大的竞争优势，且其规模已经非常庞大了，谷歌、亚马逊、脸书和苹果可能很快就会发展成为"大而不能倒"的金融服务供应商。不幸的是，那些认识到自己是"大而不能倒"的公司往

---

① 还包括 Intuit、Paypal、Square 和 Stripe。
② *About Financial Innovation Now*, http：//financialinnovationnow. org（last visited May 28，2021）.
③ 这种增加的价值通常被称为"网络外部性"。BIS, *Annual Economic Report* 62（Jun. 30，2019），https：//www. bis. org/publ/arpdf/ar2019e. pdf.
④ Saule T. Omarova & Margaret E. Tahyar, *That Which We Call a Bank*：*Revisiting the History of Bank Holding Company Regulations in the United States*，31 Rev. Banking & Fin. L. 113（2011 – 2012）.

往倾向于开展高风险金融行业务，因为如果这些风险管控良好，它们将从高风险金融服务中获利；而一旦面临灾难性的失败，政府可能会为其"兜底"。因此，这部分利润是以牺牲社会公共利益为代价的，如果公司的风险没有得到解决，社会公众将为风险后果"买单"。① 对于"大而不能倒"的公司来说，如果政府"兜底"实际上可不可行呢？会产生什么样的后果？

谷歌、亚马逊、脸书和苹果等科技金融公司的巨大规模使得传统的"大而不能倒"的概念显得有些过时。美国政府最近的一份报告提出："脸书在网络社交领域处于垄断地位，谷歌在搜索引擎领域处于垄断地位，亚马逊在美国网络零售市场拥有巨大且持久的影响力，苹果在移动操作系统领域拥有巨大且持久的影响力。"② 当这些"庞然大物"中的任何一个开始提供支付或贷款服务时，就会将很多替代供应商挤出市场。然而，一旦经营失败了，就很难找到替代供应商，在缺乏替代供应商的情况下，提供救助似乎是不可避免的，但救助如此大规模的公司会是什么情况？政府能否像拯救银行那样，救助亚马逊的电子商务业务？哪个国家的政府有能力提供这样的救助？一些较小的国家（如冰岛和瑞士）不得不面临这样一个问题，即银行可能太大，无法提供救助。但当涉及科技金融公司时，即使像美国这样的大国也会面临"大而无法救"的难题。③

考虑到救助所面临的挑战和需要负担的成本，在科技金融公司涉足金融行业业务之前，政府就应全面衡量和评估科技金融公司提供金融服务存在的固有风险，明确现有金融法规能否用于解决科技金融公司提供金融服务所带来的问题，或者是否需要制定新的金融法规来阻止科技金融公司进入金融领域，或者至少阻止科技金融公司提供支付服务？这是一个金融监管机构能够单独解决的问题吗？是否需要通过竞争法案来解决？这些都是亟待解决的重要问题。

---

① Richard Scott Carnell et al. , *The Law of Financial Institutions* 38 – 39 （6th ed. 2017）.

② H. Subcomm. on Antitrust, *Commercial and Administrative Law of the H. Comm. on the Judiciary Investigation of Competition in Digital Markets: Majority Staff Report and Recommendations* （2020）, available at https: //judiciary. house. gov/issues/issue/? IssueID = 14921.

③ Asli Demirgüç – Kunt & Harry Huizinga, *Are Banks Too Big to Fail or Too Big to Save? International Evidence from Equity Prices and CDS Spreads*, World Bank Policy Research, Working Paper 5360, 2010, https: //openknowledge. worldbank. org/handle/10986/3844.

2008 年国际金融危机以后，金融监管机构采取了几项新的监管措施，以积极应对"大而不能倒"的公司带来的威胁，从而避免在未来提供救助。其中，金融监管机构获得一项新的权力，可以将大型非银行金融机构确定为系统重要性金融机构，并使其受到类似银行的监管。尽管这一权力近年来都没有被使用，但该监管框架却一直存在，这就引出了如何将其应用于监管科技金融公司的问题。例如，科技金融公司的规模、是否存在替代供应商等因素与其系统重要性程度相关，但在确定其系统重要性程度时，是否也应考虑其非金融服务的广度？此外，对某些类型数据的垄断是否也能够证明其系统的重要性？

科技公司对海量数据的垄断是其市场竞争力的重要支撑，近期，竞争法已经开始考虑如何应对这种市场竞争力。[1] 制定隐私和数据安全法规可能是一种解决方案，但这并不能直接或完整地体现数据的重要性。然而，如果竞争法的修订阻止了科技金融公司在其他平台上使用其庞大的数据库，那么，这就可能限制科技金融公司向金融服务领域扩张的能力。一方面，这类竞争法可以改善金融稳定性；另一方面，也需要考虑金融稳定监管是否可以用来应对科技金融公司的反竞争行为。例如，将吸收存款业务与商业活动分开的金融监管技术能否有效促进竞争？能否对亚马逊、脸书、苹果和谷歌的扩张行为形成障碍？[2] 确定"系统重要性机构应受到严格监管"的特定议程，是否可以用于监控科技金融公司的风险？是否可以用来阻止和惩罚其"变得太大"？[3]

竞争与小型金融科技公司

即使忽略与大型科技金融公司相关的特殊问题，维护金融稳定和促进竞争这两个金融监管目标之间也始终存在着一定程度的冲突，而金融科技初创公司

---

[1]　Lina M. Khan, *Sources of Tech Platform Power*, 2 Geo. L. Tech. Rev. 325（2018）.

[2]　这需要从法律的角度明确电子钱包是否应包含在存款的范畴。

[3]　Daniel Schwarcz & David Zaring, *Regulation by Threat：Dodd - Frank and the Non - bank Problem*, 84 U. Chi. L. Rev. 1813（2017）.

的发展可能会使这种冲突变得更加复杂。① 在大多数行业，鼓励更多的参与者进入市场通常被视为一件好事，因为这将促进效率和创新。然而，从金融稳定的角度来看，银行倒闭带来的经济冲击，使得竞争会降低银行的盈利能力，也会扰乱银行商业模式的创新，因此，竞争有时可能被认为是不可取的。鉴于此，金融监管机构有时会采取措施限制竞争，例如禁止银行在过度饱和的市场中展业。② 然而，对于金融稳定来说，对银行竞争的限制可能是一把"双刃剑"。限制竞争可能使现有银行发展得非常庞大，加剧"大而不能倒"问题。对银行数量的严格控制也可能会将金融服务推向影子银行，因为对于影子银行而言，其进入壁垒较少，而且监管也较为宽松。

鉴于此，平衡促进竞争和维护金融稳定这两个金融监管目标需要经过一系列详细的、复杂的权衡。目前，还不清楚这些权衡对金融科技初创公司的影响。如果大型银行面临来自金融科技初创公司不断增加的竞争压力，理论上可能动摇大型银行"大而不能倒"的地位，也会反过来阻止大型银行承担过度风险。③ 尽管越来越多的金融科技公司开始申请银行特许经营权，但大型银行似乎仍在与金融科技公司开展合作或收购金融科技公司，而不是与其开展竞争。④ 因此，金融科技初创公司的创新似乎正在巩固大型银行的市场支配地位，从而使得大型银行的系统重要性更加突出。

然而，如果金融科技初创公司扰乱了规模较大的金融机构，从而使其规模缩小，那么，金融稳定监管机构将面临艰难的权衡。开展监管沙盒测试等项目是很有必要的，因为这可以降低监管障碍，使金融科技公司能够进入市场。如果越来越多的金融科技初创公司开始申请银行牌照，金融监管机构可能需要开

---

① Franklin Allen & Douglas Gale, *Competition and Financial Stability*, 36 J. Money, Credit & Banking 453 (2004).

② 美国最高法院关于这一问题的开创性案例是 Camp v. Pitts, 411 US 138 (1973)（根据金融监管机构的决定，在其界定的过度饱和的市场不向银行发放执业牌照）。

③ Rory Van Loo, *Making Innovation More Competitive*: The Case of Fintech, 65 UCLA L. Rev. 232, 250 – 251 (2018).

④ Troutman Pepper, *Trend of Fintech Companies Seeking US Banking Licenses Continues*, JD Supra (Mar. 20, 2021), https://www.jdsupra.com/legalnews/trend – of – fintech – companies – seeking – u – s – 2001550/.

始对金融科技公司进行监管。

　　竞争法的修订可能使金融科技公司变成一股更具破坏性的力量。美国参议员艾米·克洛布查尔（Amy Klobuchar）提出了一项法案，要求老牌公司证明其拟收购一个新生竞争对手的行为不会阻碍市场竞争。① 如果金融监管机构开始关注这一法案，老牌银行将很难收购金融科技初创公司，因此与收购新生竞争对手相关的法规修订可能会影响金融稳定。任何保护新生竞争对手的措施都需要有数据的支持——尽管银行不像大型科技金融公司那样掌握了大量的数据，但仍然可以将其所拥有的数据作为金融科技初创公司进入市场的壁垒。例如，智能投顾业务模型依赖于消费者的财务数据。如果消费者拥有银行账户，即使消费者希望银行向智能投顾服务商等第三方提供其账户信息，银行也能拒绝提供，那么，智能投顾给出的建议可能变得不完整，甚至可能是错误的。② 新修订的以数据为中心的竞争法，最终可能会使各种类型数据的共享变得更加容易。但需注意的是，数据共享总是会引发侵害隐私的问题。

数据与隐私

　　如前所述，金融科技带来的风险主要集中在滥用金融消费者信息和侵犯隐私方面。对个人而言，算法对新类型数据的解释可能会切断其获取金融服务的渠道。③ 机器学习模式最终可能会将世界划分为富人阶层和穷人阶层，永久性

---

　　① 艾米·克洛布查尔的办公室将法案的主要内容概括为："某些收购行为将对竞争构成重大威胁，但政府机构在法庭上提出疑问仍然十分困难且成本高昂。对于这些收购行为，本法案将举证的法律责任从政府机构转移到实施收购行为的公司，该公司必须证明其收购行为不会明显地阻碍竞争，也不会造成垄断或独家买断。这些收购行为包括……在行业中占支配地位的公司（拥有超过50%的市场份额或拥有重大市场影响力的公司）收购竞争对手或新生竞争对手的行为。"详见 *Senator Klobuchar Introduces Sweeping Bill to Promote Competition and Improve Antitrust Enforcement*（Feb. 4, 2021），https：//www. klobuchar. senate. gov/public/index. cfm/2021/2/senator – klobuchar – introduces – sweeping – bill – to – promote – competition – and – improve – antitrust – enforcement.

　　② Rory Van Loo, *Making Innovation More Competitive*：*The Case of Fintech*, 65 UCLA L. Rev. 232, 242 – 243（2018）.

　　③ Frank Pasquale, *The Black Box Society*：*The Secret Algorithms That Control Money and Information*（2015）.

的下层阶级因信用问题而被收取更多的费用，或被排除在金融市场之外。有关交易的信息也可以作为一种监督形式，可能导致法律在执行过程中产生偏差。[①] 一些人甚至认为，推出中央银行数字货币的政府是在别有用心地收集更多关于公民的金融交易数据，并基于这些金融交易数据开展一系列工作，如移民执法、确定公共福利资格等。本书将重点关注滥用信息对个人造成的伤害是否会给金融系统的稳定带来影响。

金融科技的优势在于其可以基于更多、更好的金融消费者数据，从而更高效、更包容地提供金融服务。借贷、智能投顾等金融科技新业态就非常依赖个人数据，这些数据不仅包括传统的、与金融消费者评估相关的数据，还包括从社交媒体、地理位置数据中提取的信息。[②] 显然，上述类型的数据可以提高金融服务效率，但其与金融包容性的关系要更复杂一些。正如肖珊娜·祖博夫（Shoshana Zuboff）在《监视资本主义时代》（*The Age of Surveillance Capitalism*）一书中提到的那样："仅靠收集数据赚到的钱是有限的。但如果依靠这些数据，使社会公众以对数据收集者有利的方式行事，就可以产生更多的利润。"[③]

如果金融科技正在利用金融消费者数据，推动原先难以享受金融服务的人群转向高利率、高费用的金融产品，金融消费者保护就将面临严峻的挑战，同时，这种掠夺性行为也会对金融体系产生系统性的影响。毕竟，高利率、高费用的掠夺性住房抵押贷款是导致 2008 年金融危机的诱因之一。[④] 这一历史经验表明，掠夺性金融产品的利润可能非常高，使金融消费者倾向于忽视其所带来的风险，如果金融产品和服务以这种方式发展，不仅会损害金融消费者的权

[①] Andrew Guthrie Ferguson, *The Rise of Big Data Policing: Surveillance, Race, and the Future of Law Enforcement*, 116 (2017).

[②] Jo Ann S. Barefoot, *Disrupting FinTech Law*, 18 Fintech Law Report 1, 5 (Mar./Apr. 2015), https://static1.squarespace.com/static/535edb77e4b0cd207fff9e6e/t/554ff231e4b0261b84be36e4/1431302705880/Fintech 1802_ AA_ Barefoot. pdf.

[③] Shoshana Zuboff, *The Age of Surveillance Capitalism: The Fight for a Human Future at the NewFrontier of Power* 19 (2019).

[④] *Financial Crisis Inquiry Report: Final Report of the National Commission on the Causes of the Financial and Economic Crisis in the United States*, xxiii (2011).

益，而且最终会给发行和投资这些金融产品和服务的机构带来损失。① 新型金融消费者数据的使用可能引发更严重的"金融消费者操控"现象，将金融消费者推向更复杂的、更高成本的贷款产品，从而导致其难以偿还②，最终可能会对这些金融产品的发行方、投资者和整个金融系统产生负面影响。

金融稳定不仅受到系统性掠夺行为的威胁，也受到使用不准确信息或不正确使用准确信息等行为的威胁。本书第二章讨论了基于垃圾数据的机器学习模型是如何作出糟糕的决策的，也分析了使用良好数据的机器模型是如何作出糟糕的决策的。当涉及金融消费者数据时，隐私保护制度提供了识别和解决这些问题的方法。例如，欧盟的《通用数据保护条例》（*General Data Protection Regulation*）赋予了金融消费者要求纠正不准确个人数据的权利，以及对仅仅由算法作出的决策提出疑问的权利。③ 从理论上讲，大规模行使上述权利可能有助于识别数据收集和分析中普遍存在的错误，但该制度的真正目的是保护个人权利，而不是解决系统性问题。目前，对于系统性信息不准确的问题，还没有一个好的解决方案。

到目前为止，金融监管机构关注的重点是金融数据滥用和数据错误可能带来的潜在系统性影响，但个人信息和数据也可能成为黑客的攻击目标。窃取敏感的金融信息对于试图盗用身份的黑客来说尤其具有吸引力，破坏数据的可用性是黑客向金融机构勒索钱财的一种策略。上述类型的黑客攻击可能会损害金融机构的信誉，因为客户总是希望金融机构能够保障数据安全。如果黑客打破了这种预期并破坏了客户对金融机构的信心，最终可能会导致受影响的金融机构面临挤兑风险。④

金融消费者数据不是唯一易受黑客攻击的信息。金融机构向金融监管机构提供的机密信息也是黑客的主要攻击目标之一。因此，就有必要开发创新的技

① Patricia A. McCoy et al., *Systemic Risk through Securitization：The Result of Deregulation and Regulatory Failure*, 41 Conn. L. Rev. 493（2009）.
② Christopher K. Odinet, *Consumer Bitcredit and Fintech Lending*, 69 Ala. L. Rev. 781（2018）.
③ Margot E. Kaminski & Jennifer M. Urban, *The Right to Contest AIF*, Colum. L. Rev.（2022）.
④ Nizan Geslevich Packin, *Too－Big－To－Fail 2.0? Digital Service Providers*, 93 Ind. L. J. 1211, 1235（2018）.

术解决方案，使金融监管机构不再需要维护集中存储报告数据的数据库①，转而使用允许金融监管机构访问受监管金融机构数据记录的方法。当然，这也会引发一个问题——应该允许金融监管机构访问金融机构的多少数据呢？如果范围偏小，可能会扭曲金融监管机构对金融系统现实情况的理解，容易忽视或误解新出现的系统性风险。但如果范围过大，许多受监管的金融机构一想到金融监管机构可以完全访问其所有的内部数据，必然会立即表示反对。鉴于此，如何确定信息的最佳监管范围以及如何对数据进行最优加密，仍然是监管科技在发展过程中需要关注的重点问题。②

网络安全

就像反垄断和隐私保护一样，维护网络安全也是一个需要重点关注的问题。网络攻击不仅仅威胁金融系统安全，也会影响到基础设施系统安全以及数据的保密性、可用性和完整性。所有行业和公共服务都需要做好应对网络攻击的准备，政府和私营部门的准备措施包括监测可能的网络威胁、在法律允许的范围内共享有关网络威胁的信息以及在发现系统漏洞时开发补丁等。③

在许多领域，金融科技的兴起并没有引发新的网络安全问题，反而凸显了网络安全的重要性。网络安全已被公认为是影响金融稳定的最大因素之一④，金融科技创新加速了金融服务供给的数字化进程，这就催生了新的脆弱点。例如，世界各国对发行中央银行数字货币仍持一定的犹豫态度，这与担心中央银行数字货币成为网络攻击的新目标有关。⑤ 在加密资产发行领域，分散的分布

---

① 集中存储也增加整个系统的脆弱性。

② JoAnn Barefoot, *A Regtech Manifesto: Redesigning Financial Regulation for the Digital Age*, Alliance for Innovative Regulation 48 – 49 (Jul. 2020), https://www.dcfintechweek.org/wpcontent/uploads/2020/10/Barefoot_ Jo – Ann_ AIR – Regtech – Manifesto – July – 2020. pdf.

③ Chris Jaikaran, Cong. Rsch. Serv., R45127, *Cybersecurity: Select Issues for the 115th Congress* (2018).

④ G20 Finance Ministers and Central Bank Governors Meeting, Baden – Baden, Ger. Mar. 17 – 18, 2017, 7 Communiqué, available at http://www.g20.utoronto.ca/2017/170318 – finance – en.html.

⑤ BIS, *Central Bank Digital Currencies: Foundational Principles and Core Features* 5 (2020), https://www.bis.org/publ/othp33.htm.

式账本（如比特币和以太坊使用的账本）能够抵御网络攻击，但仍有人担心超级量子计算机可能会破解这些账本。[①] 金融机构或科技金融公司使用的已获得使用许可的分布式账本通过较少的节点来验证和记录交易，因此容易受到攻击。[②]

机器学习算法也容易受到新型网络威胁的影响。研究人员发现，机器学习算法可能遭受来自想窃取算法训练数据、窃取算法或操纵算法工作的犯罪分子的攻击。[③] 从金融稳定的角度来看，操纵算法是最令人担忧的。在"对抗性攻击"中，犯罪分子可以用错误的数据来欺骗机器学习算法。与针对软件代码的网络攻击相比，通过输入不准确数据来进行的攻击更难被检测和解决。[④] 因此，如果金融机构越来越依赖机器学习算法来实现自动化风险管理，这将给金融机构带来严重的漏洞。想象一下，如果贝莱德集团的阿拉丁风险管理系统在无意中被欺骗，然后建议其所有客户在 GameStop 等热门股票的价格下跌一定额度后进行抛售，这会造成什么样的破坏性影响？

即使网络攻击只针对一家金融机构，其后果也可能不仅仅局限于该机构。2020 年，几位来自美联储的经济学家发布了"预先检验"报告，探讨了网络攻击可能危及美国银行间支付系统的多种途径。报告讨论了潜在传染机制，认为网络攻击的不确定性带来了传统的恐慌和挤兑，同时，网络攻击对金融系统和基础设施造成的技术性破坏，给社会公众的交易能力带来了严重的负面影响——如果网络攻击危及银行系统的完整性，那么，解决问题并恢复整个系统的过程将是一项前所未有的任务。这可能会对整个金融体系的稳定性产生严重的负面影响，也会对投资者、债权人和其他金融市场参与者产生溢出效应。[⑤]

---

① V. Gerard Comizio, *The Cyber Threat Looming over Virtual Currencies*, Am. Banker（May 6, 2021）.

② Primavera De Filippi & Aaron Wright, *Blockchain and the Law: The Rule of Code*, 32（2018）.

③ Ram Shankar Siva Kumar & Frank Nagle, *The Case for AI Insurance*, Harvard Bus. Rev.（Apr. 29, 2020）, https://hbr.org/2020/04/the-case-for-ai-insurance.

④ Ben Dickson, *Machine Learning Adversarial Attacks Are a Ticking Time Bomb*, TechTalks（Dec. 16, 2020）, https://bdtechtalks.com/2020/12/16/machine-learning-adversarial-attacks-against-machine-learning-time-bomb/.

⑤ Thomas M. Eisenbach et al., *Federal Reserve Bank of New York Staff Reports*, No. 909: *Cyber Risk and the US Financial System: A Pre-Mortem Analysis* 43（2020）, https://www.newyorkfed.org/research/staff_reports/sr909.

　　金融稳定监管机构必须考虑，如果网络攻击确实发生，需要采取哪些不同类型的网络防范措施来控制负面影响的传播。共享有关网络威胁和攻击的信息通常是协调、应对网络攻击的主要手段，但这种共享和披露是否会引发恐慌和挤兑？恐慌和挤兑可以通过中央银行贷款等传统的应急措施来缓解，但解决金融机构面临的操作问题则需要采取其他类型的措施，如通过监管科技创新，构建在紧急情况下能够支持系统运行的专用备用设施等。

小结

　　尽管本章更多的是在提出问题而非回答问题，但重要的是要认识到——随着金融科技的发展，金融系统稳定性正面临着越来越多的议题。最终，如何回应这些新的议题及预防性监管措施的实施情况，将决定未来金融系统的韧性和可持续性。

结　　论

技术创新是快速的，因此，本书关于技术的部分讨论可能已经过时。尽管如此，本书认为金融科技商业模式和技术的研究有许多永恒的议题，而金融稳定监管的设计应该努力回应这些永恒的议题。尤其需要关注的是，与金融科技商业模式和技术相关的速度、复杂性和协调性持续增加，并对整个金融系统的稳定产生威胁之前，金融稳定监管理应采取积极的应对和干预措施。

不幸的是，美国金融监管机构对新金融创新持"观望"态度，因为金融监管可能产生意想不到的后果，这种做法使金融监管机构和决策者能够避免失败带来的尴尬，但在不断演变的风险面前，无所作为本身就是一种失败。鉴于此，有必要让监管者和决策者认识到选择"观望"立场是不恰当的。金融科技商业模式和技术包含很多积极的、有益的要素，但其可能带来的风险也不应被忽视。因此，需要以批判的眼光来看待金融科技，不要对金融科技的无限热情所迷惑，也应让金融监管机构和民选代表知道社会公众对金融科技风险的担忧，而表达担忧的方式就是逐一打破金融科技"神话"。

第一个需要打破的"神话"——"从某些方面来看，'善'是创新的本质"。对金融创新持怀疑态度可能会违背社会公众对创新所持的浪漫主义情怀，但仔细思考一下，为什么社会公众会期望利润驱动的私营部门创新者能够始终造福整个社会呢？当然，当有利可图的创新对每个人都有利时，就会实现双赢，但经济学家和政策制定者早就认识到，私营部门缺乏生产和提供金融稳定等公共产品的动力。因此，私营部门的创新有时会破坏金融稳定，而金融监管机构草率地接受监管沙盒测试的结果和其他促进私营部门创新的举措，可能是不恰当的。金融科技创新应该是实现目标的手段，而不是目标本身。如果金融科技创新能够带来好处，那么它就是好的，而公共部门的监管科技以及其他技术含量较低的公共部门解决方案将是把这些好处落到实处的更直接的手段。

第二个"神话"——"效率的提升总是有益的"。效率的提升确实是有益的，但有时效率越高的系统就会越脆弱，在现实中，可以依靠一个稍显迟缓的系统来继续做它需要完成的事情，这样可能会更好。有时，更有效率的系统可能是一个更不平等的系统，因为尽管经济效益的总体增长通常被视为是"更有效率"的，但这些经济效益并不总是平均分配的，部分人最终可能会承担与他人利益相关的大量经济成本。[1] 简而言之，效率很重要，但"提高效率"不应成为金融科技创新者逃避金融监管的"保护伞"。

第三个"神话"——"金融科技'太小而不值得关注'"。如果金融科技是一个小众行业，且不会对金融稳定产生真正的影响，那么，金融监管机构持"观望"的立场是合理的，但事实却并非如此。大型科技公司、大型金融机构已经开始关注并使用金融科技商业模式和技术。如果拖到金融科技规模发展到可以影响整个金融系统的时候，金融监管机构就会丧失利用金融监管手段保护金融稳定、引导金融科技发展的能力。认为金融科技"太小而不值得关注"的论点中隐含着这样一个想法——金融监管机构可以随时解决金融科技带来的风险。但是，如果风险变得越来越大，金融监管机构可能无法彻底解决，而不彻底解决风险的成本很可能不成比例地由最脆弱的社会群体来承担。

第四个"神话"——"一代人只会遇到一次金融危机"。这一观点成为不监管金融行业的成本效益理由。当然，按照这种思路，金融行业可能每50年或100年就会爆发一次重大危机，但可以凭借这个理由在50年或100年的时间内限制经济增长吗？事实上，金融危机并不罕见，在1933年采用存款保险制度之前，美国银行业经常面临大规模恐慌的威胁。随着新技术和商业模式的兴起，金融科技成功地绕开了金融监管，使得金融危机更容易爆发。有一句俏皮话——"犯错是人，但真正把事情搞砸只需要一台电脑"，也就是说，随着金融科技创新的发展，金融系统的运作比以往任何时候都更快速、更复杂、更

[1] Yoon－Ho Alex Lee, *The Efficiency Criterion for Securities Regulation: Investor Welfare or Total Surplus?*, 57 Ariz. L. Rev. 85, 87 (2015).

协调，使金融危机变得比 20 世纪 30 年代之前更容易爆发。

第五个神话——"这一次是不同的"，需要用历史经验来打破。经济学家卡门·莱因哈特（Carmen Reinhart）和肯尼斯·罗格夫（Kenneth Rogoff）认为金融危机史总是这样的："社会公众总是认为'这一次是不同的'，因为他们相信创新已经改变了金融风险。"[①] "这一次是不同的"有点像《皇帝的新衣》（The Emperor's New Clothes），每个人都不敢承认自己无法理解创新，且每个人都可以通过继续讲完这个故事来获利。[②] 金融科技创新将金融行业与数字革命结合在一起，编织了一个吸引眼球的"这一次是不同的"故事。但是，加密资产潜在的技术复杂性并不能使其免受金融引力定律的影响。加密资产与传统投资的不同之处在于其潜在供应量是无限的，但这只是意味着加密资产会带来更多的风险，而不是消除风险。目前，加密资产在全世界范围内寻求市场，这可能是下一个资产泡沫。尽管机器学习可以在某些方面改进风险管理模型，但其仍然可能低估低概率事件的影响。虽然金融科技创新确实会改善支付服务效率、增强支付服务覆盖范围并提升服务可获得性，但新兴的电子钱包很容易受到挤兑，这与实施存款保险制度之前银行面临的挤兑非常相似。

最后一个"神话"——"金融市场将以某种方式自行应对金融科技发展给金融稳定带来的威胁，而无须金融监管干预"。这个"神话"已经出现很长时间，且支持它的论据少之又少，以至于本书的每一章都试图打破它——在应对金融科技崛起所带来的系统性风险时，私人参与者缺乏所需的激励、信息和协调行为的能力，鉴于此，政策制定者和金融监管机构必须挺身而出。

如果上述"神话"没有被打破，金融科技对金融稳定的威胁没有得到遏制，那么，后果可能是灾难性的。社会公众经常用科幻小说来帮助其思考尚未发生的事情可能带来的影响，如果可能带来的影响过于令人担忧，社会公众就需要及时阻止这些事情的发生。

金融稳定面临的风险很大，维护金融稳定不是一个只有少数人关心的小众

---

① Carmen M. Reinhart & Kenneth S. Rogoff, *This Time Is Different：Eight Centuries of Financial Foll* （2011）．

② Anat Admati & Martin Hellwig, *The Bankers' New Clothes：What's Wrong with Banking and What To Do About It* （2013）．

问题，而是一个值得整个社会共同关注的重要问题。保罗·塔克（Paul Tucker）在主持系统风险委员会①时指出："在2020年3月和4月，即新冠疫情暴发之初，金融危机差点爆发。西方世界已经无法再次承受金融危机的冲击，这将对各国国内的各个领域产生灾难性打击。"② 美国的民主结构已经脆弱不堪了，如果金融科技引发了金融危机，那美国需要面对的将不仅仅是经济的衰退……

①　系统风险委员会（Systemic Risk Council）由已卸任的中央银行官员、金融监管机构官员和学者组成。

②　Paul Tucker, *Time to Look Again at the Financial System's Dangerous Faultlines*, Fin. Times（Jan. 20, 2021）, https：//www. ft. com/content/0d848d03 - 7d66 - 4a76 - a4f2 - 8f09980747fa.